Umfragen ergeben ein erschreckendes Bild: 90 % aller (Ehe-)Männer und 75 % aller (Ehe-)Frauen bekennen sich dazu, zumindest einmal während ihrer Beziehung fremdgegangen zu sein. Untreue ist noch immer der Hauptgrund für Scheidungen. Aber *muß* der Seitensprung gleich zwangsläufig das Ende einer Beziehung bedeuten? Die Autoren sagen eindeutig nein – vorausgesetzt, beide Partner sind bereit, ernsthaft ihre Ansprüche zu überprüfen und ihr Miteinander neu zu erarbeiten. Sie zeigen, wie es beiden Betroffenen gelingen kann, mit den Verletzungen durch die Untreue umzugehen, ohne in das Täter/Opfer-Schema zu verfallen, und entweder zu verzeihen oder zu verdammen. Es geht ihnen auch nicht darum, Beziehungen um jeden Preis zu erhalten. Doch wer gelernt hat, den Vertrauensbruch Seitensprung zu akzeptieren und sich sicher ist, daß die Beziehung trotzdem noch eine Chance hat, erfährt in diesem praktischen Anleitungsbuch, wie beiderseitige Verhaltensänderungen und gemeinsame Anstrengungen Schritt für Schritt zu erneuter – oft besserer – Vertrautheit führen können.

Janis Abrahms Spring arbeitet seit 1977 als Psychologin und ist in ihrer Praxis vor allem als Paartherapeutin mit Schwerpunkt Untreue tätig. Sie ist Autorin mehrerer Bücher und Aufsätze und lebt zusammen mit ihrem Mann Michael, einem Verleger, und den vier Söhnen in Westport, Connecticut.

Janis Abrahms Spring
Michael Spring

Treuebrüche

Die kreative Aufarbeitung des Seitensprungs

Aus dem Amerikanischen
von Gabriele Herbst

Fischer
Taschenbuch
Verlag

Veröffentlicht im Fischer Taschenbuch Verlag GmbH,
Frankfurt am Main, Dezember 1998

Lizenzausgabe mit freundlicher Genehmigung des
Wolfgang Krüger Verlages GmbH, Frankfurt am Main
Die amerikanische Originalausgabe erschien 1996
unter dem Titel »After the Affair«
im Verlag HarperCollins Publishers, Inc., New York

Druck und Bindung: Clausen & Bosse, Leck
Printed in Germany
ISBN 3-596-14249-0

Inhalt

Danksagung

Als ich begann, Paartherapie-Workshops für ausgebildete Fachleute zu geben, reservierte ich immer die letzte Viertelstunde zur Diskussion der Behandlung von Untreue. Allmählich stellte sich heraus, daß es praktisch keine Literatur über Paare gab, die versuchten, mit einer Affäre fertig zu werden, und ich beschloß, mich in meinen Vorträgen und meiner Privatpraxis auf dieses Thema zu konzentrieren und dieses Buch zu schreiben. Anfangs erhielt ich gemischte Reaktionen. Patienten und Therapeuten sagten: »Toll. Wann kann ich ein Exemplar haben?« Freunde sagten: »Wie aufregend. Machen wir eine Party.« Bekannte sagten: »Gott sei Dank hat das nichts mit mir zu tun.« Verleger und Lektoren sagten: »Ja, es gibt mit Sicherheit einen Bedarf für ein solches Buch, aber ob sich jemand trauen wird, es aus dem Regal zu nehmen und zur Kasse zu tragen?« Bei meiner Suche nach einem Verlag passierte es mir mehr als einmal, daß der oder die Angesprochene vor dem Thema zurückschreckte, aus Furcht, es könnte Probleme in der eigenen Partnerschaft aufrühren. »Ich führe eine gute Ehe«, sagte einer zu mir. »Ich habe Angst, daß dieses Material uns beeinflussen könnte.« Als dann HarperCollins das Buch kaufte und mein Mann Michael sich bereit erklärte, mich beim Schreiben zu unterstützen, schienen dann glücklicherweise alle dahinterzustehen.

Ich hatte nicht gewußt, was es bedeutet oder erfordert, ein Buch zu schreiben. Jetzt weiß ich es. Und jetzt empfinde ich jedesmal, wenn ich einen Buchladen oder eine Bibliothek be-

trete, gewaltigen Respekt vor den vielen Menschen, die so unglaublich viel Zeit und Kraft aufwenden, nur um ihren Gedanken eine gedruckte Form geben zu können.
Ich hielt mich für eine Expertin, als ich dieses Projekt begann, doch je mehr Interviews ich führte und je mehr Paare ich behandelte, desto mehr lernte ich. Indem ich meinen Patienten und anderen, die einen Treuebruch erlitten oder selbst begangen haben, zuhörte, erfuhr ich, wie Menschen mit durch Untreue ausgelösten Krisen fertig werden und sie überwinden – oder scheitern. Aufgrund ihrer Offenheit und ihrer Selbstbeobachtung gelang es mir, Muster in dem zu erkennen, was diese Menschen erleben und was sie brauchen, um darüber hinwegzukommen. Ich möchte zahlreichen Menschen danken, die mir halfen, dieses Buch zustande zu bringen, insbesondere meinen Mentoren und Kollegen: Als ich gerade erst die Ausbildung abgeschlossen hatte, ließ mich Aaron T. Beck, der Begründer der kognitiven Therapie, an seinen Supervisionssitzungen mit Studenten am Center for Cognitive Therapy teilnehmen. Er lehrte mich, wann ich eingreifen und wann ich mich zurückhalten mußte, wann ich eine Überzeugung kritisieren und wann ich sie hingehen lassen sollte. Er bot mir ein therapeutisches Vorbild und eine Laufbahn, die mich zu einer leistungsfähigen Therapeutin machten. Auch hatte ich das Glück, Supervision von Dr. David D. Burns zu bekommen, der mir mit Humor und Geschick viele Strategien beibrachte, die Menschen bei ihrem Veränderungsprozeß helfen können. Mein tiefempfundener Dank gilt auch Dr. Jeffrey Young, der die kognitive Therapie mit anderen etablierten Modellen verband und ihre Wirksamkeit bei weniger gut zu behandelnden klinischen Problemen signifikant steigerte. Er sah auch Teile dieses Manuskripts durch und versah sie mit ausführlichen Kommentaren zum Einfluß der Kindheit auf uns als Erwachsene. Danken möchte ich auch Dr. Richard Stuart, Dr. Neil Jacobson, Dr. Norman Epstein, Dr. Don Baucom, Dr. Chris Pa-

desky und Dr. David Bricker, die mich bei der Anwendung der kognitiv-verhaltenstherapeutischen Prinzipien in der Paartherapie unterstützen.
Claire Quigley von der Westport Public Library und Kristina Coop von der Universität von North Carolina halfen mir bei der Literaturrecherche und der Forschung.
Als noch alles über die Verkäuflichkeit dieses Buches stritt, hielt meine Agentin Chris Tomasino zu mir und stärkte mir den Rücken. Sie las außerdem jedes Wort des Manuskripts und gab mir scharfsinnige redaktionelle Ratschläge. Ihr Assistent Jonathan Diamond stand stets bereit, mir zu helfen.
Ich danke Peternelle van Arsdale und Janet Goldstein, meinen Lektoren bei HarperCollins, für ihre Wärme und Kompetenz und dafür, daß sie mich sicher durch die ganze Sache lotsten. Meine Dankbarkeit gilt auch Clio Manuelian, meiner Werbeagentin, für ihre ansteckende Begeisterung und Guy Kettelhack für seine Unterstützung bei der Vorbereitung des Exposés.
Von ganzem Herzen danke ich auch:
Meinen Eltern, die jahrelang Opfer brachten, um mir eine gute Ausbildung zu ermöglichen und mich stets zu einer eigenen Meinung ermutigten.
Meinem Bruder Joel, weil er eine Seele von Mensch ist und immer auf mich aufpaßt.
Meinen Stiefkindern Declan und Evan für ihre Klugheit und für all die guten Zeiten, die wir gemeinsam teilten, fernab vom Computer.
Meinen Kindern Max und Aaron, die Lachen und Sinn in mein Leben gebracht haben. Ich bin so glücklich, all die Jahre mit ihnen an meiner Seite erlebt zu haben.
Und meinem Mann Michael: Gibt es etwas Intimeres, als ein Buch mit jemandem zu schreiben? Ich respektiere (und ärgere mich über) seinen perfektionistischen Blick und seinen außerordentlich scharfen Verstand. Ich werde die Stunden

vermissen, in denen wir Ellbogen an Ellbogen am Computer saßen und uns heftig über ein Wort oder einen Begriff stritten. Ich danke ihm für die Unmenge Zeit, die er diesem Manuskript geopfert hat, und für seinen wunderbaren Charakter, der es uns immer ermöglichte weiterzumachen.

Einleitung
Kann ein Paar einen Treuebruch überleben?

Als klinische Psychologin, die seit 21 Jahren unglückliche Paare behandelt, lautet meine Antwort: ja – vorausgesetzt, Sie sind bereit, sich und Ihren Partner ehrlich zu betrachten und sich die Fähigkeiten anzueignen, die Sie brauchen, um diese tiefgreifende Krise durchzustehen.

Es kann hilfreich sein, sich vor Augen zu halten, daß Sie nicht allein sind. Die Statistiken schwanken zwar stark[1], doch einer der neuesten und seriösesten Erhebungen zufolge sind nicht weniger als 37% aller verheirateten Männer und 20% aller verheirateten Frauen untreu.[2] Niemand kennt die genauen Prozentzahlen; ich bin sicher, daß jemand, der seinen Partner belügt, auch einen Forscher belügen würde. Doch selbst nach den konservativsten Schätzungen können wir mit einiger Gewißheit sagen, daß eines von je 2,7 Paaren von Untreue betroffen ist.[3]

Was ist eine Affäre?

Bedeutet eine Affäre notwendig, mit dem/der anderen ins Bett zu gehen? Wie ist es mit einem Kuß? Einem gemeinsamen Mittagessen?[4] Ich versuche erst gar nicht, diese Fragen zu beantworten, denn was letztlich zählt, ist das, was für Sie zählt. Was ein Vertrauensbruch ist, hängt ganz und gar davon ab, was Sie vereinbart haben – oder glaubten, vereinbart zu haben. Praktisch jeder Mensch würde sich betrogen fühlen, wenn der Partner mit einer dritten Person Geschlechtsverkehr hat, ob nur einmal oder im Rahmen einer längeren emotionalen Verstrickung. Doch viele würden sich auch durch andere intime Verhaltensweisen – eine Umarmung, ein Dutzend weiße Rosen – ebenfalls betrogen, mit Sicherheit aber bedroht fühlen. Eine andere Problematik liegt vor, wenn der fremdgehende Partner sexsüchtig ist. Dies ist eine eigenständige Störung, auf die ich in diesem Buch nicht eingehe.[5]

Drei Urteile, die ich nicht fälle

1. *Ich gebe kein Pauschalurteil darüber ab, ob Affären als solche gut oder schlecht sind.* Was den einen von Ihnen beiden stärken kann, kann den anderen in Verzweiflung stürzen und die Partnerschaft zerstören. Ich habe jedoch festgestellt, daß eine längerfristige Affäre ohne Einverständnis beider Partner die in einer Partnerschaft bestehende Störung aufrechterhält und eine intime Bindung praktisch unmöglich macht. Wenn Sie ein untreuer Partner sind, der ernsthaft versuchen will, seine Partnerschaft zu retten, dann müssen Sie meiner Meinung nach Ihre/n Geliebte/n aufgeben.
2. *Ich scheide Sie beide nicht in Opfer und Täter, in Betrogene/n und Betrüger/in.* Sie müssen beide Ihren Teil der Verantwortung für das, was schiefgegangen ist, akzeptieren. Statt sich die Schuld zuzuschieben, sollten Sie sich besser mit den persönlichen Faktoren auseinandersetzen, die zu der Affäre geführt haben, und sich so verändern, daß Vertrauen und Intimität wieder wachsen können. Das heißt nicht, daß ich Sie beide für gleich verantwortlich für den Seitensprung halte – niemand kann einen anderen dazu bringen, daß er fremdgeht. Aber ich bitte Sie beide, sich für die Probleme, die vielleicht zu der Affäre geführt haben, verantwortlich zu fühlen.

3. *Ich rate Ihnen weder zusammenzubleiben, egal was passiert, noch gleich davonzurennen, nur weil Sie unglücklich sind.* Ich lade Sie beide vielmehr ein, mit mir Ihre persönlichen Gründe zu erforschen, warum Sie eine/n Geliebte/n haben oder verlassen, warum Sie Ihre Partnerschaft retten oder beenden wollen. Ihre Entscheidung sollte überlegt und durchdacht sein und nicht allein auf Gefühlen beruhen. Ihre Gefühle können nämlich trügen.

Eine Bemerkung zur Wortwahl

Im ganzen Text bezeichne ich die Partner als *verletzt* beziehungsweise *untreu*. (Wenn von *dem* Partner die Rede ist, kann damit nach dem gültigen Sprachgebrauch die Frau oder der Mann gemeint sein. Der Gebrauch der traditionellen Form dient der Einfachheit und Übersichtlichkeit des Textes, d. Ü.) Der verletzte Partner ist die Person in der Primärbeziehung, deren Annahme, in dieser bestehe Monogamie, verletzt wurde. Der untreue Partner ist diejenige Person, die die Affäre hatte. Es war schwierig, Etiketten für diese Menschen zu wählen. Sicherlich fühlt sich auch der untreue Partner zeitweilig verletzt. Im allgemeinen jedoch empfindet derjenige, dessen Partner fremdgeht, das Ereignis stärker als Katastrophe. Ich bezeichne die Partner nicht als Betrogener und Betrüger, weil in diesen Begriffen eine gewisse moralische Selbstgerechtigkeit oder Verurteilung mitschwingt und weil sie nur einem Partner allein die Last der Verantwortung zuweisen, was fast nie angebracht ist. Ich bezeichne die Person, mit der Sie oder Ihr Partner fremdgegangen ist, als *Geliebte/n*, unabhängig davon, ob die Beziehung beendet ist oder noch besteht.
Die Zitate und Fallbeispiele im Text stammen aus meiner jahrelangen Praxis. Ich habe jedoch dafür gesorgt, daß die Betroffenen nicht zu erkennen sind.

An wen richtet sich dieses Buch?

Ich habe *Treuebrüche* in erster Linie für die Paare geschrieben, die ihre Partnerschaft wieder aufbauen wollen, nachdem ein Partner untreu geworden ist. Es richtet sich an verheiratete und zusammenlebende, heterosexuelle und homosexuelle Paare gleichermaßen. Ich versuche, in gleichem Maße auf den verletzten und den untreuen Partner einzugehen.

Darüber hinaus wendet sich mein Buch an:

- Menschen, deren Partnerschaft infolge von Untreue auseinanderging, denen es schwerfällt, über dieses Erlebnis hinwegzukommen und die verstehen möchten, warum die Partnerschaft scheiterte und welchen Anteil sie daran trugen,
- Menschen, die die Untreue, die sie als Heranwachsende in ihrer Familie erlebten, besser verstehen wollen, damit sie ähnliche Verhaltensmuster in ihren eigenen Partnerschaften vermeiden können,
- Fachleute, die Menschen und Paare behandeln, die von Untreue betroffen sind[6],
- Partner, die mit dem Gedanken an eine Affäre spielen und sich über ihre Gefühle klarwerden wollen, bevor sie unwiderrufliche Schritte unternehmen,
- Partner, die sich überlegen, eine abgeschlossene Affäre zu gestehen und die Vor- und Nachteile durchdenken wollen,
- Partner, die keine derartigen Absichten hegen, aber dennoch ihre Partnerschaft neu aufbauen und mehr über sich erfahren wollen,
- Partner, die ihre/n Gefährtin/en der Untreue verdächtigen, sie/ihn aber nie zur Rede gestellt haben,
- Paare, die mit Geheimnissen, Lügen und noch anderen Vertrauensproblemen außer Untreue zu kämpfen haben,
- Paare, die mit der unvermeidlichen Ernüchterung des Ehe-

lebens fertig werden wollen, ohne sich anderweitig umzusehen.

Die drei Stadien des Heilungsprozesses

Das Buch führt Sie durch drei klar erkennbare Stadien – manche würden sie Minenfelder nennen –, in denen Sie auf die Affäre reagieren, sich mit ihr herumschlagen und sich schließlich davon erholen.

Das erste Stadium: Normalisierung Ihrer Gefühle

Wenn die Affäre an den Tag gekommen ist, werden Sie beide wahrscheinlich von einem emotionalen Wirbelsturm mitgerissen. Der verletzte Partner wird von einem tiefen Verlustgefühl überwältigt, der untreue Partner von widerstreitenden Alternativen und Emotionen. Ich versuche, Ihren Gefühlen eine Sprache und Ihnen damit die Gewißheit zu geben, daß Sie nicht verrückt oder psychisch krank sind, daß andere denselben Schmerz und dieselbe Verwirrung durchlitten haben und daß Sie nicht alleine sind.[7]

Das zweite Stadium: flüchten oder standhalten?

Bevor sich Ihre Gefühle beruhigen können, müssen Sie sich darüber klarwerden, ob Sie die Partnerschaft fortsetzen oder beenden wollen. Wenn Sie alle Alternativen erwägen, können Sie eine durchdachte Entscheidung treffen, ausgehend von Ihren Lebensumständen und Bedürfnissen. »Was habe ich denn schon von der Liebe zu erwarten?« – »Soll ich auf meine Gefühle vertrauen?« – »Woher soll ich wissen, ob mein Partner der richtige für mich ist?« Solche Fragen möchte ich Ihnen klären helfen.

Das dritte Stadium: Neuaufbau Ihrer Partnerschaft

Wenn Sie beschließen, es noch einmal miteinander zu versuchen, werden Sie wahrscheinlich Monate, vielleicht Jahre brauchen, bis Sie wieder Vertrauen und Intimität erlangt haben. Dabei gibt es verschiedene Strategien, die ich Ihnen an die Hand geben möchte, Werkzeuge, um:

- die Bedeutung der Affäre zu entschlüsseln und einen angemessenen Anteil an der Verantwortung dafür zu übernehmen,
- mit der/m Geliebten zu brechen,
- sich wieder Vertrauen zu verdienen (wenn Sie der untreue Partner sind) oder klar auszusprechen, was Sie brauchen, um wieder Vertrauen zu fassen (wenn Sie der verletzte Partner sind),
- sich so auszudrücken, daß Ihr Partner Ihnen zuhören und Ihren Schmerz nachfühlen kann und so zuzuhören, daß Ihr Partner sich Ihnen gegenüber offen und verletzlich zeigen kann,
- zu erkennen, inwiefern Sie durch Kindheitserfahrungen vorbelastet sind und wie Sie verhindern können, daß diese Erfahrungen heute Ihre Partnerschaft stören,
- mit Ihren Differenzen und Ihrer Unzufriedenheit umzugehen, damit Sie sich auch dann noch verbunden fühlen, wenn Sie sich gerade nicht geliebt oder liebevoll fühlen,
- wieder sexuell intim zu werden,
- Ihrem Partner und sich selbst zu vergeben.

Ich setzte immer voraus, daß das Geheimnis ans Licht gekommen ist, doch in manchen Fällen ist dem nicht so. Im Anhang finden Sie als untreuer Partner Entscheidungshilfen für die Frage, ob Sie die Affäre »beichten« sollen oder nicht. Wie auch immer Ihre Entscheidung ausfällt, Sie sollen wissen, daß Sie beide immer eine Chance auf ein neues gemeinsames Leben haben.

Totengeläut oder Alarmglocke?

Manche von Ihnen wollen es vielleicht nicht riskieren, von vorne anzufangen und wieder verletzt oder enttäuscht zu werden. Einer zerstörten Partnerschaft den Rücken zu kehren, kann die einfachste oder vernünftigste Lösung sein und Sie von qualvoller Hoffnung befreien. Doch es kann auch eine Flucht vor dem Erwachsenwerden sein, eine Weigerung, bitteren Wahrheiten über das Leben, die Liebe und sich selbst ins Gesicht zu sehen und die schwere Bürde der Verantwortung für eine funktionierende Partnerschaft auf sich zu nehmen.

Dieses Buch richtet sich an diejenigen unter Ihnen, die tief verletzt sind von einem Seitensprung und dennoch oder gerade deswegen mutig genug sind zuzugeben, daß Sie immer noch zusammenbleiben möchten, Ihren Anteil an der Affäre herausfinden und Vertrauen und Intimität wiederherstellen wollen. Wenn Sie sich dafür entscheiden, werden Sie in der Affäre mit der Zeit vielleicht nicht nur ein bedauerliches Trauma, sondern ein Alarmzeichen, einen »Schuß vor den Bug« sehen. Möglicherweise stellen Sie schließlich fest, daß Sie eine solche Bombe brauchten, um Ihre frühere Partnerschaftsstruktur aufzusprengen und sie durch eine harmonischere, bewußtere und reifere Form zu ersetzen. In Ihrer jetzigen Niedergeschlagenheit sehen Sie vielleicht nicht viele Chancen, um die Stärke Ihrer Partnerschaft zu prüfen. Ich ermutige Sie, sich auf den Prozeß einzulassen, sich der Verletzung zu stellen und zu schauen, was Sie beide gemeinsam zustande bringen können. Treten Sie in die Mitte des Rings, ziehen Sie die Boxhandschuhe aus, und reichen Sie sich die Hände.

Stadium 1
Die Reaktion auf die Affäre: »Ist das, was ich fühle, normal?«

Kapitel 1
Die Reaktion des verletzten Partners: Begraben unter einer Lawine von Verlustängsten

»Als ich 15 war, wurde ich vergewaltigt. Das war nichts im Vergleich zu deiner Affäre. Der Täter war ein Fremder; du, so dachte ich, warst mein bester Freund.«
»Als ich hinter dein Geheimnis kam, war mein Gefühl weg, für dich wichtig zu sein. Doch auf einer tieferen Ebene verlor ich das Vertrauen in die Welt und in mich selbst.«
Diese Zitate deuten die tiefen und überwältigenden Verlustgefühle nur an, die Sie erleben, wenn Sie erfahren, daß Ihr Partner untreu gewesen ist.
Es gibt keine Möglichkeit, sich gegen diese niederschmetternde Enthüllung zu wappnen. Ihre Sicht Ihres Partners, Ihres Lebens und der Welt, in der Sie leben, kann zu Staub zerfallen. Jede Selbstsicherheit und Geborgenheit, die Sie früher empfanden, kann Ihnen jetzt naiv oder trügerisch vorkommen. »Wo war ich nur?« fragen Sie sich. »Lebe ich in einer anderen Welt?« Sie befinden sich seelisch und körperlich wahrscheinlich in einem Schockzustand. Dahin ist Ihr grundlegendes Gefühl von Ordnung und Gerechtigkeit in der Welt. Verflogen ist auch Ihr Gefühl von Kontrolle über Ihr Leben, Ihre Selbstachtung, sogar Ihre Vorstellung von sich selbst. Sie fühlen sich verlassen von Gott und der Welt. Sie sind sich selbst fremd, fallen von einem Extrem ins andere, entschlossen und zuversichtlich in einem Moment und gedemütigt und hilflos im nächsten. Hin- und hergerissen von intensiven Gefühlen fragen Sie sich vielleicht: »Werde ich verrückt?«
Ich versichere Ihnen, daß Sie es nicht werden – sondern daß

das, was Sie erleben, eine normale und angemessene Reaktion auf eine akut traumatische Erfahrung ist. Sie geraten nicht nur unter dem Zerbrechen Ihrer Partnerschaft ins Wanken, sondern auch unter dem Verlust einer Illusion – daß Sie etwas Besonderes für Ihren Partner seien und daß die Intimität, die Sie vermeintlich mit diesem Menschen teilten, ewig dauern würde. Angesichts derart erschütternder Neuigkeiten wäre es seltsam, wenn Sie sich nicht verloren vorkämen.

Marsha, eine 40jährige Sozialarbeiterin und Mutter, brauchte länger als ein Jahrzehnt, um wieder auf die Beine zu kommen: »Nach 13jähriger Ehe eröffnete mir Larry, daß er mich gegen die Babysitterin eintauschen wollte, ein Mädchen, das 14 Jahre jünger war als er. Meine erste Reaktion war: ›Das kann doch nicht sein, daß das uns passiert, wir sind doch das perfekte Paar. Die Babysitterin ist fast wie eine Tochter für mich; wie konnte sie mich nur so hintergehen?‹ Als Larry zu ihr zog, legte ich mich für einen Monat ins Bett. Über Nacht wurde ich von einem Menschen, der kompetent, unabhängig und voller Lebensfreude war, total zu einem Zombie – fix und fertig, gelähmt von einer Depression, die ich bisher nur aus akademischer Distanz kannte.

Eines Nachts lag ich im Bett und lauschte auf den Gegensatz zwischen der Stille des Hauses und dem Terror und der Verwirrung in meinem Kopf, als ich das Garagentor aufgehen hörte. ›Er ist zurückgekommen‹, dachte ich. ›Er will mit mir ins reine kommen.‹ Ich raste im Schlafanzug nach unten – warf zuerst noch rasch einen Blick in den Spiegel, um zu prüfen, wie ich aussah – und merkte dann, daß sich das Garagentor nicht im geringsten bewegt hatte. Ich hatte mir das Ganze nur eingebildet.

Plötzlich schoß mir durch den Kopf: ›Ich habe nicht nur meinen Mann verloren, sondern auch meinen Verstand.‹ Mein Selbstvertrauen sank ins Bodenlose. Ich hielt mich für eine Betrügerin, eine hohle Nuß, zu leer, um eine Therapie aufzu-

nehmen, mein Kind richtig zu versorgen oder einen anständigen Partner zu verdienen. Das Leben war etwas für die anderen, nicht für mich.
Drei Jahre später – lange nachdem mein Mann und ich wieder zusammen waren – kämpfte ich immer noch mit meiner Depression. Da erfuhr ich in einem Workshop über die posttraumatische Belastungsstörung[1], daß eine Person unter einer extremen emotionalen Belastung sich meist vom Leben zurückzieht und sich selbst verliert, bis hin zu Wahnvorstellungen. Da klingelte es bei mir: Das war es. Meine Depression hatte einen Namen. Ich drehte gar nicht durch; was ich durchmachte, war normal. Wenn ich das früher gewußt hätte, hätte ich mich weniger einsam gefühlt und mich dem Gedanken an eine Zukunft vielleicht früher geöffnet. Wenn mir nur jemand geholfen hätte, die Vorgänge zu verstehen – das wäre wirklich ein Akt der Nächstenliebe gewesen.«
Hier setzt dieses Kapitel ein. Es bereitet Sie auf die Verlustgefühle vor, die praktisch jeder verletzte Partner in der Feuerprobe der Untreue erleben muß. Wenn Sie erkannt haben, wie allgemein üblich Ihre Reaktionen sind, fühlen Sie sich vielleicht innerlich weniger ausgehöhlt durch den Betrug, weniger erschüttert von Ihren wilden Gefühlen. Wenn Sie Ihre Reaktion vorausahnen und ihr einen Namen geben können, dürften Sie sie leichter ertragen. Der Heilungsprozeß beginnt, wenn Sie zu Ihren Gefühlen stehen und Ihren Schmerz ergründen wollen. Dabei müssen Sie sich immer vor Augen halten: Die größte Gefahr für den Heilungsprozeß steckt im Verlust der Hoffnung selbst.

Die physischen Auswirkungen der Affäre

Zu diesem Zeitpunkt werden Sie wahrscheinlich körperliche Veränderungen an sich bemerken; Ihr Fühlen und Ihr Denken sind beeinträchtigt. Weil Ihr sympathisches Nervensystem Adrenalin und andere Streßhormone ausschüttet, befinden Sie sich in einem Zustand gesteigerter Erregung. Sie lauern ständig auf Zeichen, daß Ihr Partner erneut fremdgeht. Weil Sie chronisch ängstlich und erregt sind, brauchen Sie länger zum Einschlafen, wachen nachts oft auf und sind lärmempfindlicher. Sie sind erschöpft, weil Sie zuwenig schlafen und zuviel grübeln. Innerlich quälen Sie sich mit lebhaften und beunruhigenden Erinnerungen, Empfindungen und Bildern herum. Wenn Sie schlafen, haben Sie gewalttätige und beängstigende Träume. Im Wachzustand stellen Sie plötzlich fest, daß Sie sich verlaufen haben, oder Sie sind sonstwie desorientiert.

Was Gloria, einer 30jährigen Journalistin, passierte, ist typisch. »Am Tag, nachdem mein Mann mir gestanden hatte, daß er eine Affäre hatte, verfuhr ich mich auf dem Weg zur Arbeit«, erzählte sie mir. »Ich hatte fürchterliche Angst, verrückt zu werden. Schließlich war ich diese Strecke fünf Jahre lang täglich gefahren.«

Pam, eine 37jährige Immobilienmaklerin, berichtet ähnliches: »Als Jeff mir sagte, daß er sich in eine andere Frau verliebt hatte, bestand ich darauf, daß er seine Sachen packte und auszog. Am nächsten Wochenende wollte ich Freunde auf Block Island besuchen, damit ich meine Einsamkeit nicht so spürte. Unterwegs hielt ich bei einem Golfplatz und ging die Spielbahnen ab. So weit, so gut. Aber als es Zeit wurde, wieder zum Auto zurückzugehen, fiel mir nicht mehr ein, wo es war. Ich fand es schließlich nach einer Stunde Suche, aber ich war so erschüttert, daß ich in Tränen aufgelöst nach Hause fuhr. Ich sagte das Wochenende ab und blieb zu Hause im Bett. Es war nicht so sehr meine Geistesabwesenheit, die mich so durcheinanderbrachte, sondern die Bedeutung, die ich ihr gab, nämlich, daß ich am Durchdrehen war.«

Die Veränderungen Ihres Nervensystems sorgen dafür, daß intensive Emotionen bis hin zur Panik und Hilflosigkeit Sie überwältigen. Wie Abram Kardiner über die neurophysiologischen Auswirkungen eines Traumas schreibt, »zerbricht der gesamte Apparat, der harmonisches, koordiniertes und zielgerichtetes Handeln möglich macht«.[2]

Eine ganz andere physiologische Veränderung findet statt, wenn Endorphine – körpereigene Opiate, die dem Morphium ähneln – ausgeschüttet werden. Sie dämpfen Ihre Schmerzwahrnehmung und schützen Sie vor emotionaler Extrembelastung. Mit anderen Worten, Ihr Körper verschließt sich, geht in Winterschlaf, schaltet ab. Ihr Gefühls- und Empfindungsspektrum verengt sich, und Sie verlieren das Interesse an Beziehungen und Aktivitäten, in denen Sie nur Wochen zuvor Freude und Sinn fanden. Auch wenn Sie sich zusammenzureißen versuchen, läuft nichts wie sonst. Ihre Gedanken schweifen ab. Sie können sich nur schwer konzentrieren. Bei der Arbeit kramen Sie nur in den Papieren auf Ihrem Schreibtisch; zu Hause sitzen Sie herum und starren Löcher in die Luft. Weil Sie das Vertrauen in Ihre Fähigkeit, mit der Welt zurechtzukommen, verloren haben, ziehen Sie sich in sich selbst, in die Isolation zurück. Sie fühlen sich seltsam betäubt und distanziert.

»Es ist, als ob man die Bewegungen des Lebens abspult und weiß, daß ein Teil von einem gestorben ist«, erklärte Stephanie, eine 43jährige Sonderschullehrerin. »Ich hatte immer das Gefühl, John und ich seien wie mit einem goldenen Faden verbunden. Ich warf einen Blick durch das Zimmer und spürte die Energie, die uns zueinander hinzog. Jetzt kann ich bestenfalls sagen, daß ich funktioniere. Wir sind noch zusammen, aber innerlich bin ich tot.«

In seinem Roman *Die Geometrie der unwägbaren Beziehungen* schildert Dan Franck die Gefühle des verletzten Partners, als die Affäre seiner Frau voll zum Tragen kommt: »Er hatte im Schrecken gelebt. Dann folgte das glatte und matte Ufer der Trauer. Der Schrecken ist beweglich. Die Trauer stagniert. Ein Schlamm.«[3]

Die psychischen Auswirkungen der Affäre

Es gibt acht verschiedene Arten des Verlusts, unter denen Sie als verletzter Partner leiden können. Alle sind Variationen eines Grundverlustes, der über den Verlust Ihres Partners hinausgeht: der Verlust des eigenen Selbst. Möglicherweise fällt es Ihnen schwer, diesen Verlust hinter einer seiner acht Formen zu entdecken, weil keine von ihnen greifbar ist. Doch selbst wenn Sie auf andere unverändert wirken mögen, in Ihnen klafft eine offene Wunde. Es kommt Ihnen plötzlich so vor, als hätten Sie all dies verloren:

- Ihre Identität
- das Gefühl, jemand Besonderes zu sein
- Ihre Selbstachtung, wenn Sie Ihre Grundwerte über Bord werfen
- Ihre Selbstachtung, wenn Sie erkennen, daß Sie die Untreue nicht wahrhaben wollten
- die Kontrolle über Ihre Gedanken und Handlungen
- das grundlegende Gefühl von Ordnung und Gerechtigkeit in der Welt
- die Verbindung mit anderen
- den Sinn des Lebens – sogar den Lebenswillen.

Verlust der Identität: »Ich weiß nicht mehr, wer ich bin.«

Wenn Sie hinter die Affäre Ihres Partners kommen, dann zwingt Sie das, sich in grundlegender Weise neu zu definieren. »Wenn du, mein Lebenspartner, nicht der Mensch bist, für den ich dich gehalten habe, und unsere Ehe eine Lüge ist, wer bin ich dann?« fragen Sie. Sie sehen sich plötzlich als gebrochen, entstellt, anders, als Sie sich je zuvor gesehen haben.

Früher hielten Sie sich vielleicht für tüchtig, unabhängig, lustig, mutig, freundlich, warmherzig, stabil, liebevoll, großzügig und attraktiv. Das ist vorbei. Jetzt erleben Sie sich nur noch negativ – als eifersüchtig, wütend, rachsüchtig, unbeherrscht, kleinlich, schwach, verbittert, ängstlich, einsam, körperlich krank, besudelt, häßlich, mißtrauisch, sozial in Ungnade gefallen. Geblendet durch die Täuschung Ihres Partners verlieren Sie Ihr vertrautes Selbst aus dem Blick und zweifeln an Ihren positiven Eigenschaften, Ihrer Attraktivität und Ihrer Fähigkeit, in der Welt zurechtzukommen.

»Ich habe mir immer vorgestellt, ich sei eine große, starke Eiche, unter der die Familie Schutz findet«, sagte Norman, ein 37jähriger Englischlehrer. »Jetzt, wo meine Frau einen anderen gefunden hat, ist es, als ob ich von innen her verfault sei. Ich fühle mich nicht einmal mehr gut genug dafür, daß ein Hund sein Bein dran hebt.«

»›Lebenssprühend, sportlich, forsch‹ – so hieß es über mich im College-Jahrbuch«, erinnerte sich Jane, eine 31jährige, seit fünf Jahren verheiratete Buchhalterin. »Jetzt, nach Johns Affäre, habe ich nicht mal mehr die Energie oder die Lust, nach draußen zu gehen. Ich fühle mich zu sehr bloßgestellt.«

Roberta, seit 14 Jahren verheiratet, hatte ebenfalls Probleme mit Identitätsverlust. »Ich habe mich immer gemocht. Ich hielt mich immer für einen netten Menschen, liebevoll und liebenswert. Das ist vorbei. Ich werde den Gedanken nicht los, daß Don mich betrogen hat, weil ich zu süß, zu langweilig war – zu fade Kost. Vielleicht bin ich zu Recht allein. Vielleicht will sowieso niemand, den zu kennen sich lohnt, eine Beziehung mit mir haben.«

Wenn Sie so depressiv sind wie Roberta, übertreiben Sie wahrscheinlich Ihre Fehler und nehmen zuviel Schuld am ehebrecherischen Verhalten Ihres Partners auf sich. Was immer Sie an sich verabscheut haben, das definiert Sie jetzt. Sie allein, so glauben Sie, sind schuld, daß diese schreckliche Sache passiert ist. »Wenn ich nur anders werde, kann ich meinen Partner zurückgewinnen«, so glauben Sie – und betrügen sich selbst, weil Sie sich einreden, das Schicksal Ihrer Partnerschaft läge allein in Ihren Händen. Später werden Sie sich selbst objektiver betrachten und die Verantwortung angemessener verteilen können. Doch jetzt fehlt Ihnen die Distanz oder die richtige Perspektive, um fair gegen irgend jemanden zu sein, am allerwenigsten gegen sich selbst. Der Verlust Ihres grundlegenden Selbstgefühls ist eine viel tiefere Verletzung als der Treuebruch selbst. Was könnte schlimmer sein als das Gefühl, in einer fremden Haut zu stecken und keinen Kontakt mehr zu dem innersten Kern zu haben, der Ihnen immer zuverlässig sagte, wer Sie sind?

Verlust des Gefühls, jemand Besonderes zu sein: »Ich dachte, ich bedeute dir etwas. Jetzt merke ich, daß ich nach Gebrauch weggeworfen werden kann.«

Zugleich mit Ihrem Selbstgefühl wird auch Ihre Überzeugung hinweggefegt, daß Sie und Ihr Partner füreinander bestimmt waren, daß keine/r Ihren Partner glücklicher machen kann, daß Sie beide eine grundlegende und unteilbare Einheit bilden. Die Affäre markiert das Ende zweier unschuldiger Illusionen – daß Ihre Ehe außergewöhnlich sei und daß Sie einzigartig oder hochgeschätzt seien.

Als Miriam in die Pubertät kam, war sie von ihrem Stiefvater vergewaltigt und von ihrer Mutter, die ihre Beteuerungen nicht glauben wollte, im Stich gelassen worden. So betrachtete sich Miriam als eine Art beschädigte Ware und fühlte sich zu Männern hingezogen, die sie genauso schändlich behandelten wie ihre Eltern. Als sie sich durch die Sekretärinnenschule gequält hatte, fand sie eine Stelle als Empfangsdame in einer Kanzlei. Dort lernte sie Ed kennen. Zuerst mißtraute sie seinem Interesse an ihr – warum sollte sich jemand um ihrer selbst willen zu ihr hingezogen fühlen, so fragte sie sich. Allmählich jedoch begann sie sich auf seine Großzügigkeit und seinen Schutz zu verlassen. Nachdem sie drei Monate mit ihm zusammengelebt hatte, willigte sie ein, ihn zu heiraten. Sie war nicht leidenschaftlich verliebt in ihn, doch er war der erste Mann, der ihr das Gefühl gab, anständig, geschätzt, sauber zu sein. Als sie ein Jahr später entdeckte, daß er mit seiner Sekretärin schlief, verlor sie ihre neugefundene Selbstachtung. »Du warst der wichtigste Mensch auf der Welt für mich«, sagte sie zu ihm, »mein bester Freund, die erste Person, der ich völlig vertrauen konnte. Ich habe mich bei dir ganz sicher gefühlt und konnte dir alles sagen. Doch was noch wichtiger ist, du hast es mir möglich gemacht, an mich selbst zu glauben – daß ich in Ordnung war, daß das, was mir als Kind passiert ist, nicht meine Schuld war, nicht geschah, weil ich schlecht war. Zum erstenmal in meinem Leben fühlte ich mich als Person wichtig und geliebt. Jetzt merke ich, daß ich nach Gebrauch weggeworfen werden kann.«

Wenn jemand, der Ihnen einmal das Gefühl gab, unersetzlich zu sein, Sie so vorsätzlich wegwirft, entwerten Sie sich selbst vielleicht nicht nur als Partner, sondern auch als Elternteil. Demoralisiert von der Zerstörung Ihrer Kernfamilie sprechen Sie sich möglicherweise auch noch Ihre Bedeutung für Ihre Kinder ab und glauben, Sie hätten niemandem etwas zu bieten, nicht einmal denen, die Sie am meisten lieben und brauchen. »Ich dachte ernsthaft daran, mir eine einfache

Fahrkarte zu kaufen und hier alle und alles hinter mir zurückzulassen«, gestand Nancy, Mutter eines neun Monate alten Mädchens. »Ich glaubte, nicht mit Jims Freundin mithalten zu können – sie schien so jung und lebendig im Vergleich zu mir. Wieso sollte mein Kind mit mir, der Verliererin, zusammensein wollen? Was hatte ich ihm denn schon zu bieten? Ich verlor das Gefühl, ein sorgender, wichtiger, wertvoller Mensch zu sein. Gott sei Dank merkte ich, daß da nur meine Depression aus mir sprach, und blieb. Vielleicht war ich für Jim nicht mehr wichtig, aber ich war immer noch die einzige Mutter meiner Tochter.«

Wenn Sie wie Nancy das Gefühl verlieren, wichtig zu sein, und sich wie ein Gespenst der Person, die Sie einmal waren, vorkommen, dann müssen Sie einsehen, daß Sie Ihrer Selbstwahrnehmung nicht mehr trauen dürfen, weil sie durch die Untreue Ihres Partners getrübt ist. Ihre Fähigkeit, sich selbst klar zu sehen, ist zum jetzigen Zeitpunkt auf einem absoluten Tiefstand.

Verlust der Selbstachtung, wenn Sie Ihre Grundwerte über Bord werfen: »Ich tue alles, nur damit du wiederkommst.«

Nichts mag Ihnen entwürdigender und unverzeihlicher scheinen als die Art, wie Sie sich demütigen, um Ihren Partner nach der Affäre zurückzugewinnen. Diese Verzweiflungstaten widersprechen – das wissen Sie genau – Ihren Grundwerten und -prinzipien. Nicht nur Ihr Partner hat Sie im Stich gelassen, *Sie selbst* haben sich im Stich gelassen.

Janes Geschichte liefert ein schlagendes Beispiel für die Extreme, in die Sie vielleicht verfallen, um Ihren Partner zurückzuzwingen – Extreme, die Sie später mit Scham und Wut erfüllen.

»Ein Jahr, bevor ich von der Affäre meines Mannes erfuhr, bekam ich Brustkrebs«, berichtete sie mir. »Die radikale

Brustamputation und das Silikonimplantat schienen mein Leben wieder in Ordnung zu bringen. Aber als Dave mir sagte, daß er sich für eine andere Frau interessierte, wurde ich so depressiv, daß ich nichts mehr essen konnte und rasch fünf Kilo abnahm – so daß meine gesunde Brust im Vergleich zu meiner künstlich aufgeblähten flach aussah. So entschloß ich mich, auch diese Brust aufpolstern zu lassen. Ich kann kaum glauben, daß ich wirklich so dumm war, zu denken, das würde etwas bewirken. Der plastische Chirurg, den ich aufsuchte, stellte meine Motive nie in Frage und informierte mich auch nicht über die Risiken. Ein Mammographiefachmann warnte mich davor, an meinem gesunden Brustgewebe manipulieren zu lassen – es könnte dann schwieriger zu kontrollieren sein, sagte er –, doch ich hörte nicht auf ihn und ließ die Operation machen. Alles was für mich zählte, war mein Aussehen, meine Fähigkeit, körperlich mit der Geliebten meines Mannes konkurrieren zu können. Was schließlich passierte, war natürlich, daß ich wieder zunahm, und jetzt ist meine gesunde Brust voller als die entfernte.«

Janes Mann kehrte zurück, doch sie geißelte sich weiter. »Ich schaue mich an und frage mich, wo war ich? Wo hatte ich meinen Kopf? Wie konnte ich nur sowenig ich selbst sein? Wie konnten meine Prioritäten nur so durcheinandergeraten? Ich betrachte mich im Spiegel und versuche, mir zusammenzureimen, was eigentlich passiert ist.«

Ruth, eine 47jährige Buchhalterin, bietet ein weiteres Beispiel dafür, wie ein verletzter Partner seine Würde und Selbstachtung opfert, um seine Partnerschaft am Leben zu halten. »Ich konnte nicht anders, als Konkurrenz und eigentlich Unterlegenheit gegenüber Jerrys junger Geliebter zu empfinden«, sagte sie, »deshalb verbrachte ich – ich sage besser, verschwendete ich – Stunden und ein Vermögen damit, in der Wäscheabteilung von Bloomingdales knappe Dessous anzuprobieren, wo ich doch meine Mutter hätte besuchen sollen, die nach einer Krebsoperation im Krankenhaus lag. Es ist so deprimierend, ich fühle mich schon mies, wenn ich Ihnen nur davon erzähle. Ich fühle mich so gedemütigt durch das, was ich da getan habe – was ich geworden bin.«

Jed, ein 33jähriger Lektor bei einem der größeren New Yorker Verlage, hatte mit denselben Problemen zu kämpfen. »Meine Frau Julie versprach mir hundertmal, mit ihrem Liebhaber zu brechen, und jedesmal glaubte ich ihr. Einmal bat sie mich, mit ihm übers Wochenende wegfahren zu dürfen, um zu prüfen, ob sie sich wirklich liebten, und ich war verrückt genug einzuwilligen. Natürlich traf sie sich weiter mit ihm. Dann bat sie mich, für ein paar Tage in unser Strandhaus zu ziehen, damit die beiden in unserer Wohnung ein letztes Mal über die Stränge schlagen konnten. Können Sie sich vorstellen, daß ich ging? Ich fühlte mich, als ob ich ins Exil gehen müßte, wie der Komplize eines Verbrechens.

Zu diesem Zeitpunkt glaubte ich, keine Wahl zu haben. Ich bekam ein lausiges Gehalt und konnte es mir nicht leisten, sie einfach zu verlassen. Doch indem ich einer Sache zustimmte, die eindeutig inakzeptabel war, veränderte ich mich innerlich. Ich hatte das Gefühl, daß mir Julie Gewalt antat, aber schlimmer noch war, daß *ich* mir Gewalt antat. Wir sind wieder zusammen, aber ich kämpfe immer noch um meine Selbstachtung. Ich meine, ich habe ihr kein Ultimatum gestellt. Ich habe mich kaum gewehrt. Ich stumpfte ab, wie ein Tier in Gefangenschaft. Ich dachte mir, sie würde schon zu mir zurückkommen, wie immer, und ich hatte recht. Aber ich habe mich nie gefragt: ›Was ist für mich drin? Und zu welchem Preis?‹«

Wenn Sie fühlen wie Jed, Jane oder Ruth, müssen Sie wissen, daß sich nicht Ihre Grundwerte geändert haben, sondern daß dieser emotionale Strudel Ihre Fähigkeit, durchdachte Entscheidungen in Ihrem eigenen Interesse zu treffen, zeitweise außer Kraft gesetzt hat. Mit der Zeit werden Sie klarer und mit mehr Mitgefühl sehen, was Sie durchmachen, und die Gründe Ihres Verhaltens besser verstehen. Wenn Sie sich selbst verloren zu haben glauben, dann seien Sie versichert, daß Sie nicht alleine sind und daß Ihre Reaktion exakt Ihrer Verletzung entspricht. Ein emotionaler Schock bringt praktisch jeden Menschen zu einem Verhalten, für das er sich später haßt und das er bereut. Wenn Sie akzeptieren können, wie sehr die Untreue Sie physisch und psychisch verändert hat, können Sie vielleicht lernen, sich selbst nicht so streng zu beurteilen.

Verlust der Selbstachtung, wenn Sie erkennen, daß Sie die Untreue nicht wahrhaben wollten: »Warum habe ich nicht gesagt: ›Bis hierher und nicht weiter‹?«

Ihre Selbstachtung kann zerbröckeln, wenn Sie an die Zeit zurückdenken, in denen das Geheimnis noch nicht enthüllt war, und erkennen müssen, daß Sie Ihren Verdacht beiseite schoben oder ihn für sich behielten. »Warum habe ich mir nur gefallen lassen, daß er/sie alles abstritt?« fragen Sie sich. »Wie konnte ich nur so dumm und so feige sein, ihm/ihr die Wahrheit nicht ins Gesicht zu schleudern?«

Natürlich sind nicht alle Verdächtigungen gerechtfertigt; manche Menschen neigen zu einem geradezu zwanghaften Mißtrauen und stellen sich Dinge vor, die nicht zutreffen. Oft aber sind die Hinweise unmißverständlich.

Nach der Affäre seiner Frau schreckte Tom ungläubig davor zurück, daß er seit Monaten geahnt hatte, was vor sich ging, es aber in eine Ecke seines Bewußtseins verdrängt hatte: »Meine Frau verkauft Software und reist viel. Als sie einmal von London zurückflog, wollte ich sie überraschen und am Flughafen abholen. Ich sah sie und ihren Chef zusammen aus der Zollkontrolle kommen, und an der Art, wie er ihre Taille umfaßte, erkannte ich sofort, daß sie etwas miteinander hatten. Aber was tat ich? Ich ging, ohne sie je wissen zu lassen, daß ich dagewesen war, und schickte ihr Blumen mit einer Karte ›Ich habe Angst, dich zu verlieren‹. Als sie sie las, verspottete sie mich wegen meiner angeblichen Unsicherheit, und wissen Sie was? Ich brauchte es einfach so dringend, das zu hören, daß ich mich zwang, es zu glauben. Ich zweifelte an dem, was ich mit eigenen Augen gesehen hatte. Doch innerlich wußte ich es.«

Betty, eine seit elf Jahren verheiratete Psychologin, war genauso verblüfft über die Tricks, die sie anwandte, um beunruhigende Information loszuwerden: »Als ich von einer Verhaltenstherapiefortbildung zurückkam, fragte ich meinen Mann Jim, was er am Samstagabend gemacht habe. Er sagte, er sei erschöpft gewesen und gleich nach dem Abendessen zu Bett gegangen. Aus irgendeinem Grund fragte ich auch die Babysitterin, was sie an diesem Abend gemacht hatte, und sie sagte, sie hätte sich bis tief in die Nacht mit Jim über seine Arbeit unterhalten – am Küchentisch. Ich wußte, daß sich die Geschichten widersprachen, aber ich ertrug die Konsequenzen nicht. Den Stein selbst ins Rollen zu bringen, das brachte ich nicht fertig. Ich sagte nichts. Aber die Wahrheit war so sonnenklar, daß es schon peinlich ist.«

Dave, seit vier Jahren verheiratet, berichtete mir von einem ähnlichen Täuschungsmanöver: »Eines Tages fand ich ein ungeöffnetes Kondom im Auto meiner Frau. Es war eine andere Marke als die, die wir gewöhnlich benutzten, deshalb fragte ich sie danach. Sie schüttelte eine Entschuldigung aus dem Ärmel – es sei eine Werbesendung, die mit der Post gekommen wäre –, eine Geschichte, die auch der größte Trottel nicht geschluckt hätte. Wenn ich jetzt zurücksehe, frage ich mich, warum ich sie nicht zur Rede gestellt habe, warum es da nicht aufgehört hat bei mir.«

Dave, Betty, Tom – alle hielten den Mund und glaubten nicht mehr das, von dem sie doch irgendwo wußten, daß es stimmte. Um sich ihre Illusionen zu bewahren, verleugneten sie die Berechtigung ihres Verdachts. Daß sie das Geschehen nicht verarbeiten oder dagegen protestieren konnten, gefährdete ihren größten Besitz – ihr wahres Selbst. »Der Verlust des Selbst [fällt] mit dem Verlust der Stimme, der Artikulationsfähigkeit in der Beziehung zusammen«, schreibt Dana Crowley Jack in *Immer hab' ich mich dir angepaßt.* »Die Stimme ist ein Indikator für das Selbst.«[4]

Wenn die Affäre ans Licht gekommen ist, müssen Sie sich darauf einstellen, daß Sie dann ins andere Extrem der Überaufmerksamkeit fallen. Ihr Argwohn ist so instinktiv, so unbarmherzig, daß Sie, was Ihr Partner auch sagt oder tut, nicht mehr zwischen Dichtung und Wahrheit unterscheiden können. Sie können weder Ihrem Partner vertrauen noch Ihren eigenen Wahrnehmungen. »Was verbirgt er/sie vor mir«, fragen Sie sich, »und was verstecke ich vor mir selbst?« In einem gewissen Sinn stellt dieses Umschlagen von Blindheit in Wachsamkeit eine Anpassung dar; die Erinnerung an die Verletzung schützt Sie vor weiterem Schaden. Trennen Sie und Ihr Partner sich, wird Ihnen Ihr Mißtrauen in zukünftige Partnerschaften hinein folgen. Bleiben Sie zusammen, kann es nachlassen, wenn sich Ihr Partner als verläßlich erweist; ganz verschwinden wird es jedoch wohl nie.

Verlust der Kontrolle über Geist und Körper: »Wenn ich nur meinen Kopf abstellen könnte! Wenn ich doch nur aufhören könnte!«

Bei dem Versuch, das Geschehene zu verarbeiten, können Ihre Gedanken und Ihr Handeln aus dem Ruder laufen. Sie grübeln zwanghaft über die Lügen Ihres Partners nach, über Einzelheiten der Affäre, über die Ereignisse, die dazu geführt haben. Vielleicht werden Sie auch verbissener bei der Arbeit und Ihren Freizeitbeschäftigungen, strengen sich an wie besessen, um Ihre Ängste zu zerstreuen. Doch keine dieser Reaktionen wird Ihnen die Erleichterung bringen, nach der Sie sich so sehnen. Betrachten wir einige davon und untersuchen die Gründe.

– *Zwanghafte Gedanken: »Wie stelle ich bloß meinen Kopf ab?«*

Das Denken hat seinen eigenen Kopf, und in Phasen wie dieser läßt es sich nicht kontrollieren. Ihre Zwangsvorstellungen übernehmen das Kommando, und Sie ertappen sich dabei, wie Sie Löcher in die Luft starren und wie Bilder von Ihrem Partner und der/m Geliebten Ihr Bewußtsein überschwemmen und Ihren Schlaf oder Ihre Konzentration stören.

Von dem Tag an, an dem Lynn von Marks Affäre erfuhr, war sie darauf fixiert. »Ich hatte immer wieder dieselben Gedanken – wie eine Platte mit Sprung, wie ein Kopf mit Sprung«, erzählte sie mir. »Ich führe in der Phantasie endlose Gespräche mit ihm: ›Ich war immer für dich da, Mark‹, sage ich zu ihm, ›ich war immer da.‹ Ich wache um drei Uhr morgens auf, träume von ihm und dieser Frau zusammen im Bett, stelle mir vor, wie sie ihn berührte, wie er sie erregte. Ich spiele es in meinem Kopf immer wieder durch, versuche, es mir zu erklären, aber ich mache mich bloß krank damit.«

Ein anderer verletzter Partner verbrachte jeden freien Augenblick damit, die Hinweise auf den Betrug seiner Frau zusammenzufügen. Ob allein oder in ihrer Anwesenheit, er spulte immer dasselbe Band in seinem Kopf ab: »Du meinst, als du gesagt hast, du wärst an deinem Geburtstag letzten Mai auf Geschäftsreise, daß du in Wirklichkeit mit *ihm* zusammen warst?« Als ich dich beim Telefonieren überrascht habe, hast du also mit *ihm* gesprochen – in unserem Schlafzimmer?«

»Sosehr ich es auch hasse, hintergangen zu werden«, sagte er, »was mich wirklich fertigmacht, ist, daß mein ganzes Denken davon beeinträchtigt wird. Ich habe noch nie in dieser Weise gedacht.«

Seien Sie nicht überrascht, wenn Sie sich ertappen, wie Sie gewalttätige Racheakte gegen Ihren Partner oder die/den Geliebte/n zusammenphantasieren. Die Bösartigkeit dieser Bilder alarmiert Sie vielleicht – sie sind so untypisch für Ihre Person –, doch unter den gegebenen Umständen sind sie nicht unnormal.

»Ich habe immer gedacht, ich sei ziemlich locker«, berichtete ein verletzter Partner. »Jetzt frißt mich der Haß auf. Ich stelle mir vor, wie ich meiner Frau und ihrem Freund Beleidigungen ins Gesicht schleudere, damit auch sie leiden. Als ich ihn gestern über die Straße gehen sah, schoß mir der Wunsch durch den Kopf, ihn zu überfahren. Letztlich bin natürlich ich es, der leidet. Ihnen könnte es gar nicht gleichgültiger sein, wie verrückt ich geworden bin.«

Wenn Ihre Grübeleien Sie im Alltag ernsthaft beeinträchtigen, finden Sie in Kapitel 8 Vorschläge, wie Sie sich kurzschließen können. Sie können sich auch vom Arzt Beruhigungsmittel verschreiben lassen, damit Sie z.B. nachts schlafen können. Versuchen Sie aber zugleich, das, was in Ihnen vorgeht, als angemessene Reaktion auf den Enthüllungsschock zu akzeptieren. Vielleicht sind Sie im Augenblick gerade nur dazu fähig, innerlich einen Schritt zurückzutreten und Ihre Obsessionen mitfühlend zu beobachten. Obwohl sie letztlich zu keinem Ergebnis führen, sind sie doch eine Methode, mit der Ihr Geist Ordnung und Gerechtigkeit in Ihre Welt bringt und Ihnen das Gefühl gibt, sie im Griff zu haben.

– *Zwanghaftes Verhalten: »Wie bringe ich mich nur dazu aufzuhören?«*

Ihr Mißtrauen zwingt Sie dazu, sich zwanghaft, reflexartig zu verhalten – ohne Vernunft oder Selbstkontrolle.

»Ich durchwühle immer noch die Post meines Mannes«, erzählte mir Marge. »Es ist jetzt sechs Monate her, daß ich die Geschichte zwischen ihm und seiner Assistentin herausfand, aber ich kann es nicht lassen, seine Telefonrechnungen und Kreditkartenabrechnungen zu durchsuchen – seine Jacketttaschen, seine Brieftasche, sein Tagebuch, seine Schreibtischschubladen, sein Auto und so weiter. Ich höre in seine Telefongespräche rein – ich bin jetzt sehr geschickt, den Hörer so leise abzunehmen, daß er es nicht hören kann. Oder ich lege mein Ohr an die Tür seines Arbeitszimmers und versuche zu lauschen. Wenn ich nicht zu Hause bin, schalte ich ein elektronisches Gerät ein, das seine Anrufe überwacht. Ich schaue in Restaurants und Hotels vorbei, in denen er sich mit seiner Freundin traf – ich fand sie anhand seiner Kreditkartenrechnung heraus. Ich rufe ihn im Büro an, um zu kontrollieren, ob er da ist, und wenn nicht, benutze ich seinen Code, um seinen Anrufbeantworter abzuhören. Gelegentlich engagiere ich einen Privatdetektiv, der ihm folgt und überprüft, ob er da ist, wo er zu sein behauptet. Ich beobachte, ich kontrolliere, ich stelle Fallen auf. Ich verschwende eine unglaubliche Menge Zeit und Geld. Ich weiß, daß ich mich nicht in der Gewalt habe, aber ich kann offenbar nichts dagegen machen. Wer hat mich bloß zur Detektivin gemacht?«

Sie sind wie Marge zweifellos entschlossen, sich nie wieder zum Narren machen zu lassen. Wenn Ihr Partner Treue schwört, kann ein gewisses Maß an Kontrolle eine Menge konkreter Vergewisserung bieten. Ständige Wachsamkeit jedoch treibt Sie in den körperlichen und geistigen Ruin und untergräbt Ihre Selbstachtung noch weiter. Keinesfalls bringt es das Vertrauen und die Nähe, die Sie wiederherstellen wollen, zurück. Ihren Partner zu überwachen, ist nur eine Form übertriebenen Verhaltens. Rauchen, Trinken, Einkaufen, Umräumen – all dies sind Methoden, die Ihre Angst verringern und Ihren Schmerz lindern sollen und mit denen Sie sich auf eine der wenigen Weisen belohnen können, die Ihnen zur Verfügung stehen. Es kann auch sein, daß Ihr Sexualverhalten sich ändert, manchmal in unverantwortlicher oder unangemessener Weise. Eine Klientin namens Gail ist ein typischer Fall: »An dem Abend, als ich von Toms Affäre erfuhr, ging ich in eine Bar, betrank mich und hatte ungeschützten Sex mit einem Unbekannten. Ich wußte nicht mal, wie dieser Kerl hieß. Am nächsten Tag ging ich zu einer Hochzeit und ertappte mich, wie ich mit dem Mann meiner College-Zimmergenossin flirtete. Ich war so durchgedreht, daß ich sogar einen Typen aufzureißen versuchte, der in der U-Bahn neben mir saß. Das Ganze ist so demütigend; ich habe mich so zur Schau gestellt und so ordinär benommen. Nicht, daß mein Verhalten unangebracht oder unmoralisch war, es war dumm und selbstzerstörerisch. Es war, als ob ich, weil ich verletzt war, der Welt zeigen müßte, daß alles egal ist. Es war, als ob ich, weil ich mich jetzt wie ein Nichts fühlte, alle Welt genauso behandeln müßte. Ich war so verbittert, daß ich alles Gute oder Anständige auslöschen mußte – einschließlich meiner selbst.«

Eine andere verbreitete Form von zwanghaftem Verhalten sind übertriebene sportliche Betätigungen und Diäthalten – damit hoffen Sie mehr Macht über Ihr Leben zu gewinnen, sich attraktiver für Ihren Partner zu machen und Ihre Selbstachtung wiederherzustellen. Zwar können Sie kurzfristigen Nutzen daraus ziehen – unter Umständen verbessert sich Ihr Gesundheitszustand, Sie werden körperlich fit und bauen Spannungen ab –, doch Sie sollten wissen, daß Sie in Ihrem äußerst kritischen und depressiven Zustand Ihre körperliche Attraktivität gar nicht richtig beurteilen können und daß Sie es riskieren, sich einer bestrafenden, entbehrungsreichen und extremen Lebensweise zu unterwerfen. Stemmen Sie ruhig Eisen oder leben Sie von Salat, wenn Sie sich dann besser fühlen, aber denken Sie daran, daß kein Fitneß-Studio und keine Brigitte-Diät an die Wurzel des Problems heranreicht – Ihre Angst, verlassen zu werden, und Ihr erschüttertes Selbstgefühl. Zwanghaft ist es auch, wenn Sie Menschen aufsuchen, die Einfluß auf Ihren Partner haben, und sie dazu drängen, Ihnen zu helfen, Ihren Partner zurückzugewinnen. Auch wenn es nicht helfen mag, so nährt es wenigstens Ihre

Hoffnungen und gibt Ihnen wie übertriebene sportliche Betätigung die Illusion, Macht – oder wenigstens ein Mitspracherecht – über das Schicksal Ihrer Partnerschaft zu haben. Es ist schwer, passiv dazusitzen und dem eigenen Leben zuzusehen.

»Ich hatte mich so darauf versteift, Glenn zurückzubekommen, daß ich Stunden darauf verwandte, alle möglichen Leute zu präparieren, auf die er vielleicht hörte«, erinnerte sich Abbey. »Ich nahm Kontakt zu seinen Eltern und mehreren seiner besten Freunde auf und flehte sie an: ›Bitte sprecht mit ihm.‹ Ich rief seine Brüder und ihre Frauen an – sogar den Pfarrer. Ich drohte, mit den Kindern weit wegzuziehen, wenn die Ehe auseinanderginge – nicht, daß ich das wirklich vorhatte, aber ich wollte seine Eltern treffen, die es nicht ertragen würden, ihre Enkel zu verlieren, und Druck auf ihn ausüben würden, bei mir zu bleiben. Ich tappte im dunkeln, aber ich konnte nicht einfach warten und um seine Rückkehr beten.«

Einige von Ihnen pendeln wahrscheinlich ständig zwischen Extremen hin und her, in einer Minute fest entschlossen, die Partnerschaft zu retten, und in der anderen, sie zu beenden. »Meine Stimmung schlägt ständig um«, erklärte eine verletzte Partnerin namens Tina. »Ich wache auf, will nichts mit meinem Mann zu tun haben und halte mich so fern wie möglich von ihm. Eine Stunde später liebe ich ihn wie mein Leben und möchte jede Minute mit ihm verbringen. Ich frage mich andauernd: ›Ist er es wirklich wert, daß ich um ihn kämpfe?‹ Wenn ich ›ja‹ sage, bin ich so lieb wie möglich, tue alles, um gut auszusehen, und koche ihm seine Lieblingsgerichte. Ich werde es ihm nicht einfachmachen, mich zu verlassen. Doch dann frage ich mich: ›Will ich diesen Typ wirklich? Er ist doch gräßlich‹, und ich vereinbare einen Termin mit dem Anwalt und wappne mich innerlich, um meine Rechte durchzusetzen. Es ist nicht so, daß ich keine Entscheidungen treffen könnte, ich kann nicht *aufhören*, welche zu treffen.«

Um sich abzulenken und die Einsamkeit abzuwehren, machen vielleicht auch Sie zu viele Pläne mit zu vielen Leuten, die Ihnen nichts bedeuten. Wie andere Formen des Zwangsverhaltens dienen diese Ablenkungen als vorübergehendes Gegenmittel gegen Angst- oder Leeregefühle. Aber wenn Sie sich wieder in Ordnung bringen wollen, müssen Sie langsamer machen, sich mit Ihrem Schmerz auseinandersetzen, die Ursachen der Affäre herausfinden und entscheiden, wie Sie damit umgehen wollen.
Der Gedanke, daß Sie die Kontrolle über Geist und Körper verloren haben, daß Ihr Verstand so wenig Einfluß auf Ihre Lebensführung haben soll, macht angst. Aber lassen Sie sich versichern, obwohl Sie sich selbst als seltsam erleben, Ihr Verhalten ist nicht seltsam.

Verlust des fundamentalen Gefühls von Ordnung und Gerechtigkeit: »Die Welt macht keinen Sinn mehr.«

Sie haben vielleicht gedacht, Sie wüßten, wie die Welt funktioniert, und könnten daher Ihr Leben in gewissem Maße steuern. »Jeder ist seines Glückes Schmied«; »Wie man sich bettet, so liegt man« – diese und andere Maximen, nach denen Sie einmal lebten, schienen unangreifbar. Sobald Sie jedoch erfahren, daß Ihr Partner Sie betrügt, stürzt Ihr Glaube an die Ordnung und Gerechtigkeit der Welt in sich zusammen und damit auch Ihre Überzeugung, daß Sie gut sind und daß die Welt im Prinzip sicher und sinnvoll eingerichtet ist.
Wenn Sie eine persönliche Verletzung dieser Größenordnung erleiden, sind Sie gezwungen, Ihre Grundvorstellungen über Gerechtigkeit in jedem Lebensaspekt einschließlich Liebe und Ehe zu überdenken. Sie haben diese Annahmen vielleicht niemals ausgesprochen, doch wenn etwas geschieht, was ihnen widerspricht, sind Sie verblüfft, wie sehr Sie darauf gebaut haben. Ihr Glaube, daß, wenn Sie *X* täten, *Y* folge

– daß Sie vorausahnen und dann tun könnten, was nötig ist, um geliebt zu werden –, gab Ihnen das Gefühl, tüchtig und in Sicherheit zu sein, und Ihrer Welt eine Struktur, auf die Sie sich verlassen konnten. Jetzt erkennen Sie, wie wenig Macht Sie über Ihr eigenes Schicksal besitzen und wie wenig Sie darauf bauen können, von anderen – sogar von den Menschen, die Sie lieben – fair behandelt zu werden.

Als Sam erfuhr, daß seine Frau Jane mit einem 23jährigen Zimmermann schlief, brach seine Welt aus den Fugen: »Ich hatte mich immer für einen annehmbaren Ehemann gehalten, der die Liebe seiner Frau verdient«, sagte er. »Für mich gab es nur sie, und ich versuchte, immer für sie dazusein. Ich versuchte, gelassen und rücksichtsvoll zu sein, auch wenn ich erschöpft war. Meine Mutter sagte immer: ›Behandle deine Frau wie eine Königin, und sie wird dich zu ihrem König machen.‹ Was für ein Witz. Vielleicht habe ich etwas Wesentliches falsch gemacht, aber sie hat sich nie etwas anmerken lassen oder mir eine Chance gegeben, mich zu ändern. Jetzt fühle ich mich getäuscht und betrogen. Ich weiß jetzt, daß man nichts gewinnt, wenn man anständig ist; man fängt sich höchstens Ohrfeigen ein. Ich hasse sie für das, was sie mir angetan hat. Ich werde zynisch und egoistisch, und ich bezweifle, daß ich die Menschen oder die Liebe je wieder als gut betrachten kann.«

Vor dem emotionalen Chaos der Affäre hatten Sie wie Sam vielleicht bestimmte allgemeine Vorstellungen, wie Partnerschaften funktionieren:

- »Ich habe Einfluß darauf, wie meine Ehe läuft.«
- »Wenn ich im Prinzip ein guter und liebevoller Mensch bin, werde ich dafür geliebt.«
- »Wenn ich ein annehmbarer Partner bin, wird meine Ehe tadellos sein.«
- »Ich weiß, was ich tun muß, um meinen Partner glücklich zu machen.«
- »Ich kann meinem/r besten Freund/in vertrauen.«

Diese Vorstellungen, die einmal so einleuchtend waren, kommen Ihnen jetzt vielleicht schrecklich naiv vor. Doch statt sie über Bord zu werfen, nehmen Sie die Untreue Ihres Partners womöglich als Zeichen Ihres persönlichen Versagens; um sich das alles zu erklären, glauben Sie jetzt, daß Sie bekommen haben, was Sie verdienten.

Niedergeschlagen und verwirrt nehmen Sie jetzt unter Umständen an, daß entweder die Welt nicht nach den Prinzipien funktioniert, die Sie einmal für selbstverständlich hielten (was zu äußerem Chaos führt), oder daß *Sie* nicht genügen (was zu innerem Chaos führt). Jetzt vielleicht noch nicht, aber später werden Sie merken, daß beides übertrieben und übermäßig verallgemeinert ist. Sie müssen weder sich selbst noch die Welt geißeln. Das Leben ist nicht so zufällig und auch nicht so gemein.

Verlust der Verbindung zu anderen: »Wem kann ich noch vertrauen? Wer ist für mich da?«

Ihre Scham und Ihr Minderwertigkeitsgefühl lassen Sie vielleicht glauben, jeder rede über Sie und meide Sie – warum sonst ruft keiner mehr an, um guten Tag zu sagen oder Sie einzuladen?

Während ein Teil von Ihnen in die Welt hinausschreien möchte, wie tief Sie verletzt wurden, möchte ein anderer Teil schweigen und allein sein. Im einen Moment sehnen Sie sich nach der Bestätigung, daß Sie ein sympathischer Mensch sind, und klammern sich an jeden, der sich Ihre Geschichte anhören will und bestätigt, daß man Ihnen weh getan hat. Im nächsten ziehen Sie sich in die Isolation zurück, getrieben von Stolz, Angst vor Lächerlichkeit und einem verkehrten Verantwortungsgefühl gegenüber genau der Person, die Sie betrogen hat.

Mary, die Tochter eines wohlhabenden Anlageberaters, hatte von Kindheit an gelernt, Familiengeheimnisse zu bewahren und Probleme alleine zu lösen. Als sie die Affäre ihres Mannes herausfand, hätte sie den Kontakt zu Familie und Freunden dringend gebraucht, doch sie kapselte sich statt dessen ab. »Es ist unglaublich, aber noch nach dem, was dieser Schweinehund mir angetan hat, hielt ich es für meine verdammte Pflicht und Schuldigkeit, seinen Namen zu schützen«, erzählte sie mir rückblickend. Doch als er weiter fremdging, rang sie sich dazu durch, Unterstützung bei Verbündeten zu suchen. »Soll er sich doch selbst Gedanken um seinen Ruf machen«, sagte sie.

Wenn Ihre Eltern noch leben, quälen Sie sich wahrscheinlich damit, ob Sie es ihnen sagen sollen. Wie Sie sich auch entscheiden, immer bleiben schwerwiegende Risiken und belastende Fragen. »Wenn sie es wissen, sind dann Familientreffen in Zukunft unerträglich? Wenn sie sich gegen meinen Partner stellen, wird es ihm dann schwererfallen zu bleiben? Will ich wirklich, daß meine Eltern erfahren, daß meine Partnerschaft in Schwierigkeiten ist? Will ich wieder von ihnen abhängig sein – wieder von ihnen gehätschelt werden? Komme ich mit ihrem Mitleid, ihrer Mißbilligung, ihrer Verurteilung zurecht? Will ich ihnen die schmutzigen, demütigenden Einzelheiten der Affäre erzählen? Wenn ich wieder ihr Kind geworden bin, wie soll ich mich wieder von ihnen lösen?«

Als Elternteil quälen Sie sich unausweichlich damit, ob Sie es Ihren Kindern sagen sollen. »Ist es klug, sie mit der häßlichen Wahrheit zu belasten?« fragen Sie sich. »Sind sie nicht zu klein, um es zu verstehen?« Sie sehnen sich nach ihrem Mitgefühl, fürchten jedoch, sie gegen den anderen Elternteil einzunehmen. Eine Seite von Ihnen sagt: »O ja, ich würde ihre Beziehung zu der Person, die mich vernichtet hat, gern vergiften. Ich wäre so gern quitt. Ich will, daß die Kinder mich mehr lieben.« Aber eine andere Seite – die weiß, daß jeder Elternteil ein unersetzliches Rollenmodell ist und daß ein Kind von beiden Eltern lernt, was es bedeutet, erwachsen zu sein – schwankt bei der Vorstellung, sie zu geteilter Loyalität zu zwingen. »Will ich, daß sie mit einem unvollständigen oder verzerrten Selbstgefühl aufwachsen?« fragen Sie sich. »Wie wird die Wahrheit sich auf ihr Selbstbild auswirken? Werden sie selbst fremdgehen, wenn sie erwachsen sind? Werden sie Angst vor intimen Beziehungen haben? Werden sie uns das, was geschehen ist, vorwerfen? Wenn ich die Ehe bald retten kann, werden sie es vielleicht nie erfahren müssen.«

Sie machen sich vielleicht auch Sorgen, ob Sie Freunden Ihr Herz ausschütten können. »Kann ich darauf vertrauen, daß sie mein Geheimnis bewahren? Werden sich schließlich alle über mich mokieren? Niemand hat gern Umgang mit einem unglücklichen Paar; werden wir also irgendwann jeden Samstagabend allein zu Hause sitzen? Vielleicht sagen Freunde, denen ich mich anvertraue, verletzende Dinge über meinen Partner, weil sie entweder wirklich empört sind oder weil sie mich aufmuntern wollen; wird es dann nicht schwierig, wenn man sich wieder als ganze Gruppe trifft? Und was am schlimmsten wäre: wenn nun einer mit meinem Partner sympathisiert?«

Sie sollten wissen, daß manche Menschen mit Ehebruch umgehen wie mit einer Infektionskrankheit, die ihre eigene Partnerschaft anstecken könnte, wenn sie Ihnen zu nahe kommen. Da das Thema »Untreue« für diese Menschen tabu ist, sollten Sie nicht zuviel von ihnen erwarten oder ihre Zurückhaltung persönlich nehmen. Wahrscheinlich fühlen Sie sich von dem, was sie nicht verstehen, bedroht oder ihre eigenen Partnerschaften sind weniger stabil, als sie zugeben wollen.

Die meisten Ihrer Freunde werden Ihnen helfen und Sie trösten wollen, wissen jedoch einfach nicht wie. Sogar eine Beerdigung hat eingeführte Kondolenzrituale, doch wenn sie von der Untreue eines Partners erfahren, haben vielleicht selbst Ihre engsten Freunde keine Ahnung, wie Sie Ihnen bei

Ihrer Trauerarbeit helfen sollen. Aus Unsicherheit, was sie sagen oder tun sollen, meiden sie Sie vielleicht oder schließen Sie aus. Sie sind auf Hinweise von Ihnen, daß Sie Gesellschaft möchten und nicht allein sein wollen, angewiesen. Oft steckt hinter ihrer Zurückhaltung der Respekt vor Ihrem vermeintlichen Wunsch nach Ungestörtheit. Sie müssen sie vielleicht dazu einladen, wieder in Ihr Leben zurückzukommen.

Einige von Ihnen erwägen vielleicht, mit einem Psychotherapeuten zu reden, einem anonymen und neutralen Menschen, der zuhört und zu helfen versucht. Dies kommt Ihnen möglicherweise am logischsten vor, löst vielleicht aber auch widersprüchliche Gefühle in Ihnen aus. »Ich habe Monate gebraucht, bis ich mich zu einem Anruf wegen eines Termins bei Ihnen aufraffte«, erzählte mir eine betrogene Frau. »Ich dachte, meine Geheimnisse würden Sie schockieren.«

Als diese Frau mich schließlich aufsuchte, berichtete sie mir alles über die gegenwärtige Affäre ihres Mannes, aber nichts über die vielen Abenteuer für eine Nacht, die ihr vorausgegangen waren. »So verrückt es sich auch anhört, ich hatte Angst, Sie würden mich dazu ermutigen, ihn zu verlassen, und ich war mir nicht sicher, ob ich das wollte«, gab sie zu. Sie nahm an, daß sie in einer Therapie zu der Entscheidung gezwungen würde, ihre Ehe zu beenden, und sie wollte sich doch nur über ihre Ambivalenz klarwerden (zum Thema Ambivalenz siehe Kapitel 3 und 4). Am Ende unseres ersten Gesprächs erhob sie sich und sagte: »Jetzt weiß ich, warum ich hier bin. Ich muß laut über das, was mir widerfahren ist, nachdenken und meine Gefühle darüber ordnen. Ich brauche nicht zu wissen, wohin das alles führen wird. Ich bin hier um meinetwillen, um wieder am Leben teilzunehmen.«

Sich anderen zu öffnen, ist mit Gefahren verbunden. Eltern, Kinder, Freunde, Therapeuten – alle können Ihnen in dieser schwierigen Zeit helfen, doch sie können auch Ihrem Entfremdungsgefühl Nahrung geben. Es ist schwierig zu entscheiden, wem Sie trauen und wieviel Sie sagen wollen. Es gibt keine Regeln, kein Richtig und Falsch. Sie können nur die Konsequenzen der Enthüllung durchdenken; niemand außer Ihnen selbst kann Ihre Risiken gegen Ihre Bedürfnisse abwägen.

Was auch immer Sie beschließen, hüten Sie sich vor Isolation und einem übermäßig einsamen Leben. Wenn Sie glauben, daß auch Ihre engsten Freunde Sie nicht sehen wollen oder daß Sie in deren Gesellschaft heiter und unterhaltsam sein müssen, machen Sie sich noch einsamer und bringen sich um den Zuspruch, den Sie so dringend brauchen. Wenn es ein Netz von Menschen gibt, die Ihrem Leben Ganzheit und Sinn geben, dann lassen Sie sich von ihnen auffangen, auch wenn Sie sich anfangs unbehaglich und befangen fühlen.

Verlust des Sinngefühls – sogar des Lebenswillens: »Manchmal, wenn ich abends nach Hause fahre, denke ich, es wäre einfacher, von der Straße abzukommen und diese Qual zu beenden.«

Wenn Sie sich nicht vorstellen können, jemals wieder zu lieben oder geliebt zu werden, wenn Sie sich selbst oder Ihr Leben nicht mehr schätzen können, wenn zu leben Ihnen schmerzlicher vorkommt als nicht zu leben, dann überrascht es nicht, wenn Sie an Selbsttötung denken. Dies ist die tragischste Reaktion auf die Affäre Ihres Partners: der Verlust des Lebenswillens.

Paula, Mutter einer geistig behinderten Tochter, war mit ihrem zweiten Kind schwanger, als sie herausfand, daß ihr Mann mit ihrer besten Freundin Sybil schlief. »Eines Tages war es weg«, erzählte sie mir. »Mir fiel kein Grund zu leben mehr ein. Ich fühlte mich als völlige Versagerin. Sybil war gebildet und sexy. Ich bin so reizlos wie Pudding. Die Menschen, die ich für meine beiden besten Freunde gehalten hatte, hatten mich betrogen. Mein ungeborenes Kind verdiente mehr, als ich oder die Welt ihm geben konnten, so dachte ich. Deshalb schloß ich das Garagentor, setzte meine Tochter neben mich ins Auto und startete den Motor. Hatte ich den Verstand verloren? Ich glaube ja – vor Kummer, vor Haß. Die Erkenntnis rettete mich, daß das verrückt war, daß ich die Pflicht hatte, für meine Kinder dazusein und daß mein Mann sich vielleicht ebenfalls verrückt benommen hatte. Irgendwo wußte ich, daß sein Seitensprung ein Versuch war, der Verantwortung für unsere Tochter zu entfliehen und mit seiner Angst um die Gesundheit unseres nächsten Kindes fertig zu werden. Ich beschloß, mit ihm darüber zu sprechen, und wir sind immer noch zusammen und versuchen, unsere Ehe zu kitten. Das Leben war für uns immer hart, härter als für die meisten, glaube ich. Aber ich dachte damals und denke immer noch, daß wir es einander schuldig waren, über den Schmerz hinwegzukommen und uns unsere menschliche Schwäche zu vergeben. Wir waren beide als Eltern so enttäuscht, daß wir wohl von unserer Partnerschaft erwarteten, uns das zu geben, was das Leben uns vorenthielt. Wir gestehen uns nun endlich ein, wie sehr wir dem Schicksal grollen, und lernen, als Freunde am selben Strang zu ziehen.«

Für Sie dürften genau wie für Paula wenige Lebensereignisse vernichtender sein als ein Treuebruch Ihres Partners. Denken Sie aber daran, daß Ihre Depression wie dicker Morgennebel ist, der Ihre Sicht trübt, und daß Suizidgedanken etwas anderes sind als Versuche, sie in die Tat umzusetzen. Was Sie umbringen wollen, sind nicht Sie selbst, sondern Ihr Schmerz. Sie müssen jetzt Ihre Verzweiflung einfach ertragen, auch wenn Sie noch nicht wissen, wie Sie sie überwinden sollen. In diesem Augenblick erscheint es Ihnen vielleicht unmöglich zu glauben, was ich Ihnen sage, aber Sie sollten die Zuversicht haben, daß Sie mit der Zeit wieder lernen werden, sich selbst zu schätzen und echte Bindungen mit Ihnen wichtigen Menschen einzugehen.

Geschlechtsunterschiede: Beeinflussen sie Ihre Reaktion auf die Affäre?

Männer und Frauen messen der Affäre ihres Partners meist unterschiedliche Bedeutung bei, die wiederum ihre emotionalen Reaktionen darauf bestimmt. Es ist wichtig, nicht übermäßig zu verallgemeinern – was für einige Menschen gilt, trifft nicht auf alle zu –, doch es gibt Hinweise darauf, daß die meisten zumindest teilweise auf geschlechtsspezifische Weise reagieren. Sich diese biologisch-kulturellen Normen bewußtzumachen – so fließend und verschwommen sie auch sein mögen –, dürfte Licht in Ihre Reaktionen auf die Affäre bringen, so daß Sie sich nicht mehr so verrückt und einsam fühlen. Auch kann Ihr Partner Sie dann besser verstehen.

Im allgemeinen versuchen Frauen eher, die Partnerschaft zu retten und am Leben zu erhalten; Männer beenden sie eher und suchen sich Ersatz. Frauen werden leichter depressiv und schädigen sich selbst; Männer neigen zu Wut und Gewalt gegen andere, und wenn auch nur in der Phantasie. Frauen schreiben die Affäre wahrscheinlich ihrer allgemeinen Wertlosigkeit zu, Männer ihren mangelnden sexuellen Fähigkeiten. Frauen übertreiben tendenziell die Bedeutung der Affäre, Männer trennen ihren Schmerz ab und machen weiter, als wäre nichts geschehen.

Unterschied Nr. 1: Frauen versuchen, die Partnerschaft aufrechtzuerhalten, Männer wenden sich ab und laufen davon.

- Frauen: »Vielleicht schaffen wir es.«
- Männer: »Mach dir nicht die Mühe zurückzukommen.«

Wenn der verletzte Partner eine Frau ist, wird sie eher daran arbeiten, die Partnerschaft zu bewahren – zum Teil weil die Gesellschaft ihr beigebracht hat, anderen zu dienen und sich selbst hintanzustellen.[5] Männer tendieren dazu, ihren Verlust möglichst gering zu halten und sich nach Ersatz umzusehen – nach einer Person, die ihnen die Liebe und Aufmerksamkeit schenkt, auf die sie ein Anrecht zu haben meinen. Normalerweise verstummen Frauen oder verbergen ihre Gefühle, wenn sie emotional verletzt wurden. Unter dem Druck, eine harmonische Fassade aufrechterhalten zu müssen, ersticken sie oft ihr wahres Selbst und ihre innere Stimme. Unsere Gesellschaft schreibt der Frau die Aufgabe vor – an der sie ihren Selbstwert zu messen hat –, ihre Bindungen an andere aufrechtzuerhalten. In einer faszinierenden Studie fragte man Mädchen im Alter von etwa acht Jahren nach ihren Gefühlen, wenn Sie von Jungen schlecht behandelt wurden. Es zeigte sich, daß sie ihre Wut sehr wohl spürten und sich wehrten; mit etwa zwölf Jahren jedoch antworteten dieselben Mädchen auf dieselben Fragen mit »Ich weiß nicht«. Diese gut dokumentierte Studie spricht dafür, daß viele Frauen im Lauf der Zeit aufhören, ihrer Intuition zu vertrauen, wenn man ihnen übel mitspielt. Wenn Sie als Frau sich nicht eingestehen, wie sehr die Untreue Ihres Partners Sie verletzt hat, wenn Sie nicht mehr direkt und bestimmt über Ihre negativen Empfindungen sprechen, um die Partnerschaft zu retten, wenn Sie aus Ihrem Herzen eine Mördergrube machen, dann haben Sie Ihre Lektion gut gelernt. Ein anderer Grund, aus dem viele Frauen Partnerschaften, auch beschädigte, zu bewahren suchen, liegt darin, daß sie glauben – und fürchten –, die Alternative bestünde im Alleinleben. In einer berühmten Ehestudie von 1986 erschreckten Harvard- und Yale-Forscher die Frauen mit einem angeblichen Junggesellenmangel. Zwar wies Susan Faludi nach, daß die Zahlen grob übertrieben waren[6], doch sie riefen trotzdem eine gewisse »Torschlußpanik« hervor, die bis heute anhält, etwa wenn Frauen glauben, daß ihre Heiratschancen nach dem 40sten Lebensjahr fast gleich Null seien.

Geschiedene Frauen müssen stärkere wirtschaftliche Einbußen hinnehmen als Männer[7], teils weil sie eher Verantwortung für die Kindererziehung übernehmen, teils weil ihre früheren Ehemänner eher die Leasing-Raten für das Auto zahlen, als ihrer Unterhaltspflicht nachzukommen.[8] Wie alle Frauen haben auch die geschiedenen meist schlechtere berufliche Positionen oder verdienen in vergleichbaren Positionen weniger als Männer. Allein aus diesen praktischen Gründen kämpfen viele Frauen um den Erhalt ihrer Ehe.

Männer – traditionell finanziell besser abgesichert und zuversichtlicher, daß sich ihre Partnerin ersetzen läßt – unternehmen weniger Anstrengungen, ihre fremdgehende Lebensgefährtin zurückzuholen.

Da sie sich selbst weniger am Erfolg der Partnerschaft messen, kommen sie oft zu dem Schluß, daß sie weniger verlieren, wenn diese sich auflöst. Frauen neigen dazu, den Mund zu halten und zu bleiben, Männer fliehen. Sie bewältigen ihre Verletztheit, indem sie die Quelle ihres Schmerzes beseitigen.

Unterschied Nr. 2: Frauen werden depressiv; Männer werden wütend.

- Frauen: »Ich habe in der wichtigsten Beziehung meines Lebens versagt.«

- Männer: »Wenn ich den Geliebten meiner Frau treffe, bringe ich ihn um.«

Frauen reagieren auf eine Affäre eher damit, daß sie auf sich selbst einschlagen. Männer neigen eher zu Wut und schlagen auf die ein, die ihnen weh tun, wenigstens in der Phantasie. Frauen tragen nach neueren Erhebungen ein doppelt so hohes Risiko wie Männer, klinisch depressiv zu werden. Dies liegt zum einen daran, daß sie Kritik eher nach innen gegen sich selbst richten als nach außen gegen andere. Zum anderen definieren sie sich eher über den Bezug zu anderen und setzen ihren Selbstwert damit gleich, geliebt zu werden.
Wenn eine Partnerschaft kriselt oder scheitert, reagiert eine Frau eher mit Depression und herabgesetztem Selbstwertgefühl. Nicht nur, daß sie den Partner verliert, sie verliert auch noch sich selbst.[9]
Als Mann dagegen richten Sie Ihren Zorn eher gegen Ihre Frau oder deren Geliebten als gegen sich selbst. Aggressive Männer müssen sich oft zurückhalten, gewalttätig zu werden, doch selbst passive, introvertierte Typen ertappen sich bei Tagträumen, wie sie den »Feind« attackieren. In jedem Fall gibt Ihnen Ihre Wut das Gefühl von Macht und Selbstbeherrschung, so daß Sie so angsterregende Gefühle wie Scham und Selbstzweifel abwehren können. Manche von Ihnen sehen Ihre Partnerin vielleicht lieber als Opfer, das von einem selbstsüchtigen Liebhaber manipuliert wird. Wenn Sie Ihre Wut gegen ihn wenden, vermeiden Sie damit die schmerzliche Möglichkeit, daß Ihre Partnerin fremdgegangen ist, weil sie ernsthaft unzufrieden mit Ihnen war.

Unterschied Nr. 3: Frauen fühlen sich unzulänglich als Kameradin; Männer fühlen sich unzulänglich als Liebhaber.

- Frauen: »Ich bin nicht gut genug als Person. Ich genüge meinem Mann nicht.«
- Männer: »Mein Penis ist zu klein/groß, und ich komme zu schnell/langsam. Ich kann meine Frau nicht befriedigen.«

Forscher bestätigten, daß Frauen eher das emotionale Engagement ihres Mannes für andere Frauen beunruhigt, während Männern eher das sexuelle Engagement ihrer Frau Unbehagen bereitet. Die Wissenschaftler befestigten Elektroden an den Köpfen von Männern und Frauen und baten sie, sich ihren Partner beim Sex mit anderen Partnern vorzustellen. Die Männer begannen bei dieser Vorstellung zu schwitzen, und ihr Puls beschleunigte sich sprunghaft. Als sie sich vorstellten, daß ihre Frau sich platonisch zu einem anderen Mann hingezogen fühlte, beruhigten sie sich wieder, wenn auch nicht ganz bis zu ihrem Normalzustand. Bei Frauen verlief die Reaktion genau umgekehrt. Sobald sie sich eine emotionale Untreue ihres Partners vorstellten, erlebten sie stärkeren physiologischen Streß als bei der Vorstellung sexueller Untreue.

Als Frau schreiben Sie die Untreue Ihres Mannes eher Ihrer eigenen persönlichen Unzulänglichkeit zu, nicht nur Ihrer Leistung im Bett. Sie glauben wahrscheinlich, daß Ihr Partner die Affäre aus Liebe, nicht einfach nur wegen Sex angefangen hat und daß die Anziehung mehr als körperlich war. Infolgedessen messen Sie der Affäre Ihres Partners mehr Gewicht bei als er selbst. Wenn er beteuert: »Ich habe die andere Frau nie geliebt; ich wollte nicht, daß unsere Ehe auseinanderbricht; diese Affäre hat mir nichts bedeutet«, dann fällt es Ihnen mehr als schwer, das zu verstehen oder ihm zu trauen, doch Sie möchten nur zu gerne glauben, daß er es ehrlich meint.

Wenn Sie ein Mann sind, glauben Sie wahrscheinlich, daß Ihre Frau Sie aus sexuellen Gründen betrogen hat; aufgrund dieser Annahme fühlen Sie sich sexuell unzulänglich und sind eifersüchtig, und das kann Sie gewalttätig gegen Ihre Frau oder deren Liebhaber werden lassen. Männer neigen dazu, andere, nichtsexuelle Partnerschaftsfragen wie Kommunikation und Intimität zu übersehen oder zu unterschätzen, und gerade diese spielen für die meisten Ehefrauen eine Rolle. Wenn Sie Ihre Ehe retten wollen, sollten Sie Ihre Partnerin fragen, was ihr in der Partnerschaft fehlt und was Sie tun können, damit sie sich wieder mehr geliebt und geschätzt fühlt.

Unterschied Nr. 4: Frauen quälen sich; Männer lenken sich ab.

- Frauen: »Ich muß immerzu an seine Freundin denken.«
- Männer: »Ich will nicht an ihre Affäre denken.«

Weil das Selbstgefühl einer Frau so eng mit ihrem Erfolg in ihren intimsten Beziehungen verbunden ist, beschäftigt sie sich zwanghafter mit der Affäre als ein Mann und grübelt fast nur noch über den Treuebruch nach. Dabei erbittern sie die Lügen ihres Partners mehr, und ihr Mißtrauen hält länger an. Sie durchlebt die Einzelheiten der Affäre aktiv immer neu, so daß ihre Verletztheit und Verunsicherung lebendig bleiben.

Männer dagegen brüten weniger über den Betrug nach und wenden mehr Zeit für sportliche Aktivitäten auf, die ihnen das Gefühl geben, alles im Griff zu haben. Sie können ihren Schmerz offenbar besser wegstecken und weiterleben – oft mit einer anderen Partnerin.

Wirken sich diese Geschlechtsunterschiede wirklich darauf aus, wie Sie auf die Affäre reagieren? Können Sie als Mann nicht genauso depressiv und selbstkritisch werden wie eine Frau? Können Sie sich als Frau nicht genausoviel Gedanken um Ihre sexuelle Leistung machen wie ein Mann?

Aktuelle Forschungen haben durchaus geschlechtsspezifische Muster ermittelt, doch das heißt nicht, daß sie auf Sie zutreffen müssen. Zuweilen kann sogar das Gegenteil stimmen. Betrogene Frauen sind schließlich durchaus fähig, ihre Wut zu zeigen. Euripides wußte schon vor zwei Jahrtausenden in seiner »Medea« von einer verlassenen Frau zu erzählen, die ihre Kinder und die Geliebte ihres Mannes ermordet, um die Untreue zu rächen. Doch wir brauchen gar nicht so weit zurückzugehen. In einer Talk-Show, in der ich als Gastexpertin auftrat, stolzierte eine Ehefrau quer über die Bühne und schlug – vor einem weniger griechischen, aber nicht minder tragischen Hintergrund – auf die Babysitterin ein, die mit ihrem Mann geschlafen hatte.

Was die Reaktionen betrogener Männer betrifft, so wäre die Behauptung absurd, sie würden niemals über die Untreue ihrer Partnerin grübeln oder sich nicht anstrengen, um diese zurückzugewinnen. Keine einzige Reaktion ist ausschließlich einem Geschlecht vorbehalten; die diskutierten Unterschiede sollen nur geschlechtsgebundene Tendenzen beleuchten, damit Sie und Ihr Partner in dieser chaotischen Phase das Verhalten des jeweils anderen im richtigen Verhältnis sehen lernen. Ob Sie nun Mann oder Frau sind – der Verlust, den Sie erlitten haben, ist tief und komplex.

Erfolg schließt die Fähigkeit ein, die Untreue eines geliebten Menschen zu überleben. So weit, so gut. Doch jetzt ist es Zeit, über das bloße Überleben hinauszukommen und mit der Regeneration zu beginnen. Damit Sie als verletzter Partner diesen Prozeß in Gang bringen können, müssen Sie akzeptieren, daß Ihre spontane emotionale Reaktion – so übertrieben, selbstverleugnend und verzweifelt sie auch gewesen sein mag – völlig normal und verständlich war oder zumindest die beste Reaktion, zu der Sie zu diesem Zeitpunkt und angesichts Ihrer Möglichkeiten und der Größe Ihres Verlusterlebnisses fähig waren. *Sie müssen sich verzeihen, daß Sie sich selbst verloren haben*, und sich aus sich selbst heraus wieder aufbauen.

Wenn Sie auch Ihre Partnerschaft wieder aufbauen wollen, müssen Sie zudem mit der Reaktion Ihres Partners auf die Affäre zurechtkommen, wie sehr sie sich auch von der Ihren unterscheiden mag. In diesem Kapitel sollte Ihr Partner den Seitensprung mit Ihren Augen sehen; im nächsten sollen Sie ihn mit den Augen Ihres Partners betrachten. Ob Sie es glauben oder nicht, dem Menschen, der Sie betrogen hat, fällt es vielleicht ebenfalls schwer, sich auf das alles einen Reim zu machen.

Kapitel 2
Die Reaktion des untreuen Partners: Verloren in einem Labyrinth von Entscheidungen

»In meine Ehe zurückzukehren kommt mir vor wie eine Gefängnisstrafe. Aber ich kann meine Kinder nicht im Stich lassen.«
»Ich habe es nicht darauf angelegt, mich in jemand anders zu verlieben, aber ich tat es, bis über beide Ohren. Jetzt kann ich mich nicht entscheiden, welche Beziehung ich aufgeben soll.«
»Ich weiß, daß ich fremdgegangen bin, aber ich wollte dir nicht weh tun, und ich habe nie aufgehört, dich zu lieben. Können wir nicht noch mal anfangen?«

Diese Zitate umreißen einige der Konflikte, mit denen Sie jetzt, nachdem Ihre Affäre herausgekommen ist, konfrontiert sind. Ihre Konflikte unterscheiden sich klar von denen, mit denen sich Ihr Partner herumschlagen muß. Wie schlecht es Ihnen auch gehen mag, die Auswirkungen Ihrer Untreue sind für Sie fast nie so erschütternd, desorientierend oder tiefgreifend wie für den Menschen, den Sie betrogen haben. Warum ist das so? Zunächst einmal ist Ihr Selbstgefühl nicht verletzt worden. Sehr wahrscheinlich trifft sogar das Gegenteil zu – die Erfahrung, eine/n Geliebte/n zu haben, hat Sie bestätigt. Sie wissen, daß zwei Menschen Sie begehren, während Ihr Partner sich von niemandem geliebt fühlt. Die Affäre vermittelt Ihnen vielleicht auch ein neues Gefühl der Stärke gegenüber der Welt; Sie haben vermeintlich mehr Macht und mehr Möglichkeiten als je zuvor. Ihr Partner dagegen fühlt sich wahrscheinlich herabgesetzt und durch eine unsichere Zukunft bedroht.

Zwar leidet Ihr Partner unter einem ganz anderen und deutlich belastenderen Verlustgefühl als Sie, doch ich bin sicher, daß auch Sie durch Ihre ganz persönliche Hölle gehen. Wenn Sie sich Ihres Geheimnisses entledigen, nimmt dies zwar eine riesige Last von Ihrem Gewissen und erleichtert Sie zeitweise, doch Ihr Konflikt bleibt wahrscheinlich unverändert bestehen. Der eine Teil von Ihnen fühlt sich unwiderstehlich zu Ihrer/m Geliebten hingezogen, der andere ekelt sich vor sich selbst, weil Sie den Partner hintergehen oder weil die Kinder darunter leiden müssen. Die Verbitterung, die Sie früher gegenüber Ihrem Partner hegten, kann sich angesichts des Leids, das Sie heraufbeschwören, in Reue verwandeln. Sie beschließen womöglich, Ihrer Partnerschaft noch eine Chance zu geben, nur um festzustellen, daß Ihr Partner nicht bereit ist, Sie so leicht davonkommen zu lassen. Wenn Sie sich mit Ihren Alternativen und den jeweils anstehenden Kompromissen herumplagen, fühlen Sie sich vielleicht wie mitten in einem Minenfeld – gelähmt, unfähig zu bleiben oder zu gehen.

Während Sie sich bemühen, Ordnung in dieses »Leben« genannte Chaos zu bringen, müssen Sie sich vor Augen halten, daß Ihr Partner nicht in der Verfassung ist, Ihre mißliche Lage zu würdigen. Ihr Konflikt, ob Sie Ihre/n Geliebte/n verlassen sollen, Ihr Kummer über den Verlust einer/s Seelengefährtin/en oder besten Freundin/es – was sollte Ihren Partner das kümmern? Das sind Ihre Probleme, und die müssen Sie alleine lösen. Mitgefühl oder Verständnis zu erwarten, würde Ihren Partner nur noch weiter entfremden.

Möglicherweise besteht Ihr Partner darauf, daß Sie bedingungslos Ihre Verpflichtungen ihm gegenüber erfüllen, doch Sie sehen sich wahrscheinlich außerstande, zu diesem Zeitpunkt, wo alles so unsicher ist, unwiderrufliche Entscheidungen fürs Leben zu fällen (wir werden uns in den nächsten beiden Kapiteln mit derartigen Entscheidungen befassen). Die Aufgabe, die jetzt direkt vor Ihnen – und vor Ihrem Partner – liegt, besteht darin, sich Ihre starken, widersprüchlichen Gefühle zuzugestehen und zu erkennen, wie angemessen und normal sie in diesem Stadium Ihrer Reise sind. Es folgen die häufigsten Gefühle; suchen Sie die Ihrigen in der Liste:

- Erleichterung
- Ungeduld
- chronische Angst
- berechtigter Zorn
- das Fehlen von Schuldgefühlen
- Schuldgefühle wegen der Kinder
- Isolation
- Hoffnungslosigkeit
- Lähmung
- Ekel vor sich selbst.

Erleichterung: »Ich habe es satt zu lügen.«

Gewöhnlich empfindet man, wenn die Wahrheit heraus ist, eine Woge der Erleichterung. Selbst wenn Sie nicht wissen, wohin Sie steuern, gehen Sie wahrscheinlich wie auf Wolken, weil Sie die Lügen und Täuschungen, in die Sie sich verstrickt haben, los sind. Vielleicht fühlen Sie sich sogar gesäubert oder wieder klinisch rein.

Andrea, eine 39jährige Hausfrau, schilderte ihre Erleichterung, als ihr Mann Jeff hinter ihre Affäre kam. »Dieses Doppelleben war einfach lächerlich geworden. Ich ertrug die Täuschung nicht mehr, von dem Druck ganz zu schweigen. Wenn ich wußte, daß ich am Mittwochnachmittag mit meinem Freund Sex haben würde, schlief ich am Dienstagabend mit Jeff, damit er es nicht so bald wieder erwartete. Schließlich fürchtete ich seine Avancen. Als er es herausbekam, schwor ich meinem Freund ab, und zum erstenmal seit Jahren wurde mein Leben ganz. Es war wunderbar, eine einzige Person zu sein – immer an einem Ort, immer da, wo ich sein sollte.«

Marty, ein verheirateter, 47jähriger Börsenmakler, freute sich, daß er nicht mehr ständig auf dem Sprung zu sein brauchte: »Ich hatte so viele Leute so oft belogen, daß ich nicht mehr wußte, wer ich war und was ich zu wem gesagt hatte. Ich konnte meine verschiedenen Leben nicht mehr auseinanderhalten oder Lüge von Wahrheit trennen. Ich hatte immer eine Todesangst, mir könnte eine Panne passieren und ich würde auffliegen. Ich verbrachte den Abend mit meiner Freundin und raste dann nach Hause, mit Flüchen an jeder roten Ampel, mit den Nerven am Ende, wieder in dem Bewußtsein, daß ich zu spät war und daß ich in der Minute, in der ich durch die Tür trat, die Fragerei meiner Frau über mich ergehen lassen mußte. Ich war zu alt für all das. Als sie es mir schließlich auf den Kopf zusagte, war ich nur zu bereit zur Wahrheit – die Erleichterung überflutete mich förmlich.«
Wenn Sie das Geheimnis beichten, fühlen Sie sich vermutlich wie Marty wieder als ganzer Mensch, doch Ihre Gefühle dürften binnen kurzem konfuser und komplizierter werden.

Ungeduld: »Ich habe meine/n Geliebte/n verlassen und dir alles erzählt. Was willst du denn noch von mir?«

Nachdem Sie die Affäre gestanden haben, wollen Sie wahrscheinlich möglichst bald alles vergessen und von vorne anfangen. Sie möchten aber sicherlich nicht nur einfach die Partnerschaft wieder aufnehmen, sondern – was egoistischer ist – sich nicht mehr jedesmal, wenn Sie mit dem Schmerz Ihres Partners konfrontiert sind, schuldig fühlen müssen. Ihren Partner, bei dem das Ganze in einem anderen Tempo abläuft, bringen jedoch Ihre offensichtlichen Versuche, den Schaden herunterzuspielen und einfach weiterzumachen, höchst wahrscheinlich auf. Der betrogene Partner muß auch eine Wut verspüren, die genauso stark ist wie die Verliebtheit des Untreuen, eine Angst, die genauso stark ist wie die

Freude des Untreuen, eine Rache, die genauso stark ist wie der Betrug des Untreuen.
Reumütig, aber ungeduldig fragen Sie sich jetzt vielleicht: »Wie lange muß ich mir denn die unaufhörlichen verbalen Angriffe meines Partners noch gefallen lassen? Sie führen doch zu nichts, machen mir nur Schuldgefühle und treiben uns nur weiter auseinander!«
Chris, ein 39jähriger Autohändler, empfand Stolz, sogar Entlastung, weil er seiner Frau seine sexuellen Verfehlungen gestanden hatte. Auf Druck seiner Eltern wandte er sich wieder dem Christentum zu und glaubte schließlich, daß seine Sünden mit seinen Tränen hinweggewaschen seien. Da er sich selbst vergeben hatte, erwartete er das gleiche von seiner Frau, doch sie war nicht dazu zu bewegen. »Er fühlt sich rein – gut für ihn«, sagte sie. »Jetzt bleibt alles an mir hängen. Was soll ich denn damit anfangen, daß er mich betrogen hat – mich freuen?«
Schock, Verbitterung, Wut, Verzweiflung – das sind gewöhnlich die Reaktionen Ihres Partners, und Sie steigern nur Ihre Enttäuschung, wenn Sie erwarten, daß diese bald wieder abflauen. Es gibt keine Schnellreparatur, keine Zauberformel. Was Ihnen helfen wird, ist das, was Melanie Beattie den Lauf der Erfahrungen[1] nennt – die kleinen, konkreten Handlungen, die Momente, die sich ansammeln und Ihren Partner davon überzeugen, daß Sie Ihr Doppelleben, Ihr häßliches Selbst, abgelegt haben und wieder vertrauenswürdig sind (ich werde in Kapitel 6 über diese Erfahrungen sprechen). Das braucht Zeit. Im Augenblick müssen Sie hier mit soviel Mitgefühl und Nachsicht, wie Sie nur aufbieten können, abwarten, Zeuge des emotionalen Chaos Ihres Partners sein und ihm durch fürsorgliches Handeln zeigen, daß er sich sicher und geschätzt fühlen und es riskieren kann, Sie wieder zu lieben.

Chronische Angst: »Solange ich mich beschäftige, bin ich okay.«

Sie können mit Ihrer Angst nach der Enthüllung der Affäre dadurch umgehen, daß Sie sich Hals über Kopf in Aktivitäten stürzen; diese sind manchmal zweckgerichtet, manchmal sinnlos, dienen manchmal einem Neuanfang und manchmal dazu, nicht nachdenken zu müssen.

Je größer Ihre Verwirrung, desto wahrscheinlicher stürzen Sie sich in zwanghafte Ablenkungsmanöver. Alles ist Ihnen recht – Fernsehen, Sport, Einkaufen, Lesen, Geselligkeit –, solange es Sie nur von der eigentlichen Aufgabe, über sich selbst und Ihr Leben nachzudenken, abhält.

»Nachdem ich meiner Frau alles gestanden und mit meiner Geliebten gebrochen hatte, war ich wild darauf, ein neues Leben anzufangen«, erzählte mir Dave. »Ich gab mir nie eine Chance nachzudenken und noch viel weniger, etwas zu fühlen. In einer Woche gab ich das Rauchen auf, begann Sport zu treiben, entwarf einen neuen Hausanbau am Schlafzimmer, organisierte mein Büro um und kaufte ein neues, teures Freizeitspielzeug – ein schnelleres, schnittigeres Boot. Veränderung war das treibende Motto. Ich brauchte Monate, bis ich erkannte, daß ich noch nicht mal angefangen hatte, eines der wahren Probleme in Angriff zu nehmen.«

Diese eskapistischen Strategien, wie sie Dave anwandte, können Ihre Angst eine Zeitlang im Zaum halten und Ihnen die Illusion geben, sie hätten Ihr Leben im Griff und alles sei wieder in Ordnung. Doch zwanghafte Beschäftigung ist, wie ich im letzten Kapitel gezeigt habe, nichts als ein oberflächlicher und zeitweiser Notbehelf, eine Ablenkung von tieferen, beunruhigenderen Problemen in Ihnen selbst und Ihrer Partnerschaft, die Sie letztlich doch angehen müssen, wenn Sie ein neues gemeinsames Leben aufbauen wollen. Es ist gut, aktiv zu bleiben, und verständlich, daß Sie von vorne anfangen wollen: Eine neue Seite aufzuschlagen, gibt fast immer ein tolles Gefühl. Doch mit der Zeit müssen Sie Ihre Empfindungen ordnen und sich direkt mit den Problemen, die Sie in die Affäre trieben, auseinandersetzen.

Das Fehlen von Schuldgefühlen: »Ich tue, was ich will, und das ist für mich so in Ordnung.«

Selbst nachdem Ihre Affäre herausgekommen ist, empfinden Sie womöglich wenig oder keine Schuldgefühle oder Gewissensbisse, daß Sie Ihre Treueversprechen gebrochen haben.

Diese vorgebliche Gefühllosigkeit, diese scheinbare Gleichgültigkeit gegenüber dem Leid, das Sie anrichten, bringt bei Ihrem Partner vermutlich das Faß zum Überlaufen. »Das ist der Gipfel der Herzlosigkeit, der schlimmste Affront«, sagte ein Klient namens Glen, als seine untreue Frau sich weigerte, zuzugeben, daß sie etwas Falsches getan hatte. »Sie sagt, sie möchte mich zurückhaben, aber sie zeigt kein Fünkchen Reue darüber, daß sie mich betrogen hat. Ist sie denn völlig blind für meine Gefühle, oder bedeute ich ihr so wenig?«

Es gibt fünf verbreitete Gründe, warum Sie wie Glens Frau keine Schuldgefühle oder kein Bedürfnis, sich zu entschuldigen, verspüren:

1. Sie haben die Partnerschaft abgeschrieben und benutzen die Affäre als Absprung.
2. Sie haben eine Persönlichkeitsstörung, die Sie überhaupt unfähig zu Mitgefühl oder Gewissensbissen macht.
3. Sie sind wütend auf Ihren Partner.
4. Sie sind hin und weg von Ihrer/m Geliebten.
5. Sie hegen bestimmte Überzeugungen hinsichtlich Untreue, die Ihre Affäre rechtfertigen.

Der erste Grund bedarf keiner Erläuterung. Der zweite geht über den Rahmen dieses Buches hinaus. Betrachten wir also die anderen drei:

Wut auf Ihren Partner

Für Ihre Wut kann es viele Gründe geben. Sie fühlen sich zuwenig fürsorglich behandelt, für selbstverständlich genommen, benutzt. Sie glauben, daß Sie zuviel für zuwenig aufgegeben haben, daß Sie wichtige Ziele oder Träume geopfert haben, daß Sie schon viel zu lange auf jede wirkliche persönliche Befriedigung verzichtet haben. Der Groll, der sich über Jahre hinweg angesammelt hat, läßt wenig Raum für andere Gefühle.

Während der Affäre und auch nach ihrer Enthüllung empfinden Sie sicherlich mehr Wut auf Ihren Partner als Schuldgefühle. Das liegt daran, daß die beiden Emotionen sich umgekehrt zueinander verhalten: Je größer Ihre Wut, desto geringer Ihre Schuldgefühle; je mehr Gehässigkeit Sie gegen Ihren Partner richten, desto weniger richten Sie gegen sich selbst. Ihre Wut kann eine legitime Reaktion darauf sein, wie Ihr Partner Sie behandelt hat, oder eine Abwehr gegen die Schuldgefühle, die Sie wegen Ihres Tuns empfinden (»Es gehört zur menschlichen Natur, die zu hassen, die man verletzt hat«, schrieb Tacitus schon vor fast 2000 Jahren). Was den Unterschied so schwer zu erkennen macht, ist, daß sich Wut immer berechtigt *anfühlt* – das ist ein Grundmerkmal dieser Emotion.

Wut hat oft einen scheinheiligen Zug und kann Ihnen den Eindruck vermitteln, Sie seien berechtigt, sich die Liebe und Aufmerksamkeit, die Sie verdient zu haben meinen, zu Hause aber nie bekommen haben, woanders zu holen. Das war so in Johns Fall, als er nach 25jähriger Ehe seiner Frau ins Gesicht brüllte: »Ich war viel zu lange unglücklich, und du bist ein Miststück! Ich habe die Nase voll! Ich verschwinde von hier!«

Sein Zorn kam John berechtigt und befreiend vor. Seine langen Abwesenheiten von zu Hause, seine fehlende Bindung an die Kinder, seine Unfähigkeit, seiner Frau zu zeigen, daß sie wichtig für ihn war – seine Wut machte ihn für all das blind und brachte ihn zu der Überzeugung, daß seine Affäre eine gerechte Belohnung war, ein Ausgleich des Punktekontos. Wäre er über seine Wut hinausgekommen, hätte er vielleicht entdeckt, daß er nicht so unschuldig war und seine Frau nicht so fehlerhaft.

Euphorie über die Affäre

In Ihrem emotionalen oder sexuellen Glücksrausch mit Ihrer/m Geliebten, den alltäglichen Verpflichtungen einer langfristigen Partnerschaft entrückt, kümmert es Sie vielleicht nicht, welche Folgen Ihre Affäre für andere hat. »Ich bin so überglücklich, so in Harmonie mit der Welt, daß ich nicht darüber nachdenken will«, sagte mir ein Klient. »Ich will überhaupt nicht an die Konsequenzen denken. Ich will nur, daß es so bleibt.« Es ist natürlich, seinen Gefühlen Bedeutung zuzuschreiben; deshalb kann Ihre jetzige ungetrübte Freude für Sie ein Signal sein, daß das, was Sie erleben, endlich die wahre Liebe ist. Da bleibt kein Raum für Schuldgefühle. Das heißt nicht unbedingt, daß Ihre Partnerschaft zum Untergang verdammt ist; es kann nur bedeuten, daß die Affäre zu diesem Zeitpunkt eine starke, berauschende Macht über Sie ausübt. Später, in der Rückschau, werden Sie erkennen, daß Sie in einem Wirbelsturm der Emotionen gefangen waren und Ihre Gefühle nicht klären konnten, bevor sich der Staub gelegt hatte.

Grundüberzeugungen, die Untreue rechtfertigen

Der dritte Grund für Ihre fehlenden Schuldgefühle könnte in bestimmten Grundüberzeugungen liegen, die Ihren Ehebruch rechtfertigen. Einige dieser Überzeugungen stammen aus der Zeit vor Ihrer Partnerschaft und spiegeln tiefverwurzelte Vorstellungen über Liebe und Verbindlichkeit wider. Andere sind Rationalisierungen, die dazu dienen, Ihre Selbstachtung zu schützen, Ihre Schuldgefühle zu unterdrükken und Ihnen die Erlaubnis zum Fremdgehen zu geben. Je fester Sie daran glauben, desto weniger Reue empfinden Sie über Ihr Verhalten:

- »Meine Affäre ist zulässig, solange ich die andere Person liebe.«
- »Meine Affäre ist zulässig, solange ich die andere Person nicht liebe.«
- »Was mein Partner nicht weiß, macht ihn nicht heiß.«
- »Ein Abenteuer für eine Nacht, ein Seitensprung, ändern nichts an unserer Partnerschaft.«
- »Ich habe nur ein Leben und verdiene es, so glücklich wie möglich zu sein. Es ist in Ordnung, einige meiner Bedürfnisse von meiner/m Geliebten erfüllen zu lassen und die übrigen von meiner Frau/meinem Mann.«
- »Meine Affäre hat mich zu einem glücklicheren Menschen und daher zu einem besseren Partner gemacht.«
- »Durch meine Affäre kann ich meine Bedürfnisse befriedigen, ohne die Familie zu zerstören. Ich tue es für die Kinder.«
- »Die Menschen sind nicht für die Monogamie gemacht.«
- »Ich habe keine Impulskontrolle.«
- »Mein biologischer Instinkt treibt mich dazu.«
- »Die Männer sind alle Verbrecher.«
- »Jedes Paar hat seine Geheimnisse.«
- »Ich habe das Recht, einen Teil von mir für mich zu behalten und meinem Partner zu verheimlichen.«
- »Weil mein Partner vermutlich über meine Affäre Bescheid weiß, mich aber nicht zur Rede stellt, muß sie wohl in Ordnung sein, solange ich mich nicht damit brüste.«
- »Ich finde, ich sollte nicht auf das verzichten müssen, was ich brauche, nur damit mein Partner sich sicher fühlt oder glücklich ist.«

- »Ich habe nie behauptet, daß ich perfekt bin.«
- »Wenn ich mich ganz und gar an einen Menschen binde, tut er mir bestimmt weh.«

Bitte sehen Sie sich diese und andere Überzeugungen an, die hinter Ihren Gefühlen stehen, und fragen Sie sich:
- Sind diese Vorstellungen richtig?
- Sind diese Vorstellungen nützlich? Helfen sie mir heute noch?

Sie stellen vielleicht fest, daß einige davon Ihre Fähigkeit zu Intimität und Treue untergraben, und beschließen, sie zu ändern oder über Bord zu werfen. Denken Sie daran, daß sie ohne eine für Treue förderliche Einstellung anfälliger sind für Treuebrüche.
Ein Klient namens Len sagte immer wieder zu mir, daß alle Männer fremdgingen. Doch als er sich näher mit seiner Überzeugung beschäftigte, merkte er, daß er sie als kleiner Junge kultiviert hatte, damit er seinen untreuen Vater nicht hassen mußte. Als Erwachsener hatte er sie beibehalten und sein ganzes Leben danach gehandelt. So hatte er sich durch drei Ehen und eine Reihe von Abenteuern hindurchlaviert. Er sah schließlich ein, daß er nicht sein Vater war und daß diese Überzeugung, mit der er sich über 20 Jahre lang geschützt hatte, seinen Zwecken nicht mehr dienlich war. Etwas zu glauben, so erkannte er, macht es nicht unbedingt nützlich oder wahr.

Trauer über den Verlust der/s Geliebten: »Ich werde nie über diesen Menschen hinwegkommen, der mir das Gefühl gab, so wichtig zu sein.«

Wenn Sie die Affäre beenden, haben Sie vielleicht Schuldgefühle gegenüber Ihrer/m Geliebten und trauern Monate oder sogar Jahre um sie/ihn.
Ihre Reue ist verständlich. Diese/r neue Gefährtin/e mag Ih-

nen wie ein Rettungsanker erschienen sein, der Ihnen eine verloren geglaubte Welt der sexuellen Intimität und Erregung eröffnete. Sie fühlten sich verstanden und umsorgt, wie Sie es sich nicht mehr träumen ließen. Oder vielleicht hatten Sie auch einfach nur mehr Spaß und fühlten sich lebendiger. Vor allem aber hat Ihr/e Geliebte/r Ihre Selbstwahrnehmung verändert – Ihr Selbstwertgefühl wurde zurechtgerückt und gestärkt, und Sie fühlten sich intelligenter, kompetenter, attraktiver, sinnlicher, abenteuerlustiger. Kurzum, wie es Ethel Spector Person in *Lust auf Liebe* ausdrückt, die Erfahrung der romantischen Liebe hilft Ihnen, »die Grenzen des Selbst zu überschreiten«.[2] Es ist normal, sich schuldig zu fühlen, wenn man jemanden verläßt, der einem ein so kostbares Geschenk gemacht hat, insbesondere wenn man diese Person mit dem expliziten oder impliziten Versprechen eines Zusammenbleibens gelockt hat.

Ein Klient namens John kämpfte mit typischen Schuldgefühlen, nachdem er seine Affäre mit seiner Layout-Leiterin beendet hatte. »Sie hat mir die besten Jahre ihres Lebens geschenkt – oder vielmehr, ich habe sie ihr genommen«, sagte er. »Sie ist jetzt fünf Jahre älter, und ihre Chancen, einen anderen kennenzulernen und ein Kind zu bekommen, sind drastisch gesunken. Ich stehe tief in ihrer Schuld, und ich fühle mich wie ein Scheißkerl, weil ich sie verlassen habe, auch wenn ich zu meiner Familie zurückkehren mußte.«

Schuldgefühle sind das eine, das Sie wahrscheinlich erleben werden, Trauer das andere – Trauer, weil Sie einen Menschen verloren haben, der Ihr Selbstbild aus der Jugend wiedererweckt und Ihnen eine Ahnung von einem besseren Leben vermittelt hat. Diese Trauer kann Sie jederzeit überwältigen, sogar noch Jahre später: Etwas, das Sie hören, sehen oder riechen, kann plötzlich eine Springflut von Gefühlen auslösen.

»Mehr als ein Jahr nach meiner Trennung von Dean stand ich bei McDonald's an«, berichtete Alice, »da roch ich ganz deutlich, daß der Fremde vor mir dasselbe Aftershave benutzte wie Dean. Mir wurde übel, und ich mußte sofort an die frische Luft.«

»Ich dachte, das Leben würde einfacher, wenn ich Joan sagte, daß ich zu meiner Frau zurückkehren würde«, erzählte Burt. »Ich sagte mir ›aus den Augen, aus dem Sinn‹. Doch je länger sie aus den Augen war, desto mehr dachte ich an sie. Ich kämpfte ständig gegen den Drang, sie anzurufen, ihr zu schreiben, ihr über den Weg zu laufen. Ich bereue es nicht, wieder bei meiner Familie zu sein, aber manchmal sehne ich mich immer noch nach Joan.«

Ihre Schuldgefühle gegenüber Ihrer/m Geliebten können Ihren Partner noch wütender machen als die Affäre selbst: Was könnte kränkender, demütigender sein, als mit einem Menschen zusammenzuleben, den die Gefühle seiner/s Geliebten mehr bewegen als die eigenen? Doch nichts, nicht einmal Ihre Schuldgefühle treffen Ihren Partner tiefer als Ihre Trauer über den Verlust. Diese Trauer beeinträchtigt nicht unbedingt Ihre Bemühungen, das Vertrauen wiederherzustellen, wohl aber die Ihres Partners. Wenn Sie jetzt um Verständnis bitten, müssen Sie sich auf Verachtung gefaßt machen.

Ihr Partner wiederum sollte von Ihnen keine Versicherungen verlangen, daß Sie sich emotional von Ihrer/m Geliebten gelöst haben. Dieses Ansinnen können Sie wahrscheinlich nicht erfüllen; Sie müßten lügen oder Ihren Partner mit der Wahrheit quälen. Ihr Partner muß erkennen, daß Ihre Liebe zu dieser Person echt war und daß jeder Versuch, sie herabzusetzen, nur Unmut hervorruft. Sie wiederum müssen stets daran denken, daß Ihr Partner leidet und den/die Geliebte/n nur deswegen entwertet, weil er sein verlorenes Selbstwertgefühl wiedergewinnen und Sie zurücklocken möchte.

Sie beide sollten bedenken, daß das, was Sie als untreuer Partner so sehr geschätzt haben, nicht unbedingt die/der Geliebte ist, sondern das Lebensgefühl, das sie/er Ihnen gegeben hat, daß das, wonach Sie streben, kein Ersatz für Ihren Partner ist, sondern ein Wandel Ihres grundlegenden Selbstgefühls, und daß das, was Sie brauchen, sich vielleicht mit Ihrem Partner finden läßt, wenn Sie beide bereit sind, sich auf eine Veränderung einzulassen. Sie müssen womöglich beide mit dem Geist der/s Geliebten leben, doch das bedeutet nicht, daß Ihr gemeinsames Leben nicht reich und erfüllt sein könnte.

Schuldgefühle wegen der Kinder: »Was für ein Rollenmodell bin ich?«

Als Elternteil sorgen Sie sich vermutlich wegen der Auswirkungen Ihrer Affäre auf Ihre Kinder und auf deren Gefühle Ihnen gegenüber. Was könnte beängstigender sein, als ihre Liebe und ihren Respekt zu verlieren? Tief in Ihrem Inneren wollen Sie, daß sie Sie als jemanden betrachten, zu dem man aufsehen kann, nicht als jemanden, der verwirrt oder verirrt ist, als den, der sie verlassen hat.

Als Bill sich vorstellte, seinem 16jährigen Sohn von seiner Geliebten Heather zu erzählen, übermannten ihn Schuldgefühle. Seine erste Ehefrau war bei einem Autounfall umgekommen, und er hatte den damals ein Jahr alten John alleine erzogen. Jetzt sah er sich nach sechsjähriger zweiter Ehe vor einer unmöglichen Entscheidung. »Ich bin verrückt nach Heather«, sagte er zu mir, »aber ich will nicht, daß John noch eine Mutter verliert. Ich kann ihn doch nicht jetzt in der Pubertät einem solchen Schock aussetzen! Wenn ich sein Zuhause ein zweites Mal zerstöre, wird er mir nie verzeihen.«

Es gibt für Sie genausowenig wie für Bill eine risikolose Methode, die Kinder von der neuen Person in Ihrem Leben in Kenntnis zu setzen. Sie werden es vermutlich nicht verstehen, noch viel weniger, daß Sie zu Hause unzufrieden sind oder daß es Sie »erwischt« hat; sie hören nur, daß Sie die Familie und die Sicherheit ihres Lebens bedrohen. Vielleicht versuchen die Kinder auf ihre eigene Weise, Ihr Verhalten vor sich zu rechtfertigen, weil sie die Bindung an Sie brauchen. Oder sie stellen sich gegen Sie, weil Sie sie um ihre Kindheit bringen.

Als Tina ihrer 18jährigen Tochter zu erklären versuchte, warum sie sich mit einem anderen Mann traf, wandte diese sich angewidert ab. »Ich verstehe nicht, warum du nicht einfach mit Papa redest und ihm klarmachst, wie unglücklich du bist«, sagte sie. »Du sagst mir, du haßt ihn, weil er so untätig ist; warum kannst du dann nicht einfach hingehen und zu ihm sagen ›Hör mal, du mußt mir mehr abnehmen – Rechnungen zahlen, Reservierungen machen, die Toilette putzen, egal was. Entlaste mich doch von ein paar Aufgaben.‹ Bei all dem, was wir als Familie haben, ist dieses Problem da wirklich so gravierend, daß du es nicht lösen kannst? Ich hasse dich, weil du die Familie zerstörst. Ich hasse dich, weil du nur an dich selbst denkst.«

Ihre Schuldgefühle gegenüber Ihren Kindern werden sich noch verstärken, wenn Sie selbst als Kind bei Ihren Eltern Untreue erlebt haben. Bei der Vorstellung, Ihre Kinder demselben brutalen Erlebnis auszusetzen, werden Sie Ihr Kindheitstrauma erneut durchleben.

Das widerfuhr auch Frank. Als er 13 war, verließ sein Vater die Familie wegen einer anderen Frau und stellte Frank vor die Wahl zwischen den beiden Hausständen. »Ich haßte meinen Vater, weil er mir das antat«, sagte er. 30 Jahre später jedoch fand sich Frank in den Fußstapfen seines Vaters wieder; er wollte seine Frau wegen seiner Geliebten verlassen und die Kinder zwingen, sich zwischen den beiden Familien zu entscheiden. »Beende ich die Ehe und füge den Kindern Leid zu oder bleibe ich und verleugne mich selbst?« fragte er. »Das ist wie die Wahl zwischen Pest und Cholera.«

Keine von Franks Lösungen war schmerzlos, daher unternahm er gar nichts; er verließ weder seine Frau noch seine Geliebte, sondern wartete einfach auf den richtigen Zeitpunkt zum Handeln – der natürlich nie kam. Zuerst wartete er, bis sein zweiter Sohn konfirmiert war, dann, bis seine Tochter die Schule abgeschlossen hatte. Und so verging die Zeit. Frank löste sein Dilemma nie, und er fühlt sich immer noch blockiert, verbittert und in beiden Partnerschaften nur am Rande beteiligt.

Vermutlich wohnen, wie bei Frank, zwei Seelen in Ihrer Brust: das Kind, das Sie ermutigt, auf Ihre Leidenschaften zu hören und für den Augenblick zu leben, und der pflichtbewußte Erwachsene, der Sie an Ihre größere, langfristige Verantwortung für Ihre Familie erinnert. Es ist schwer zu entscheiden, welcher Stimme Sie Gehör schenken sollen. Vielleicht können Sie im Augenblick nicht mehr tun, als sich mit dem Wissen trösten, daß nichts, was Sie tun, Sie rundum glücklich machen oder alle Ihre Bedürfnisse befriedigen wird; welche Entscheidung Sie auch treffen, bei jeder ist eine Spur Reue. (In den Kapiteln 3 und 4 wird es um die Lösung dieses Zwiespalts gehen.)

Der Gedanke, daß Ihre Kinder erwachsen werden, daß Sie noch oft mit ihnen über das Geschehene werden reden können und daß ihre Gefühle für Sie und Ihre Affäre sich mit der Zeit wandeln werden, kann Ihnen helfen, diese Zeit durchzustehen. Auch Ihre eigene Sicht der Dinge wird sich ebenso wie Ihre Erklärungsmuster ändern.

Isolation: »Niemand ist für mich da.«

Wenn Ihre Affäre herauskommt, wird nicht nur Ihre Beziehung zu Ihren Kindern leiden. Ihre Eltern und viele Ihrer Freunde brechen vielleicht den Stab über Sie und schneiden Sie damit von Ihren vertrauten Quellen emotionaler Unterstützung ab.

Die grausamste Ablehnung kann von Ihren Eltern kommen. »Anfangs rief mich meine Mutter jeden Tag an und warf mir vor, daß ich sie krank mache«, berichtete mir Barry. »Sie hörte erst auf, als ich ihre Anrufe nicht mehr entgegennahm. Seit neuestem versucht sie, mich zu stützen, und fragt mich, wie es mir geht, aber ich merke, daß das oberflächlich ist, daß sie sich fragt, was sie falsch gemacht hat und warum ich so ein verquerer Kerl geworden bin.«

Wenn Ihre Eltern sehr konservativ oder religiös sind, behandeln sie Sie möglicherweise, als seien Sie aus der Art geschlagen, ein schwarzes Schaf, eine Schande für die Familie und drängen Sie, bei Ihrem Partner zu bleiben und die Affäre zu beenden. Und Sie fragen sich: »Geht es ihnen um mich und mein Glück oder nur um abstrakte Prinzipien und um das Gerede der Leute?«

Manche Eltern machen sich Vorwürfe wegen Ihres Verhaltens und haben für Ihre Leidenschafts- oder Schmerzbeteuerungen nur ein taubes Ohr. Ruhe und Frieden in Ihrer Familie – das wünschen Sie sich für Sie. Das letzte, was sie interessiert, sind Ihre Eheprobleme oder Ihre Freuden in den Armen Ihrer/s Geliebten.

Ihre engsten Freunde sind vielleicht auch nicht die richtigen Adressaten für Ihre Konflikte, insbesondere diejenigen, die Sie und Ihren Partner als Paar kennen und nicht Partei ergreifen wollen. Manche tragen vielleicht moralische Scheuklappen oder fühlen sich aufgrund der Brüchigkeit ihrer eigenen Partnerschaft zu bedroht, um Sie zu unterstützen oder zu verteidigen. Andere werden mit ihren Theorien über Liebe und Verbindlichkeit über Sie herfallen, wenn Sie nichts als ein mitfühlendes Ohr brauchen.

Tina, eine 54jährige professionelle Golfspielerin, lachte nur über die Vorstellung, mit ihrer Familie über ihren jungen Liebhaber zu sprechen, glaubte aber, mit ihrer besten Freundin Ginny über ihre Angst reden zu können. Aber Ginny tröstete sie keineswegs: »Reiß dich am Riemen!« blaffte sie. »Du hast vier Kinder!«

Um der Verurteilung durch Familie und Freunde zu entgehen, halten Sie sie vielleicht auf Abstand und verbringen Ihre

gesamte Freizeit mit Ihrer/m Geliebten und deren/dessen Freundeskreis. Das kann Sie beide tiefer miteinander verstricken, als Sie ertragen wollen oder können.
Es ist verlockend, Ihre Isolation zu durchbrechen und sich mit Menschen zu umgeben, die Ihren Gedanken und Gefühlen schmeicheln. Doch wenn Sie wirklich ehrlich zu sich selbst sein wollen, müssen Sie mit Menschen sprechen, die kein persönliches Interesse an Ihren Entscheidungen haben – die zwar verläßlich für Sie da sind, aber darauf bestehen, daß Sie Ihre Mitschuld an Ihren häuslichen Problemen akzeptieren. Vergessen Sie jedoch nicht, daß diese Menschen, so hilfreich sie auch sein mögen, nur einen Teil von Ihnen kennen – und zwar den, den Sie Ihnen zeigen wollen oder den Sie selbst kennen – und daß sie ihre eigenen Pläne und Vorurteile haben. Nur wenige kennen Sie gut genug, um Ihnen kluge Ratgeber zu sein oder Ihnen die Unterstützung zu gewähren, die Sie brauchen.
Eine vernünftige Entscheidung in dieser leidvollen Zeit ist, einen Therapeuten aufzusuchen – einen Menschen, der neutral ist und daher Ihre Gefühle respektieren und Ihnen helfen kann, Klarheit in Ihr Chaos zu bringen.

Hoffnungslosigkeit: »Diese Partnerschaft kann unmöglich funktionieren.«

In diesem frühen Stadium kommt Ihnen Ihre Partnerschaft vermutlich wie ein emotionales Todeslager vor, ohne Aussicht auf Gnade oder Flucht. Es gibt viele Gründe, aus denen Sie beschließen können zu bleiben – Angst vor dem Alleinsein, Schuldgefühle, die Kinder, finanzielle Sicherheit, moralische Verantwortung –, doch wahrscheinlich denken Sie, daß die Liebe für immer dahin ist und daß Ihr Partner Ihre Bedürfnisse nie wird erfüllen können.
Sie mögen recht haben, doch vielleicht verfälschen Sie auch die wahre Lage zugunsten Ihrer/s Geliebten. Das war bei

Jerry so. Der 55jährige Ingenieur pries seine Geliebte Cindy über den grünen Klee und ließ kein gutes Haar an seiner Frau Judy. »Cindy weiß, was ich brauche und was ich denke, noch bevor ich es selbst weiß«, erzählte er mir. »Bei ihr fühle ich mich wertvoll. Sie akzeptiert mich so, wie ich bin. Judy kennt mich überhaupt nicht, und ich glaube nicht, daß sie sich ändern kann. Alles, was ich von ihr je bekommen habe, ist Gejammer – das gehört zu ihr wie ihre Haut. Ich werde mich mit ihr durchbeißen wegen der Kinder, aber ich habe das Gefühl, ins Gefängnis zu gehen.«

Jerrys *Überzeugung*, daß seine Frau ihn nicht unterstützen könnte, wurde zur sich selbst erfüllenden Prophezeiung. Er redete nie so mit ihr, daß sie erkennen konnte, was er sich wünschte. Er gab ihr nie die Chance, sich zu ändern. Er probierte nie aus, ob sie auf seine Bedürfnisse eingehen konnte.

Ihre eigene Situation könnte sich als weniger düster entpuppen – aber nur, wenn Sie es nicht zulassen, daß die Hoffnungslosigkeit Ihr Verhalten regiert. Es wäre traurig, wenn Sie wegen Ihrer jetzigen Gefühlslage Ihrem Partner keine Chance gäben, auf Sie einzugehen.

Lähmung: »Ich weiß nicht, wie ich mich entscheiden soll.«

Gehen oder bleiben, mit Ihrer/m Geliebten davonlaufen oder ihr/ihm den Laufpaß geben – Ihre Unentschlossenheit angesichts dieser ernsten Entscheidungen lähmt Sie. Sie wissen nur, daß Sie Ihr Doppelleben nicht mehr aushalten – es ist einfach zuviel.

Joy, eine professionelle Organisatorin von Spendenkampagnen, war sieben Jahre verheiratet, als ihr ein Flirt bei der Weihnachtsfeier ihres Büros über den Kopf wuchs. »Ich blieb an diesem Abend lange, trank zuviel, versuchte, meine Hemmungen zu ertränken. Als Evan mich zum Tanzen aufforderte, war ich völlig von den Socken, wie toll er sich anfühlte. Bevor ich wußte, wie mir geschah, küßten wir uns. Ich dachte nie über die Folgen nach, weil ich nie erwartet hätte, daß es weitergehen würde, aber zwei Wochen später trafen wir uns in seiner Wohnung und schliefen miteinander, und der Rest ist, wie man so sagt, Geschichte. Ich hätte nie gedacht, daß ich mich mal verlieben würde, aber es ist passiert, und jetzt weiß ich nicht, was ich tun soll. Mein Mann ist ein anständiger Kerl, und ich bin nicht unglücklich in unserer Ehe, aber ich bin auch nicht bereit, Evan aufzugeben. Ich kann nicht einfach zurück in die Ehe hüpfen und so tun, als wäre das der Ort, wo ich sein will. Ich stecke wirklich bis über den Kopf drin.«

Henry, ein 50jähriger Aufsichtsratsvorsitzender, geriet in dieselbe emotionale Mangel. Er hatte sich bereit erklärt, mit seiner Frau zusammenzubleiben und sich auf ihre gemeinsamen Probleme zu konzentrieren, doch er konnte die Hände nicht von seiner Geliebten Edie lassen. Eines Tages, als er einsam und durcheinander war, lud er sie zum Mittagessen ein. »Ich machte einen Narren aus mir«, gestand er, »streichelte sie unter dem Tisch, kicherte wie ein 18jähriger Jüngling. Aber ich war so scharf, daß ich mich nicht mehr beherrschen konnte. Ich bin ein erwachsener Mann, der Chef eines großen Unternehmens – was zum Teufel mache ich da? Ich renne herum wie ein brünstiges Tier! Einerseits sage ich zu meiner Frau: ›Stehen wir das durch.‹ Andererseits schleiche ich mich mit Edie davon. Und je mehr Zeit ich mit ihr verbringe, desto verwirrter werde ich.«

Ein Teil Ihres Zwiespalts kann wie bei Henry daher rühren, daß Sie in die Affäre hineingeschlittert sind, ohne sich über die Folgen im klaren zu sein. Oder Sie haben sie nicht bewußt herbeigeführt und fühlen sich jetzt im Würgegriff von Emotionen, die Sie nicht kontrollieren können. Sie sind vielleicht berauscht vom Leben wie seit Jahren nicht mehr, und von dieser Erregung können Sie sich nicht lösen.

Jeder Entschluß kann Ihnen besser erscheinen als diese un-

mögliche Gratwanderung, doch nichts liegt auf der Hand oder bietet sich an, und jede Lösung scheint mit Zugeständnissen belastet. Ihre Beziehung zu Ihrem Ehepartner muß gar nicht so schlecht sein und die zu Ihrer/m Geliebten gar nicht so phantastisch. »Wenn ich so viel Zärtlichkeit und Liebe in meine Ehe wie in meine Affäre einbrächte, würde sie dann genauso gut?« beginnen Sie sich zu fragen.
Ihre Affäre läßt Sie jetzt vielleicht im siebten Himmel schweben, doch Sie könnten unsanft landen, wenn Sie beide zusammenziehen und sich aus nächster Nähe, im grellen Tageslicht anschauen müssen. Wenn Sie sich wechselseitig so sehen, wie Sie sind, und nicht, wie Sie sich einander vorstellen, könnte es sein, daß Sie eine unbefriedigende Partnerschaft gegen eine andere getauscht haben – diesmal belastet durch Unterhaltszahlungen und ein Besuchsrecht jeden zweiten Sonntag. Schlingernd wie ein Boot, das sich losgerissen hat, wollen Sie nichts anderes mehr als vor allem flüchten, und Sie würden gerne jedes Liebesversprechen gegen ein Leben in Frieden und Einsamkeit eintauschen.
Gefangen in Ihrem Zwiespalt wälzen Sie Fragen, auf die es keine einfachen Antworten gibt:

- »Liebe ich meinen Partner noch?«
- »Was ist Liebe?«
- »Bin ich normal?«
- »Habe ich recht?«
- »Wo soll ich Antworten finden?«
- »Warum geschieht das alles?«
- »Wie komme ich da raus – und aus welcher Beziehung?«

Liebe ist nichts Einfaches; sie setzt sich aus vielen, komplexen, manchmal widersprüchlichen Gefühlen zusammen. Während ein Teil von Ihnen sagt: »Wenn ich nur bei meiner/m Geliebten einen klaren Schnitt machen und mich zu meiner Frau/meinem Mann bekennen könnte«, erwidert ein anderer: »Wenn ich nur mit meiner/m Geliebten weglaufen und die Vergangenheit auslöschen könnte.«

Wie Sie sich auch entscheiden, Ihre Bindung an die andere Person wirkt verheerend auf Ihren Partner, so daß sie/er daran zweifelt, daß Sie beide einander je wieder lieben können. In diesem Stadium Ihrer Odyssee müssen Sie beide offen bleiben für viele widerstreitende Emotionen, ohne übereilt Schlußfolgerungen für die Zukunft zu ziehen. Menschen haben von Natur aus nicht immer die gleiche Einstellung zum selben Thema – am wenigsten bei der Liebe.

Ekel vor sich selbst: »Ich kann nichts zu meiner Verteidigung vorbringen. Ich fühle mich wie der letzte Dreck.«

Unabhängig davon, wie Sie sich jetzt in Ihrem Liebesleben fühlen – befreit, erstarkt, zwiespältig, gefangen –, kann es sein, daß Sie sich Ihrer selbst zutiefst schämen, weil Sie familiären oder religiösen Werten, nach denen Sie Ihr Ehegelöbnis hätten halten sollen, zuwidergehandelt haben. Nachdem Sie sich über Ihre Skrupel hinweggesetzt und Ihrem Partner das Herz gebrochen haben, glauben Sie, daß Sie alle, an denen Ihnen etwas liegt, einschließlich Ihrer selbst, betrogen haben.

Grace, seit zwölf Jahren verheiratet, machte sich Vorwürfe, weil sie mit ihrem Tennislehrer geschlafen hatte. »In meiner Ehe fühlte ich mich so ungeliebt«, berichtete sie. »Mein Mann berührte mich kaum. Die Situation spitzte sich so zu, daß er, wenn er wußte, daß ich Lust auf Sex hatte, mich absichtlich abwies. Er mußte immer alles im Griff haben, und ich drehte durch vor Einsamkeit. Trotzdem komme ich mir in dieser unerlaubten Partnerschaft wie ein Flittchen vor. Ich kann kaum glauben, wie leicht ich mich von Treue, Verbindlichkeit, Ehrlichkeit verabschiedet habe – Werte, an die ich immer geglaubt habe. Ich bekomme endlich die Liebe, die Aufmerksamkeit, die Zuneigung, die ich so verzweifelt brauche, aber ich habe jede Regel gebrochen und meine Seele verkauft. Ich fühle mich heute mehr geliebt, aber mich finde ich beschissen.«

Manchmal gibt es keine Rechtfertigung dafür, wie niederträchtig, sogar teuflisch Sie mit Ihrem Partner umgehen. »Ich kann nicht glauben, wie gräßlich ich zu meiner Frau war, als ich mich mit Meg traf«, gestand Joe, ein 32jähriger Elektriker. »Ich hatte eine Baseball-Party für die Kumpels, mit denen ich zusammenarbeite, organisiert – wir saßen beieinander, tranken Bier und sahen uns die Playoff-Runde im Fernsehen an. ›Kumpels‹ hieß auch Meg; es war kein Geheimnis, daß wir mehr als Freunde waren. Ich wußte, daß meine Frau damit absolut nicht einverstanden war – sie war schwanger, und sie haßt Baseball und Trinken –, und ich erwartete von ihr, daß sie das tat, was sie früher immer getan hatte: das Haus zu verlassen und das Wochenende bei ihrer Schwester zu verbringen.

Ich konnte an nichts anderes denken als an die Nacht mit Meg. Doch unmittelbar vor der Party bekam Susan Blutungen. Sie rief den Arzt, und der wies sie für den folgenden Tag zur Untersuchung ins Krankenhaus ein. Sie wollte niemandem zur Last fallen und bot an, die Nacht in einem Motel zu verbringen, damit sie in Ruhe schlafen und ich trotzdem meine Party veranstalten konnte. Ich war einverstanden. Ich ließ sie tags darauf sogar selbst zum Krankenhaus fahren.«

Joe schüttelte den Kopf. »Ich weiß, daß ich Ihnen ganz und gar abscheulich vorkommen muß. Es gibt keine Entschuldigung für mein Benehmen. Ich habe meine Frau im Stich gelassen, als sie mich am nötigsten brauchte. Ich kann nur sagen, daß mich die Affäre einfach mitgerissen hat und ich wie ein Idiot gehandelt habe. Ich glaube nicht, daß ich wirklich so bin, wie ich mich verhalten habe. Ich glaube nur, daß ich einfach völlig daneben war.«

Manche ekeln sich auch vor sich selbst, weil sie versuchen,

ihren Partner auf ihr Niveau herunterzuziehen – ein Verhalten zu provozieren, das genauso unrühmlich ist wie ihres, damit sie in den eigenen Augen besser dastehen.
Sid, ein 26jähriger BWL-Student, benutzte seine Frau Ingrid, um den Weg für sich freizumachen: »Ich war absichtlich grausam zu ihr, in der Hoffnung, sie würde es mir genauso heimzahlen und damit einen Grund geben, sie zu verlassen. Ich wollte sie hineinziehen, damit auch sie schuld hatte, damit auch sie Verantwortung für das Zerwürfnis trug und nicht alle Schuld auf mich fiel. Ich versuchte sogar, einen Freund zu einer Affäre mit ihr zu verleiten, und hoffte, das würde sie besudeln und auf mein Niveau herunterziehen. Dann brachte ich sie dazu, mit mir einen Paartherapeuten aufzusuchen, damit der die Drecksarbeit tat und sie davon überzeugte, daß *sie* ausziehen müsse. Das schlimmste war, daß sie nett zu mir war – ich konnte es nicht ertragen. Als ich ihr sagte, daß ich gehen wollte, half sie mir, meine Sachen zu packen. Ich zerstörte ihr Leben, und sie packte meine Sachen! Ihre Freundlichkeit erstickte mich, und ich wehrte sie ab, damit ich wieder atmen konnte.«
Sid ließ sich von Ingrid scheiden und dachte vier Jahre später über sein Verhalten nach. »Ich war schrecklich zu ihr. Sie hatte meine Gemeinheit nicht verdient. Aber ich war jung und wußte nicht, wer ich war oder was ich wollte oder wie man eine Ehe führt. Ich werde mich immer dafür hassen, daß ich nicht einfach gegangen bin, als ich unglücklich war, sondern sie mit mir durch den Schmutz gezogen habe.«
Schuldgefühle können eine gesunde Erinnerung daran sein, daß Sie zu sich selbst unehrlich waren, eine Botschaft, mehr nach Ihren Überzeugungen zu leben. Doch wenn sie dazu führen, daß Sie sich selbst wegwerfen, dann lernen Sie nichts; wenn sie Sie dazu bringen, sich selbst als schlecht abzuschreiben, betrügen Sie sich um wertvolle Selbsterkenntnis. Ich schlage daher vor, Ihre Vorwürfe nicht gegen Sie selbst als Person, sondern gegen die speziellen Eigen-

schaften an Ihnen zu richten, die Sie ablehnen oder für fehlangepaßt halten und die Sie dazu getrieben haben mögen, Ihren Partner während Ihrer Affäre so schäbig und hinterhältig zu behandeln. Wenn Sie diese negativen Züge herausschälen, können Sie sie umformen, sich einer konstruktiven Veränderung öffnen und sich selbst verzeihen. Zu den Eigenschaften, die Sie sich vorwerfen, können gehören:

- sich Ihrer selbst so unsicher zu fühlen, daß Sie empfänglich werden für die Aufmerksamkeit von Menschen, die Sie aufbauen.
- Ihre unbefriedigten Bedürfnisse (nach Kameradschaft, Zuneigung, emotionalem Ausgleich) vor Ihrem Partner zu verbergen und sie dann anderweitig befriedigen zu lassen.
- sich berechtigt zu fühlen, Ihre Bedürfnisse ohne Rücksicht auf die anderer erfüllt zu bekommen.
- sich nach Spannung und Neuem zu sehnen bis zu dem Punkt, daß Sie die Gewohnheiten, die Vorhersagbarkeit einer langfristigen Partnerschaft nicht ertragen können.
- Ihre persönlichen Konflikte zu ignorieren oder zu verdrängen und die Schuld für Ihr Unglück Ihrem Partner vorzuwerfen.

Betrachten Sie diese und andere Eigenschaften, die Sie an sich selbst ablehnen, näher, leisten Sie sich keinen guten Dienst, wenn Sie sich ausschließlich darauf konzentrieren und darüber die Rolle Ihres Partners vernachlässigen. Sie haben kein Recht, Ihrem Partner die Schuld für Ihre Affäre zuzuschieben – niemand *zwingt* Sie zum Betrug –, aber Sie haben jedes Recht, sich damit zu beschäftigen, inwiefern Ihr Partner zu Ihrer Unzufriedenheit beigetragen hat.

Geschlechtsunterschiede: Beeinflussen sie Ihre Reaktion auf die Affäre?

Geschlechtsunterschiede spielen bei Ihrer emotionalen Reaktion auf die Affäre genauso eine Rolle wie bei der Ihres Partners. Ich habe im letzten Kapitel darauf hingewiesen, daß diese Unterschiede alles andere als eindeutig sind, doch sie eröffnen Ihnen ein tieferes Verständnis für Ihr Verhalten.

Untersuchungen zu Einstellungen und Verhaltensweisen in außerehelichen Beziehungen zeigen, daß Frauen eher um Liebe und Kameradschaft willen Affären beginnen, während Männer sich oft mit Sex allein zufriedengeben. Frauen glauben eher, daß ihre Untreue gerechtfertigt ist, wenn sie aus Liebe geschieht; Männer halten sie eher für berechtigt, wenn der Grund *nicht* Liebe ist. Frauen leiden auch mehr wegen der Affäre als Männer.

Diese Befunde entschuldigen Sie in den Augen Ihres Partners nicht – mit Ihren Beteuerungen, Sie könnten nicht anders, Sie hätten nur getan, was jeder Mann oder jede Frau auch getan hätte, werden Sie nicht sehr weit kommen –, doch sie können ihm helfen, Einblick in Ihre Gedanken zu nehmen und eine klärende Diskussion über die Bedeutung der Affäre und die Mängel Ihrer Partnerschaft in Gang zu bringen.

Unterschied Nr. 1: Frauen suchen Seelengefährten; Männer suchen Spielgefährtinnen.

- Frauen: »Ich habe endlich jemanden gefunden, zu dem ich ganz offen sein kann.«
- Männer: »Meine Geliebte und ich haben so viele gemeinsame Interessen – Sex, Tennis, Jazz.«

Im allgemeinen beginnen Frauen Affären, um eine emotionale Verbindung zu erleben, die ihnen in ihrer Primärbeziehung fehlt. Sie gehen fremd, weil sie nach einer verwandten Seele suchen, die ihren Gefühlen Aufmerksamkeit schenkt und befriedigende Gespräche mit ihnen führt. Frauen reden gern, und sie entwickeln eine intime Bindung durch verbale Interaktion. Wie Sexualtherapeuten gerne betonen, setzt die Erregung einer Frau gewöhnlich außerhalb des Schlafzimmers ein; ihr Partner verwickelt sie in ein emotionales (nicht bloß körperliches) Vorspiel, das ihre Empfindungen von Wärme und Geborgenheit verstärkt und dadurch wiederum ihre sexuelle Reaktionsfähigkeit. Frauen, die fremdgehen, entwickeln oft eine enge Freundschaft zu ihrem Geliebten, bevor sie mit ihm sexuell intim werden. Wenn erst einmal eine körperliche Bindung entstanden ist, streben sie nach verbindlicherer Intimität.

Männer dagegen haben eher Affären, denen die emotionale Bindung fehlt. Sie unternehmen mit ihrer Geliebten gerne Aktivitäten, ob sexuell oder nicht, und kommen ihr lieber durch nonverbales Spiel näher.[3] Oft fühlt sich ein Mann durch die körperliche Attraktivität und nicht aus einem Bedürfnis nach Freundschaft heraus von einer anderen Frau an- und in die Affäre hineingezogen, und er hält diese mehr wegen des unbeschwerten sexuellen Abenteuers als wegen des Verständnisses oder der Nähe aufrecht. Zur Zeit der Affäre sind Männer mit ihrer häuslichen Situation weit weniger unzufrieden als Frauen. Auch in der homosexuellen Bevölkerung neigen Männer deutlich mehr zu Promiskuität und unpersönlichem Sex als Frauen.

Sowohl Männer als auch Frauen können ihr Wissen über diese Geschlechtsunterschiede zur Schadensbegrenzung einsetzen. Als Frau können Sie sich fragen, wie offen Sie Ihrem Partner mitgeteilt haben, daß Sie mit der Partnerschaft unzufrieden sind und was Sie brauchen, um die fehlende Intimität wieder herzustellen. Wenn der verletzte Partner von der Affäre erfahren hat, klagt er oft, er hätte keine Chance gehabt, den Beschwerden seines Partners abzuhelfen.

Als Mann können Sie sich fragen, warum Sie sich eigentlich mit Ihrer Geliebten eingelassen haben und wie unglücklich Sie zu dieser Zeit in Ihrer Primärbeziehung wirklich waren. Was als oberflächlicher Reiz begann, schlug vielleicht in sexuelle Leidenschaft um und ist zu einer starken emotionalen Bindung herangereift. Schließlich ersetzen Sie gar Ihre Partnerin, obwohl Sie anfangs gar nicht so unzufrieden waren, nur um später festzustellen, daß Ihre neue Partnerschaft genauso konfliktträchtig ist wie Ihre Ehe.

Unterschied Nr. 2: Frauen halten ihre Affäre für berechtigt, wenn Liebe im Spiel war, Männer, wenn keine Liebe im Spiel war.

- Frauen: »Aber ich liebte ihn doch.«
- Männer: »Aber ich liebte sie doch nicht.«

Frauen billigen eine Affäre eher, wenn Liebe im Spiel ist; ironischerweise tun dies Männer eher, wenn das gerade nicht der Fall ist. Frauen binden sich meist fester an ihre Liebhaber, sowohl emotional als auch sexuell; dies ist einer der Gründe, weshalb ihre Affären öfter zur Scheidung führen.
Männer glauben im allgemeinen, daß außerehelicher Sex akzeptabel ist und von der Gesellschaft sogar verziehen wird, solange es sich nur um einen Seitensprung handelt und niemand davon erfährt. Sie neigen dazu, die Bedeutung eines sexuellen Abenteuers herunterzuspielen, und sehen es als belangloses Ereignis an, als Zwischenfall, als kleine Flucht.

Unterschied Nr. 3: Frauen quälen sich wegen ihrer Affären; Männer genießen sie.

- Frauen: »Meine Affäre hat mein Leben komplizierter gemacht.«
- Männer: »Meine Affäre hat mich lebendiger gemacht.«

Im allgemeinen erleben Frauen mehr innere Konflikte wegen sexueller Übertretungen als Männer und glauben seltener, daß ihre Affäre, unabhängig von den Umständen, berechtigt ist.[4] Wie bereits erwähnt, lassen sich Frauen emotional stärker mit ihrem Liebhaber ein und können Sex nur schwer von Liebe trennen. In einer neueren Studie an untreuen Ehefrauen stellte sich heraus, daß sich Frauen im allgemeinen durch eine Affäre nicht so befreit fühlen wie Männer; sie leiden stärker unter Ängsten, Schuldgefühlen und Unzufriedenheit mit ihrer Ehe und fühlen sich abhängiger von ihrem Liebhaber.

Frauen, die fremdgehen, leiden auch stärker unter der dadurch bedingten zeitweisen Trennung von ihren Kindern. Als Hauptbezugspersonen sind es eher sie, die die Kinder zu einem Babysitter oder einer Tagesmutter »abschieben«, wenn sie sich mit ihrem Liebhaber treffen wollen – sie empfinden sich doppelt untreu. Frauen, die sich über traditionelle weibliche Tugenden – »Selbstverleugnung, Selbstaufopferung, Selbstbescheidung, Selbstbeschränkung«[5] – hinwegsetzen, fühlen sich eher schuldig, wenn sie unabhängig handeln und ihre Bedürfnisse voranstellen, aus welchen Gründen auch immer.

Männer sind offenbar besser in der Lage, ihre Affäre von ihrem sonstigen Leben zu trennen. Da sie weniger Zeit darauf verwenden, über Menschen nachzudenken und wichtige Augenblicke in ihren Partnerschaften Revue passieren zu lassen, steht die Affäre für sie oft weniger im Mittelpunkt und beschäftigt sie weniger. Daß sie die nicht-intimen oder anonymen Aspekte ihrer sexuellen Beziehung stärker genießen können als Frauen, erklärt auch teilweise, warum sie sich an Sexfilmen mehr begeistern können; da Männer durch den simplen Anblick und die Neuheit visueller Bilder quasi im luftleeren Raum in Erregung geraten können, so können sie auch eher sexuelle Stimulation durch einen anonymen Sexualpartner genießen – ohne die emotionalen Verwicklungen, die sie häufig fürchten. In einer neueren Befragung zum Sexualverhalten gaben 54 Prozent der Männer an, mindestens einmal am Tag erotische Gedanken zu haben, dagegen nur 19 Prozent der Frauen.

Als untreue Frau haben Sie wahrscheinlich viel Zeit darauf verwandt, über Ihren Liebhaber nachzudenken. Doch womöglich – Sie werden das nicht gerne hören – hat dieser Aufwand Sie dazu verleitet, Ihrer illegitimen Partnerschaft mehr Gefühlsinhalte und Bedeutung zuzuschreiben, als sie verdient. Wenn es Ihnen wie vielen Frauen schwerfällt, eine rein sexuelle Affäre zu rechtfertigen, können Ihre Schuldgefühle dazu führen, daß Sie sowohl Ihre eheliche Unzufriedenheit als auch die Gefühle für Ihren Liebhaber größer sehen, als sie eigentlich sind.

Als untreuer Mann reden Sie sich vielleicht ein, daß eine sexuelle Partnerschaft komplikationslos bleibt. Zu Ihrem Unglück reagiert jedoch Ihre Geliebte vielleicht geschlechtstypisch und fordert mehr Intimität und Verbindlichkeit oder ändert die Regeln Ihres Spiels anderweitig. In diesem Fall können Sie sich von der Freiheit und Bestätigung, die die Affäre Ihnen einmal gab, verabschieden.

Eine Schlußbemerkung

Bei dem Versuch, die Unterschiede zwischen untreuen Männern und Frauen herauszuarbeiten, riskiere ich es, zu übertreiben, ja sogar, sie überhaupt erst zu erzeugen. Wie wir im letzten Kapitel sahen, sind diese geschlechtsbezogenen Unterschiede meist unscharf und kehren sich oft sogar um. Es gibt mit Sicherheit Männer, die außerhalb der Ehe nach echten Freundinnen und nicht nur nach Spielgefährtinnen suchen. Und wenn es stimmt, was man manchmal liest, dann gibt es bereits eine neue Sorte Frauen, die sich aggressiv Liebhaber nur um des Geschlechtsaktes willen suchen und diesen relativ schuldfrei erleben.

Nach meiner Vermutung haben die meisten von Ihnen das sehr menschliche Ziel, sich über Ihre Verwirrung klarzuwerden und herauszufinden, was das beste für Sie selbst und zugleich das fairste für andere ist (sonst würden Sie dieses Buch nicht lesen). Es hilft, dabei Ihre erlernten oder angeborenen Reaktionen als Mann oder Frau zu berücksichtigen, doch zu dem Gesamtbild gehört noch viel mehr als die bloßen geschlechtsspezifischen Reflexe.

Bis jetzt haben Sie und Ihr Partner den ersten Schritt unternommen, nämlich Ihre Gefühle in den Nachwehen der Affäre zu benennen. Jetzt sind Sie bereit für den nächsten: eine vernünftige, förderliche, wohlerwogene Entscheidung über Ihre gemeinsame Zukunft zu treffen. Fangen wir damit an, daß wir uns Ihre Vorstellungen von Liebe näher ansehen; es könnte sein, daß sie Sie dazu verführen, in einer unbefriedigenden Partnerschaft auszuharren oder einer durchaus lebensfähigen den Todesstoß zu versetzen.

Stadium 2
Ihre Alternativen: »Soll ich bleiben oder gehen?«

Kapitel 3
Vorstellungen von Liebe

»Im Verlauf einer Liebe werden zahllose Tode gestorben, viele, scheinbar endgültige Endpunkte erreicht.«

Clarissa Pinkola Estés
Die Wolfsfrau

Wenn die Affäre herausgekommen ist, müssen Sie entscheiden, ob Sie Ihre Partnerschaft wieder aufbauen oder beenden wollen. Welchen Weg Sie auch wählen, ich möchte Sie ermutigen, ihn überlegt zu wählen und nicht nur aufgrund von Gefühlen. Gefühle, wie stark sie auch sein mögen, beruhen auf Annahmen, die oft sehr subjektiv sind und sich als unrealistisch, unnütz oder unwahr erweisen können. Was Ihnen jetzt richtig vorkommt, werden Sie vielleicht später als impulsive und unüberlegte Reaktion bedauern, die sich nur schwer wiedergutmachen läßt.

Zwei der Alternativen, die Sie haben, führen in eine Sackgasse. Die erste ist, zusammenzubleiben, ohne sich mit den Ursachen der Affäre auseinanderzusetzen oder vorzubauen, daß es nicht wieder passiert. Das ist eine Garantie für ein Leben in stiller oder auch weniger stiller Verzweiflung. Die zweite ist, zusammenzubleiben, wobei wenigstens einer von Ihnen weiter fremdgeht, während der andere sich mit Depression oder Wut herumschlägt. Das ist nicht vielversprechender.

Außer in den Fällen, wo beide Partner mit einer »offenen Zweierbeziehung« einverstanden sind oder ein Partner aus körperlichen oder geistigen Gründen unfähig ist, seine Rolle als aktiver Sexualpartner zu erfüllen, und der andere beschließt, bei ihm zu bleiben und ihm zu helfen und ihn emotional zu stützen, habe ich noch nie erlebt, daß eine fortbestehende Affäre einem Paar genützt hätte. *Ich habe noch nie erlebt, daß eine längere Affäre bei einem Paar, das die Defizite in puncto Intimität in seiner Beziehung ernsthaft beheben möchte, etwas anderes bewirkt hätte, als diese Versuche zu untergraben.*

Es gibt im Grunde nur zwei gangbare Alternativen. Eine besteht darin, sich auf Gedeih und Verderb mit Ihrem Partner zusammenzutun und an Ihrer Partnerschaft zu arbeiten. Die Gefahr für den verletzten Partner liegt darin, daß er sich blind zum anderen hingezogen fühlt und darauf besteht, die Beziehung unter allen Umständen aufrechtzuerhalten. Dies ist ein Beispiel für *unvergoltene Liebe.* »Ich will einfach nur meinen Partner zurück«, sagen Sie. Aber werden Sie glücklich sein?

Die andere Alternative ist, sich voneinander zu verabschieden und getrennte Wege zu gehen. Die Gefahr für den untreuen Partner liegt darin, daß er sich blind zu seiner/m Geliebten hingezogen fühlt und darauf besteht, die Partnerschaft zu verlassen. Dies ist ein Beispiel für *romantische Liebe.* »Wenn meine Liebe so stark ist, dann muß es die wahre Liebe sein«, sagen Sie. Aber ist sie es?

Schauen wir uns diese beiden Arten von Liebe genau an, bevor Sie eine unwiderrufliche Entscheidung fällen. Jetzt ist nicht die Zeit für schnelle Entschlüsse.

Unvergoltene Liebe: »Wenn ich diesen Menschen nicht so lieben würde, könnte ich es nicht ertragen, wie er mich behandelt.«

Unvergoltene Liebe ist eine intensive, aber ungerechtfertigte Bindung an Ihren Partner, so daß Sie zusammenbleiben möchten, ganz gleich wie gestört die Beziehung auch sein mag. Der blinde Fleck hinter diesem Gefühl – das, was Sie nicht sehen – ist, wie lieblos Ihr Partner sich Ihnen gegenüber verhält, wie schäbig Sie weiterhin behandelt werden und daß nichts, was Sie unternehmen, etwas daran ändern wird. Einige von Ihnen halten an solchen Partnerschaften fest, obwohl für jeden Außenstehenden auf der Hand liegt, wie sehr Sie dabei zu kurz kommen und mißhandelt werden. »Aber ich liebe diesen Menschen doch«, sagen Sie verblüfft, als ob dies Ihr Klammerverhalten ausreichend erklären würde. Verbissen, zuweilen verzweifelt versuchen Sie, Ihren Partner zum Bleiben oder zur Rückkehr zu bewegen, ohne zu prüfen, ob er Ihnen guttut. Ihr Selbstwertgefühl ist so niedrig, Ihr Gefühl, auch Rechte zu haben, so gering ausgeprägt, Ihr Begriff von Liebe so eingeschränkt, daß Ihnen nicht einmal in den Sinn kommt zu fragen: »Welche wesentlichen Bedürfnisse habe ich, und welche davon werden in dieser Partner-

»Ich weiß. Aber ich glaube, ich kann ihn ändern.«[1]

schaft erfüllt oder aber grob mißachtet? Kann mein Partner sich in für mich wichtiger Weise verändern? Will mein Partner sich verändern?«

Lindas Mann gab zu, daß er eine Affäre mit seiner Logopädin hatte, weigerte sich aber, darüber zu sprechen, und traf sich weiter regelmäßig mit ihr, kam häufig zu spät zum Abendessen nach Hause oder blieb über Nacht in der Stadt. Er wies Linda an, ihm keine Fragen zu stellen oder unschöne Szenen zu machen; sie sollte aber auch nicht so tun, als ob zwischen ihnen alles normal und in Ordnung wäre. (Er konnte es nicht leiden, wenn sie nett zu ihm war, weil er sich dann manipuliert fühlte.)

Linda ging von Therapeut zu Therapeut, immer auf der Suche nach Strategien, ihren Mann zurückzulocken. Es war ihr zwar nicht bewußt, aber wonach sie in Wahrheit suchte, war ihr verlorenes Selbst – das Selbst, das ihr signalisierte, daß der Schmerz und die Leere in ihrem Innern daher kamen, daß sie jemanden liebte, der brutal egoistisch war und sie verächtlich behandelte.

Als Gail zum erstenmal zu mir kam, hatte ihr Mann Chris ihr gerade 17 Affären im Verlauf ihrer 14jährigen Ehe gestanden. Sie befand sich in einem Schock- und Verleugnungszustand. »Wir führen doch eine großartige Ehe«, beteuerte sie. »Chris ist der ideale Mann für mich.« Sie hätte auch darüber reden können, daß jeden Tag die Sonne aufgeht, so vollkommen war ihr Glaube an ihn. Als sie jedoch die Trümmer Ihrer Ehe bewußter zu sichten begann, schwand ihre selektive Amnesie, und ihre Erinnerungen wurden exakter und detaillierter. Sie erinnerte sich zum Beispiel, daß Chris klebrig oder verschwitzt ins Bett kam und Sex wollte. Sie beschwerte sich ein wenig, doch er tat ihre Beschwerde ab. Entsetzt erkannte sie jetzt, daß er wahrscheinlich vorher an diesem Tag mit einer anderen geschlafen und sich nicht einmal die Mühe gemacht hatte, sich zu waschen. Auch eine andere Begebenheit fiel ihr ein: Chris hatte sie nach einer

Mammographie wegen eines verdächtigen Knotens in ihrer Brust vom Arzt nach Hause gefahren. Er sprach die ganze Zeit am Autotelefon mit seinem Börsenmakler und fragte nicht einmal nach den Ergebnissen – und sie gestand sich nicht ein einziges Mal ihre Enttäuschung und ihre Wut ein.

Gail brauchte viele Therapiesitzungen, bis sie diese Schicht aus Selbstverleugnung lüften konnte und klarsah, wie sehr sie sich während ihrer ganzen Ehe herabgewürdigt gefühlt und wie vollständig sie ihren Verdacht verdrängt hatte. »Wenn ich meinen Mann nicht so sehr lieben würde, könnte ich es nicht ertragen, wie er mich behandelt«, sagte sie eines Tages. Daß sie sich sein verletzendes Verhalten eingestand, war ein Schritt in die richtige Richtung, obwohl sie ihn deswegen nicht weniger liebte.

Gails geringe Erwartungen für sich selbst und ihre Ehe wurden ihr erklärlich, als sie zurückschaute auf die Beziehung zu ihren Eltern. Ihr Vater war ein gewalttätiger Schürzenjäger, der seine zurückhaltende, überangepaßte Frau mit Untreuevorwürfen verhöhnte. Ihre Mutter reagierte darauf, indem sie zu Hause blieb, mehr arbeitete und sich sexuell immer zu seiner Verfügung hielt. »Wenn du willst, daß dein Mann dir treu bleibt«, sagte sie ihrer Tochter, »dann sag niemals nein, wenn er Sex will.« Gail wuchs in dem Glauben auf, daß Geliebtwerden bedeutete, Besitz zu sein. In ihrer eigenen Ehe ging sie für ihren Mann arbeiten und entwickelte keinerlei außerhäusige Interessen. Erst als sie ihre Definition von Liebe über das hinaus erweiterte, was sie bei ihren Eltern und Chris erfahren hatte, flammte ihr Zorn auf. »Ich will und verdiene viel mehr«, erkannte sie.

Auch Sie müssen sich wie Gail fragen: »Habe ich mich über die Liebesfähigkeit meines Partners getäuscht? Habe ich das Verhalten dieses Menschen zu lange entschuldigt? Gibt es etwas in mir oder in meiner Vergangenheit, das mich zwingt, Menschen, die mich betrügen oder schikanieren, zu lieben und mich bei ihnen einzuschmeicheln?«

Es würde den Rahmen dieses Buches sprengen, wenn ich Sie erst davon überzeugen müßte, daß Sie ein Recht auf Ihr eigenes Leben haben oder fähig sind, es zu gestalten. Aber wenn Sie solche Zweifel an sich haben, sollten Sie professionelle Hilfe in Anspruch nehmen, damit Sie Ihr Selbstbild korrigieren können, bevor Sie wieder automatisch in eine emotionale Wüste zurückrutschen.

Natürlich kommt es auch darauf an, wie Sie mit Ihrem Partner umgehen; Ihr negatives Verhalten kann die negative Behandlung, die Sie erfahren, erst provozieren. Wenn Sie kalt oder überkritisch sind, sollten Sie sich nicht wundern, falls sich Ihr Partner ebenfalls kalt und überkritisch verhält. Sie müssen die Verantwortung übernehmen, wenn Ihr Verhalten zu den Schwierigkeiten in Ihrer Partnerschaft beigetragen hat, und Sie haben das Recht, dasselbe von Ihrem Partner zu erwarten.

Denken Sie daran, daß manche Menschen eine Persönlichkeitsstörung haben, die sie unfähig zu emotionaler und psychischer Veränderung macht. Falls Sie mit einer solchen Person zusammen sind, brauchen Sie mehr als guten Willen oder ein Selbsthilfebuch, wenn Ihre Partnerschaft funktionieren soll. Selbst mit langfristiger professioneller Hilfe dürfte dies äußerst schwierig werden.

Doch es gibt noch mehr Menschen, die sich einer Veränderung widersetzen und mit denen sich eine Partnerschaft nicht einfach gestaltet: Alkohol- oder Drogensüchtige, Menschen, die zu körperlicher oder verbaler Gewalt neigen, die sich schlecht gegen andere abgrenzen können, die Sie vernachlässigen oder die sich einfach weigern, Ihre Probleme ernst zu nehmen und mit Ihnen an der Partnerschaft zu arbeiten. Ich will damit nicht sagen, daß in diesem Fall Ihr Partner definitiv der falsche für sie ist und daß Sie ihn verlassen sollten. Ich möchte Sie aber ermutigen, der Wahrheit über Ihre Partnerschaft ins Auge zu sehen und es sich einzugestehen, wenn Ihnen übel mitgespielt wird. Ihre Liebe muß etwas sein, das man sich verdient; sie sollte nicht einfach aus Ihnen herausströmen wie aus einer unerschöpflichen Quelle, egal, wie man Sie behandelt hat. Hüten Sie sich vor Fiktionen, die Sie bei der Stange halten, vor falschen Geschichten, die Ihnen weismachen, alles sei in Ordnung, wenn nichts in Ordnung ist, und Sie dazu verführen, ewig zu verzeihen, statt sich für eine Veränderung zu entscheiden.

Um falsche und für Sie schädliche Schlußfolgerungen über Ihren Partner zu vermeiden, sollten Sie sich sorgfältig über Persönlichkeitsstörungen informieren, zum Beispiel mit Lehrbüchern über klinische Psychologie.[2] Letztlich müssen Sie selbst entscheiden, ob Ihr Partner unbeeinflußbaren Kräften unterworfen ist, die eine Veränderung unmöglich machen, oder ob er einfach nicht bereit ist, Ihnen die Liebe zu geben, die Sie jetzt in dieser chaotischen Zeit brauchen. Was ist nicht zu ändern? Was kann man lernen? Was hat seinen Grund in einer dauerhaften geschädigten Psyche, was in den veränderbaren Umständen Ihrer Partnerschaft? Das sind grundlegende Fragen, die Sie besser beantworten können, wenn Sie Ihren Partner vom Sockel geholt und Ihre Augen für die Täuschungen und Verzerrungen der unvergoltenen Liebe geöffnet haben.

Romantische Liebe: »Ich bin bereit, für einen Menschen, der mir das Gefühl gibt, glücklich, geliebt, lebendig zu sein, alles aufs Spiel zu setzen.«

Romantische Liebe ist ein Gefühl intensiver, aber ungerechtfertigter Bindung an Ihre/n Geliebte/n, das Sie als untreuer Partner empfinden. Sie weckt wahrscheinlich den Wunsch in Ihnen, Ihren Partner zu verlassen, ganz gleich wie befriedigend Ihr gemeinsames Leben gewesen sein mag.

»Meine Liebe zu meiner/m Geliebten muß einfach echt

sein«, nehmen Sie an, »sonst ginge ich nicht so auf Wolken und wäre auch nicht bereit, so viel für diesen Menschen zu opfern.« Der blinde Fleck hinter diesem Gefühl ist, daß Ihre sogenannte große Leidenschaft vermutlich mehr mit Ihren unerfüllten Bedürfnissen aus der Kindheit zu tun hat als mit dem wahren Wesen dieses anderen Menschen. Um eines belebenden Höhenfluges willen, der unweigerlich am Boden endet, wenn die Beziehung länger dauert, riskieren Sie, eine potentiell zu rettende, befriedigende, lebenslange Partnerschaft zu verlieren.

Wie sollen Sie sich Ihre mitreißenden, berauschenden Gefühle für Ihre/n Geliebte/n und Ihre Verbitterung oder Enttäuschung über Ihren Partner erklären? Wie sollen Sie zwischen einer glühenden, aber vergänglichen Neigung und einem dauerhaften Bündnis der Liebe unterscheiden? Warum sich von der Romanze abwenden, wenn sie doch so wunderbar ist? Warum bei Ihrem Partner bleiben, wenn Sie doch instinktiv davonlaufen wollen?

Wenn Sie emotional mit Ihrer/m Geliebten verstrickt sind, haben Sie vermutlich kein Interesse, sich auf diese Fragen einzulassen; Sie möchten wahrscheinlich einfach nur den Trip genießen. Doch ich lade Sie ein, weiterzulesen und herauszufinden, was romantische Liebe ist und was nicht, damit Sie Ihre Entscheidung für oder gegen Ihren Partner später nicht bereuen – sie kann schließlich unwiderruflich sein.

Beginnen wir mit den emotionalen, kognitiven und physiologischen Veränderungen, die beim bloßen Gedanken oder Anblick Ihrer/s Geliebten in Ihnen vorgehen können.

Emotionale Veränderungen bei der romantischen Liebe

Den Kern der romantischen Liebe, so schreibt Ethel Spector Person in *Lust auf Liebe*, bildet »die Sehnsucht nach Ganzheit, Vollständigkeit, Verschmelzung und Transzendenz«.[3] Diese sprichwörtliche Himmelsmacht trägt Sie mühelos und gibt Ihnen das Gefühl, den perfekten Partner gefunden zu haben. »Vielleicht sind alle Romanzen so«, schreibt Jeanette Winterson in *Verlangen*, »kein Vertrag zwischen gleichwertigen Partnern, sondern eine Explosion von Verlangen und Träumen, die sich im alltäglichen Leben keine Luft machen können. Da hilft nur ein Drama, und solange das Feuerwerk andauert, hat der Himmel eine andere Farbe.«[4]

In der romantischen Liebe wird Ihr/e Geliebte/r zum einzigen Zentrum Ihres Lebens, das Sie ganz, mit Leib und Seele erfüllt. Sie wollen jede freie Minute gemeinsam verbringen, verschmelzen, eins werden. Sie denken unausgesetzt an sie/ihn; Sie wollen unausgesetzt etwas für und mit dieser Person tun. Und weil die Menschen dazu neigen, ihren Empfindungen und ihrem Verhalten Bedeutung zuzuschreiben, interpretieren Sie Ihre Reaktion als wahre Liebe. Was sonst könnte Ihre alles erfassende Besessenheit erklären? Je mehr Zeit und Gefühl Sie in Ihre/n Geliebte/n investieren – Geschenke kaufen, gemeinsame Dinge planen –, desto mehr lieben Sie diese Person. Umgekehrt schwindet Ihr Gefühl für Ihren Partner, je weniger Zeit und Emotion Sie für ihn/sie aufwenden.

Kognitive Veränderungen bei der romantischen Liebe

Wenn Sie sich verlieben, tritt bei Ihnen gewöhnlich eine kognitive Verzerrung ein; Sie idealisieren die andere Person und unterstellen ihr mehr positive Eigenschaften, als irgendein Mensch tatsächlich besitzt. Das Objekt Ihrer Begierde wird schön, intelligent, anregend, sensibel und vor allem der/die einzige für Sie. Indem Sie die positiven Merkmale übertreiben und sich ausschließlich darauf konzentrieren, ohne die fragwürdigeren zu sehen, binden Sie sich in einer so unanfechtbaren Weise an Ihre/n Geliebte/n, daß kein langfristiger Partner damit konkurrieren kann.

Zugleich sehen Sie auch Ihren Partner in ähnlich verzerrter, aber negativer Weise, als Hintergrund für Ihre/n Geliebte/n. Langweilig, beschränkt, freudlos, mißbilligend – mit solchen Charakterisierungen verunglimpfen Sie Ihren Partner und rechtfertigen es, ihn zu verlassen und sich an einen anderen Menschen zu binden. Diese Visionen werden Ihnen den Weg aus der Partnerschaft erleichtern, doch sie sind höchst wahrscheinlich verfälscht oder lückenhaft.

Physiologische Veränderungen bei der romantischen Liebe

Liebe ist ein »natürliches Hoch«. Mit anderen Worten, die Leidenschaft, die Sie erleben, hat eine biologische Grundlage: Ihr Körper wird von amphetaminähnlichen, also aufputschenden Substanzen wie Dopamin, Noradrenalin und Phenylethylamin (PEA) förmlich überschwemmt. Die »mitreißende« Wirkung dieser Substanzen, insbesondere von PEA, hält natürlich nicht ewig an. Der Körper baut allmählich eine Toleranz dagegen auf und braucht zur Erreichung desselben euphorischen Zustands schließlich mehr, als er selbst erzeugen kann (derselbe Effekt tritt bei Alkohol und anderen Suchtmitteln ein, d. Ü.). Im nächsten Stadium der Liebe setzt das Gehirn eine andere Substanzengruppe frei, die sogenannten Endorphine – natürliche Schmerzdämpfer, die Sie beruhigen und ein Gefühl der Sicherheit und Gelassenheit erzeugen. Diese Substanzen helfen Ihnen, von heftiger Schwärmerei zu einer intimeren, tragfähigeren Bindung überzugehen.
Dieses biologische Modell ist insofern begrenzt, als es den Übergang von der romantischen zur reifen Liebe glatt und mühelos wirken läßt, als ob die chemischen Substanzen in Ihrem Gehirn und Ihrem Körper Sie automatisch von einem emotionalen Zustand in den anderen brächten. In jeder langfristigen Beziehung müssen Sie und Ihr Partner jedoch eine längere Phase der Desillusionierung durchmachen und danach oft Durststrecken bewältigen. Wir wissen nicht, was

sich in diesen schwierigen Zeiten physiologisch abspielt, aber wir wissen sehr wohl, daß Sie auf die Wechselfälle der Liebe vorbereitet sein und sie akzeptieren müssen, wenn Ihre Partnerschaft sie überleben soll.

Die Auseinandersetzung mir Ihren unrealistischen Erwartungen an Liebe und Ehe

Wenn Ihre Partnerschaft Ihren Vorstellungen von Liebe nicht entspricht, liegt das Problem vielleicht weniger in Ihrer Partnerschaft als vielmehr in Ihren Vorstellungen. Unrealistische Erwartungen – nicht Ihr Partner – können für Ihre Unzufriedenheit verantwortlich sein. Zu diesen Erwartungen gehören die folgenden:

- »Mein Partner und ich sollten stets ein tiefes, unausgesprochenes Band zwischen uns spüren.«
- »Mein Partner sollte meine Bedürfnisse vorausahnen.«
- »Ich sollte für Liebe nichts tun müssen.«
- »Ich sollte nichts dafür tun müssen, Vertrauen zu bekommen.«
- »Ich verdiene es, geliebt zu werden.«
- »Entweder die Chemie stimmt oder sie stimmt nicht.«
- »Mein Partner sollte mich bedingungslos lieben.«
- »Mein Partner sollte mir emotional zur Verfügung stehen, wann immer ich ihn brauche.«
- »Liebe ist ein Gefühl, das sich nicht erzwingen oder herstellen läßt. Es ist entweder da oder nicht.«
- »In einer guten Ehe gibt es keinen Streit.«
- »Wenn ich in meiner Partnerschaft nicht glücklich bin, ist mein Partner daran schuld.«
- »Wir sollten nicht daran arbeiten müssen, uns sexuell zu begehren; das muß von alleine kommen oder gar nicht.«

- »Wenn die Leidenschaft stirbt, dann stirbt auch die Partnerschaft.«

Überdenken Sie diese Vorstellungen über die Liebe, allein und mit anderen, und fragen Sie sich, an welche Sie glauben und wie realistisch und nützlich sie für Sie sind. Sie wischen sie vielleicht als halbgare Annahmen von Leuten, die weniger gebildet oder scharfsichtig sind als Sie, vom Tisch, doch täuschen Sie sich nicht: wahrscheinlich stecken einige davon hinter Ihrer Verdrossenheit.

Es ist nicht leicht, genau zu ermessen, wieviel von Ihrer Misere auf unrealistische Erwartungen zurückgeht (in diesem Fall müssen *Sie* sich ändern) und wieviel auf das Unvermögen Ihres Partners, Ihre Grundbedürfnisse zu befriedigen (in diesem Fall muß Ihr Partner sich ändern). Diese komplizierte und sehr subjektive Aufgabe können Sie nur erfüllen, wenn Sie tief in sich selbst hineinschauen. Doch Ihre eigenen blauäugigen Vorannahmen über die Liebe können Sie selbst zum Scheitern verurteilen, wenn:

- Sie wollen, daß Ihr Partner Ihr Freund, Kamerad, Beschützer, Spielgefährte, Mentor und Geliebter zugleich ist – und natürlich immer automatisch und elegant je nach Ihren Bedürfnissen in die richtige Rolle schlüpft.
- Sie erwarten, daß Ihr Partner genau das tut, was Sie wollen, und zwar dann, wenn Sie es wollen, und sich gerne allein beschäftigt, wenn Sie zu tun haben.
- Sie erwarten, daß Ihr Partner Sie so fördert, daß Sie über sich hinauswachsen – sich klüger, liebevoller, kompetenter, aber nie unterlegen fühlen.
- Sie wollen, daß Ihr Partner mit Ihnen verschmilzt, Sie *ist*, doch Sie nicht mit Begeisterung oder Abhängigkeit erstickt und Sie vor allem nie langweilt.
- Sie erwarten, daß Ihr Partner Ihre Bedürfnisse kennt und sie erfüllt, auch wenn sie unvernünftig sind.
- Sie erwarten, daß Ihr Partner Ihnen Ihre menschlichen

Schwächen nachsieht, auch wenn Sie seine Mängel ablehnen.

Wenn Sie merken, daß Sie zuviel von der Liebe verlangen, aber wollen, daß sie andauert, können Sie Ihre Erwartungen ändern oder sich ganz neue zulegen, die für das gegenwärtige Stadium Ihrer Partnerschaft geeigneter sind. Bescheidenere, praktikablere Annahmen können Sie toleranter und vergebungsbereiter machen und Sie gegen die natürliche Desillusionierung in jeder reifen Partnerschaft wappnen.

Desillusionierung: Von der romantischen zur reifen Liebe

Liebe ist nicht statisch. Wir werden unzufrieden und rücken auseinander; die Zuneigung kehrt zurück, und wir nähern uns einander wieder. Manche Menschen, die das nicht wissen, entziehen sich, sobald die guten Zeiten enden, und glauben, die schlechten Zeiten dauerten ewig. Sie flüchten, blasen Trübsal oder schlittern in Affären. Andere sehen die Höhen und Tiefen als Teil eines dynamischen Prozesses, der, sofern man sich darauf einstellt und ihn versteht, ihre Partnerschaft bereichern und neu beleben, ihr sogar zusätzlichen Schub geben kann.
Wenn Sie akzeptieren, daß Liebesgefühle weder gleichbleibend noch beständig sind, sondern sich in natürlichen Zyklen bewegen, sind Sie besser darauf vorbereitet, dem Aufruhr, der den Phasen der Zufriedenheit folgt, standzuhalten und über ihn hinauszusehen. Einige Untersuchungen konnten belegen, daß in etwa vierjährigen Abständen Phasen der Unzufriedenheit auftreten.[5] Für andere folgen die Stadien der Liebe einander eher linear, von der Verliebtheit über die Ernüchterung zur Reife.

Nach Ansicht mancher Psychologen ist das erste Stadium von Expansion und Erwartung gekennzeichnet. Das zweite ist eine Zeit der Verhärtung und des Betrugs; beide Partner werden weniger kompromißbereit und änderungswillig und ziehen sich auf starre Muster und Gewohnheiten zurück, von denen viele aus der Zeit vor der Partnerschaft stammen. In dieser Phase sind Sie von dem jeweils anderen wahrscheinlich fürchterlich enttäuscht, und Sie verwickeln sich in eine Reihe genau festgelegter, persönlicher Kämpfe miteinander – alles Variationen einiger weniger Themen, die sich im Verlauf Ihrer gesamten Partnerschaft in unterschiedlichen Formen wiederholen. Wenn diese häuslichen Szenen Sie beide nicht auseinandertreiben oder zermürben und wenn Sie sich mit Ihren beiderseitigen Schwächen abfinden können, dann erreichen Sie das dritte Stadium der Liebe – das des Kompromisses, der Anpassung, Integration und Konfliktlösung.

So muß irgendwann nach dem romantischen Vorspiel und als Voraussetzung für eine solidere, sicherere und intimere Beziehung unvermeidlich eine Phase der *Desillusionierung* eintreten. Der Mensch, den Sie vergöttert haben, hat offensichtlich tönerne Füße. Das Märchen, in dem Sie gelebt haben, ist jetzt, so scheint es, eine wahre Geschichte ohne »und sie lebten glücklich bis an ihr Lebensende«. Ihre Kritik steigert sich und klingt schriller, und Ihr sexuelles Begehren läßt nach. Wenn Sie diese kabbelige See durchschiffen wollen, müssen Sie damit fertig werden, daß alles, was Ihnen während der Zeit der jungen Liebe so erregend vorgekommen war, jetzt auf Normalmaß geschrumpft ist.

Als untreuer Partner können Sie wahrscheinlich eine ganze Litanei von Klagen über Ihren Partner anstimmen. Doch was ist mit Ihren Gefühlen für Ihre/n Geliebte/n? Ein Gespräch, das ich mit einer Anwältin führte, die ihren Mann wegen ihres Praktikanten verließ, ist typisch:

»Gibt es etwas, das Sie an Ihrem Geliebten nicht mögen?«

»Überhaupt nichts.«

»Über was streiten Sie sich mit ihm?«
»Wir streiten nicht.«
»Wenn Sie an die Zukunft denken, was glauben Sie, welche Konflikte zwischen Ihnen beiden entstehen werden?«
»Ich kann mir keine vorstellen.«
Wenn Sie über dieses glorreiche, aber trügerische Stadium der romantischen Liebe noch nicht hinaus sind, haben Sie wahrscheinlich wenig an Ihrer/m Geliebten auszusetzen. Der Grund liegt darin, daß die junge Liebe sprichwörtlich blind macht. Chemische Substanzen Ihres Körpers überschwemmen Sie mit Verzauberung und idealisierten Wahrnehmungen, und Sie werden die Fehler Ihrer/s Geliebten nicht sehen. Die Zeit der unvermeidlichen Desillusionierung liegt noch vor Ihnen.
In jeder langfristigen Beziehung gibt es Verdruß, Enttäuschung und Bitternis, und sei es auch nur, weil zwei Menschen selten immer die gleichen Bedürfnisse haben. Eigenschaften, die Sie an Ihrem Partner den einen Tag schätzen, verabscheuen Sie am nächsten – nicht unbedingt, weil Ihr Partner etwas anderes sagt oder tut, sondern wegen Ihrer eigenen inneren Konflikte. Die Aufmerksamkeit, für die Sie am Dienstag so dankbar waren, scheint Ihnen am Mittwoch bedrohlich für Ihre Unabhängigkeit. Den Charme und die Galanterie, die Sie am Mittwoch so bewunderten, verachten Sie am Donnerstag als übermäßiges Bedürfnis nach Aufmerksamkeit. Sobald die Liebe Sie nicht mehr blind macht, gelingt es Ihnen nicht mehr, die eine Seite zu ignorieren oder zu verleugnen oder das, was Sie lieben, zu trennen von dem, was Sie hassen, weil beides die beiden Seiten derselben Person sind (mehr dazu in Kapitel 5).
Bei Ihrer Entscheidung, ob Sie gehen oder bleiben und das Vertrauen wiederherstellen wollen, sollten Sie über den Augenblick hinausdenken und versuchen, Ihren Partner objektiver zu sehen. Wenn die Leidenschaft Sie gerade fest im Griff hat, sollten Sie versuchen, die blinden Flecken der ro-

mantischen Liebe zu überwinden und die Möglichkeit einer weniger feurigen, aber wärmeren, dauerhafteren Liebe zu Ihrem Partner bedenken. Sobald die romantische Liebe erkaltet, macht sich unweigerlich ein Verlustgefühl, eine erste Herbststimmung, breit, doch damit öffnet sich auch die Tür zu einer reiferen, verbindlicheren Beziehung, in der Sie akzeptieren, was Sie aneinander lieben und hassen, in der Sie im Rahmen einer liebevollen Partnerschaft Ambivalenzgefühle aushalten und auch dann, wenn Sie verletzt oder zornig sind, Ihre Bindung aneinander spüren.

Geben Sie Ihren Partner nicht zu schnell auf. Fragen Sie sich: »Liegt das Problem in unserer Beziehung oder in mir? Habe ich zu lieben aufgehört, weil mein Partner mir niemals das geben kann, was ich brauche, oder weil mir der Verlust der *Illusion* von Liebe vorübergehend Kummer macht? Diese Illusion war es doch, die mich zu dem Glauben verführte, daß die Liebe dauerhaft sei, daß ich immer nur positive Empfindungen für meinen Partner hegen würde, daß ich nie mit Konflikten zu kämpfen haben würde, die mich zweifeln lassen, ob wir als Paar wirklich zusammenpassen.« Wie es Clarissa Pinkola Estés in *Die Wolfsfrau* so beredt ausdrückt: »Wenn die honigsüße ›Liebling-Phase‹ zu Ende geht, wird alles aufgewühlt, die Beziehung gerät in turbulentere Gewässer, denn nun werden langgehegte Erwartungen enttäuscht, nun müssen liebgewonnene Illusionen sterben ... In einer fortgeschrittenen Liebesbeziehung wird im Laufe der Zeit alles, aber auch alles, was man zu sein glaubt, auseinandergenommen, abmontiert, inspiziert, entwirrt ... Und was wird abmontiert? Was stirbt? Außer den Illusionen und Erwartungen auch die Habgier, die alles sofort und möglichst gleichzeitig haben will, ebenso wie das Verlangen nach einer ›immer nur guten, schönen, lustigen Zeit miteinander‹.«[6]

Der Ursprung Ihrer Vorstellungen von Liebe

Liebe ist sowohl ein Begriff als auch ein Gefühl. Wie Sie sie definieren und was Sie von ihr erwarten, hat einen tiefgreifenden Einfluß auf Ihre Partnerwahl und Ihre Zufriedenheit in der Partnerschaft.

Da sich in Ihrer Vorstellung von Liebe oft niederschlägt, wie Ihre Eltern oder Bezugspersonen mit Ihnen oder miteinander umgegangen sind, ist ein Blick zurück aufschlußreich. Sie werden so herausfinden, wie Ihr Begriff von Liebe von Kindesbeinen an geformt wurde.

Einem amerikanischen Sexualwissenschaftler zufolge haben wir alle unbewußt einen persönlichen Führer zu unserem idealen Partner im Hinterkopf. Schon Jugendliche verfügen über diese fest im Gehirn eingeprägte »Liebeslandkarte«. Sobald wir dann genügend Übereinstimmungen oder Ähnlichkeiten zwischen einem potentiellen Partner und unserer Landkarte feststellen, erleben wir das subjektive Gefühl von Liebe. Je größer die Ähnlichkeiten, desto stärker ist unsere Leidenschaft.

Wenn Ihre Bezugspersonen Ihnen reife Liebe vorgelebt haben, steigen die Chancen, daß auch Sie zu reifer Liebe fähig sind. War das Modell aber nicht ausreichend und haben Sie sich nicht sicher, geborgen und geliebt gefühlt, werden Sie wahrscheinlich zu einem Partner hingezogen, der anders als Ihre Bezugspersonen scheint, Sie schließlich aber in derselben hemmenden, aber vertrauten Weise behandelt und die Wunden der Vergangenheit wieder aufreißt.

John wuchs bei einer asthmatischen Mutter und einem alkoholkranken Vater auf, der sich mit Gelegenheitsarbeiten durchschlug. Schon früh wurde ihm übermäßig viel Verantwortung aufgebürdet; er übernahm viele der alltäglichen Aufgaben im Haushalt – einkaufen, kochen, nach den Auseinandersetzungen seiner Eltern aufräumen. Als er ins College kam, fühlte er sich zu einem Mädchen namens Debby hingezogen, die klinisch depressiv war. Er kümmerte sich um sie und fühlte sich dabei sehr gut, sehr stark und machte ihr bei ihrem fünften Rendezvous einen Heiratsantrag. Seine Glückseligkeit hielt etwa sechs Monate an, dann merkte er, daß er wie in seiner Jugend wieder eine übermäßig große Bürde trug. Seine selbstlose Hingabe an Debby, die ihm einmal das gute Gefühl gegeben hatte, gebraucht, wichtig, tüchtig zu sein, bedrückte ihn jetzt so, daß er sich gefangen fühlte und grollte.

Mary wuchs bei einem Vater auf, der sie ständig kritisierte und herabsetzte. Sie fühlte sich zu Peter hingezogen, der sie dazu brachte, sich sehr anzustrengen, um Anerkennung zu erlangen, die er ihr dann verweigerte. Wahrscheinlich hätten Sie erwartet, daß sie sich nach dem Gegenteil sehnte – nach einem Menschen, der sie unterstützte und bedingungslos an sie glaubte –, doch nur ein Mensch wie Peter, der ihr altes, seit ihrer Kindheit vertrautes Selbstbild bestätigte, konnte ihre Liebe wecken. Ihre Beziehung zu Peter war gestört, doch unbewußt fühlte sie sich dabei zu Hause.

Ihre eigenen Vorbilder aus der Kindheit können Ihnen erklären helfen, warum Sie einen Partner, der Sie verletzt hat und nichts bereut, weiter lieben und warum Sie sich als untreuer Partner zu Ihrer/m Geliebten hingezogen fühlen.

Als verletzter Partner entscheiden Sie sich womöglich für die Fortsetzung einer unbefriedigenden Partnerschaft, weil Sie als Kind nichts anderes kennengelernt haben, weil Sie heute nichts anderes kennen und weil Sie das für Liebe halten. Der Vergangenheit verhaftet, können Sie nicht unterscheiden zwischen dem, was für sie gut ist, und dem, was Sie von Ihren Eltern gelernt haben. Weil Sie nicht merken, daß Sie vernachlässigt oder geschädigt werden, bleiben Sie bei einem Menschen, der Ihnen wenig oder nichts zurückgibt, und fragen oder prüfen nie, ob Sie nicht andere Möglichkeiten haben.

Als untreuer Partner grollen Sie vielleicht Ihrem Partner, weil er Ihnen nicht das gibt, was Sie als Kind schon nicht bekommen haben, und orientieren sich deshalb um, vertrauen Ihre Zukunft einer/m Geliebten an, die/den Sie kaum kennen. Statt Ihre Enttäuschung über Ihren Partner und Ihre inneren Konflikte durchzuarbeiten, suchen Sie sich jemand neuen.

Diesmal ist alles anders, sagen Sie. Und geblendet von Ihren überschwenglichen Gefühlen glauben Sie das eine Weile wirklich. Sie schreiben dieser wunderbaren Leidenschaft Heilkraft zu und erleben sich selbst wie nie zuvor. Ganz gewiß wird dieser Mensch, der so ganz anders scheint als alle, die Sie in früheren Beziehungen verletzt oder geschädigt haben, Ihnen das Selbstgefühl, die Liebe, nach der Sie sich Ihr ganzes Leben lang bisher umsonst gesehnt haben, geben, das glauben Sie zumindest.

Doch was Sie so unerbittlich zu Ihrer/m Geliebten hinzieht und die Gefühle zwischen Ihnen so überschwenglich macht, ist vielleicht gar nicht die vollkommene Liebe. Vielmehr rührt dieser Mensch das Unabgegoltene Ihrer Kindheit auf und weckt in Ihnen die Hoffnung, er würde Sie von den Mißhandlungen und den Entbehrungen der Vergangenheit erlösen. Hinter dem Gefühlsüberschwang kann, wie schon erwähnt, ein schädliches Modell für Liebe stecken. Eine ausgeglichenere Gefühlslage spricht dafür, daß Sie einen Partner gewählt haben, der Ihnen erlaubt, sich selbst positiver und befriedigender denn als Kind zu erleben. Sie werden es vielleicht nicht glauben, aber Beziehungen, die mit weniger Gefühlsaufwand beginnen, rühren vergangene Konflikte weniger auf und sind auf lange Sicht meist befriedigender und dauerhafter.

Letzten Endes kommen Sie womöglich zu dem Schluß, daß Sie besser dran sind, wenn Sie sich mit Ihrer/m Geliebten zusammentun. Liebe kann Sie tiefgreifend verändern, Ihre Entwicklung fördern, Sie zu einem besseren Menschen machen. Eine Affäre kann Ihnen Ihre positiven Eigenschaften, die in einer entbehrungsreichen oder quälenden Partnerschaft erdrückt wurden, wieder bewußtmachen und Ihnen neue Selbstsicherheit geben, so daß Sie eine tote Beziehung beenden und sich für einen Gefährten, der auf Sie eingeht, entscheiden.

Doch bevor Sie Ihrem Partner den Rücken kehren, betrachten Sie bitte genau die Ursachen für Ihre Streitigkeiten oder Enttäuschungen; sie werden Ihnen verraten, wo Sie in Ihrer Kindheit allein gelassen wurden und was Sie in Ihrer jetzigen Partnerschaft leisten müssen, um darüber hinwegzukommen. Bevor Sie flüchten, fragen Sie sich: »Wenn ich meine Partnerschaft beende, ist das dann legitime Selbstverwirklichung oder nur eine Ausrede für meine ungelösten Kindheitskonflikte?«

Unabhängig von Ihrer Partnerwahl werden Sie Enttäuschungen erleben und hart arbeiten müssen, um die Beziehung lebendig und gesund zu erhalten. Wenn Sie das anders sehen, sitzen Sie immer noch einer Selbsttäuschung auf. Sie können durchaus über Enttäuschungen hinwegkommen, aber umgehen können Sie sie nicht. *Sie können zusammen mit Ihrer/m Geliebten oder mit Ihrem Partner erwachsen werden, aber Sie werden es in jedem Fall mit demjenigen Menschen tun müssen, mit dem Sie eine wirklich intime Beziehung haben wollen.*

In diesem Kapitel habe ich Sie als untreuen und als verletzten Partner ermutigt, Ihre Annahmen über die Liebe zu prüfen. Sie haben aber vielleicht noch viele weitere Vorbehalte gegen einen erneuten Versuch miteinander. Das nächste Kapitel soll Ihnen helfen, sich damit auseinanderzusetzen und die zentrale Entscheidung für oder gegen Ihre Partnerschaft zu fällen.

Kapitel 4
Zweifeln und Ängsten gegenüberstehen

Im letzten Kapitel habe ich Sie aufgefordert, verschiedene Begriffe von Liebe zu betrachten, bevor Sie unwiderrufliche Entscheidungen für die Zukunft treffen. Nun ermutige ich Sie, sich Ihren Zweifeln an und Ängsten vor der Beibehaltung Ihrer Partnerschaft zu stellen, damit diese Sie nicht überwältigen und blind in eine Richtung drängen, die Sie später bereuen.

Am besten setzen Sie sich alleine mit ihnen auseinander. Wenn Ihr Partner anwesend ist, werden Sie wahrscheinlich eher Ihre Position verteidigen, als sie zu hinterfragen oder Denkfehler zuzugeben. Auch ist es praktisch unmöglich, sich selbst gegenüber ehrlich zu sein, wenn Sie Ihre Gedanken zensieren oder sprachlich beschönigen, um die Gefühle Ihres Partners zu schonen. Sie müssen Ihre Ambivalenz als das sehen, was sie ist, und sie weder versüßen noch verwässern.

Betrachten wir zehn typische Fragen von Männern und Frauen, die eine Affäre bewältigen müssen. Einige davon beschäftigen eher den verletzten Partner, andere eher den untreuen. Die meisten treffen auf Sie beide zu.

1. »Wo jetzt schon so viel Schaden angerichtet ist, können wir da je wieder zusammenkommen?«
2. »Wie soll ich dir jetzt, wo du untreu gewesen bist, glauben, daß du nicht wieder fremdgehst?«
3. »Können wir uns beide wirklich verändern? Passen wir überhaupt zusammen?«
4. »Ja, du machst einiges anders, um unsere Beziehung zu retten, aber ist das dauerhaft oder ernsthaft?«

5. »Willst du mich oder nur das ›Pauschalpaket‹ (finanzielle Sicherheit, ein intaktes Heim, gemeinsame Elternschaft)?«
6. »Sind meine Gründe zu bleiben gut genug?«
7. »Sollten wir wegen der Kinder zusammenbleiben?«
8. »Nach dem, was du getan hast, liebst du mich offensichtlich nicht, welchen Sinn hat es dann weiterzumachen?«
9. »Ist es nicht falsch von mir, wenn ich liebevoll zu dir bin und viel Zeit mit dir verbringe, bevor ich nicht sicher weiß, daß ich bei dir bleiben will?«
10. »Kann ich nicht eine bessere Entscheidung hinsichtlich meiner/s Geliebten treffen, wenn ich mehr Zeit mit ihr/m verbringe?«

Wenn Sie diese Sorgen scharf ins Visier nehmen, können Sie eine abgeklärtere, durchdachtere und selbstbewußtere Entscheidung für oder gegen eine Trennung fällen.

Sorge Nr. 1 (Paare): »Wo jetzt schon so viel Schaden angerichtet ist, können wir da je wieder zusammenkommen?«

Es ist normal, daß Sie in den Nachwehen der Affäre glauben, die einmal verlorene Liebe könne nie wiederkommen, das einmal verlorene Vertrauen werde sich nie wieder einstellen. Doch Sie dürfen Ihr gemeinsames Leben nicht danach beurteilen, wie Sie es heute empfinden, sondern wie Sie es früher erlebten. Schauen Sie zurück. Waren Sie je glücklich oder vertraut miteinander? Können Sie sich erinnern, was Sie in den ersten Tagen der Liebe zueinander zog? Eine hoffnungsvolle Aussicht für die Zukunft hängt oft von der Stärke dieser frühen Jahre ab. Wenn Sie also am Anfang beide versucht haben, Konflikte konstruktiv zu bewältigen, wenn Sie liebevolle Gefühle füreinander hegten und eine gemeinsame Zukunftsvision hatten, wenn Sie eine für beide Seiten sexuell befriedigende Beziehung hatten und vielen gemeinsamen Interessen nachgingen, dann besteht mehr Hoffnung für Ihre Partnerschaft, als Sie vielleicht glauben. Wenn Sie jedoch wenig finden, auf das Sie bauen können – da die Partnerschaft kaum funktioniert hat oder selten gut war –, dann ist sie jetzt vermutlich nicht mehr zu retten.

Eine Gefahr bei dem Rückblick auf Ihr gemeinsames Leben liegt darin, Ihren Erinnerungen gegenüber ungerecht zu sein und sie durch einen Schleier von Bitterkeit zu sehen. Bemühen Sie sich, die Vergangenheit nicht zu verdrehen, um der Gegenwart gerecht zu werden. Sehr oft erinnert sich der untreue Partner nur an die schlechten Zeiten, um die Affäre zu rechtfertigen, und der verletzte Partner nur an die guten, um sich selbst wiederaufzurichten und zu beweisen, daß »ich als Partner nicht so schlecht war, wie du mich jetzt hinstellst, und unsere Beziehung nicht so schrecklich war, wie du es jetzt darstellst«.

Versuchen Sie anzuerkennen, was wirklich gut und was wirklich schlecht war, und nicht durch eine verzerrende Brille zu sehen. In dieser Phase geben viele Paare vereinfachende, eigennützige Pauschalurteile über ihre Beziehung ab. Diejenigen, die sich trennen wollen, erinnern sich: »Ich habe mich in meiner Ehe nie geliebt gefühlt« oder »Mein Partner war nie für mich da«. Diejenigen, die es durchstehen wollen, wissen: »Ich habe oft gespürt, daß mein Partner mich liebt« oder »Wir hatten tolle gemeinsame Zeiten«. Wenn Sie Ihre Geschichte umschreiben, um Ihre Gefühle heute zu rechtfertigen, dann bringt Sie das nicht weiter.

Prophezeiungen können sich selbst erfüllen. Wenn Sie glauben, daß Ihre Partnerschaft auf keinen Fall zu retten ist, kann genau das alle Bemühungen zunichte machen. Haben Sie Ihren Partner bereits abgeschrieben, müssen Sie sich dessen bewußt sein und sich fragen, ob Sie nicht ungerechtfertigte oder verfrühte Hoffnungslosigkeit verbreiten. Das Glück, das Sie teilten, bietet keine Gewähr für zukünftiges

Glück – die Flitterwochen werden Ratenzahlungen und schmutzige Windeln nicht überleben. Doch die Prognose für Ihre Partnerschaft ist günstiger, wenn Sie einmal glücklich waren.

Sorge Nr. 2 (verletzter Partner): »Wie soll ich dir jetzt, wo du untreu gewesen bist, glauben, daß du nicht wieder fremdgehst?«

Wenn Sie betrogen wurden, fürchten Sie wahrscheinlich, daß Sie Ihrem Partner nie wieder vertrauen oder sich in Ihrer Partnerschaft nie wieder sicher fühlen können. Sind diese Ängste berechtigt? Es gibt natürlich keine sichere Formel zur Abschätzung Ihres Risikos, aber es gibt Indikatoren, die Hinweise liefern.

Indikator Nr. 1: Unterschwellige Einstellungen
Ein vorgeblicher Glaube an die Monogamie garantiert wenig, doch wenn Ihr Partner Ihnen die verbalen Versicherungen, die Sie brauchen, nicht geben kann, haben Sie noch weniger Grund zu Vertrauen.
Als eine meiner Klientinnen ihren Mann fragte, warum er sie betrogen hatte, erklärte er: »Ich hatte nicht erwartet, daß du es herausfindest.« – »Deiner Logik nach«, schäumte sie vor Wut, »gibt es also keinen Grund, nicht zu betrügen, wenn du sicher wüßtest, daß du nicht erwischt wirst. Lenkt nur das Risiko einer Strafe dein Gewissen?« Die Annahme ihres Mannes, daß jedes Verhalten erlaubt war, solange es nicht herauskam, bestärkte ihren Zweifel, daß er ihr treu bleiben würde. Und sie hatte recht. Weniger als zwei Wochen später überraschte sie ihn, wie er in einem Lokal bei einem Kir Royal eine seiner alten Freundinnen küßte.
In Kapitel 2 betrachteten wir eine Liste von Annahmen, mit denen der untreue Partner seinen Treuebruch rechtfertigen

kann. Sie sollten über diese Ausreden diskutieren, um die Überzeugungen Ihres Partners kennenzulernen und besser abschätzen zu können, wie er sich in Zukunft verhalten wird:

- »Was mein Partner nicht weiß, macht ihn nicht heiß.«
- »Ich habe nur ein Leben und verdiene es, so glücklich wie möglich zu sein.«
- »Durch meine Affäre kann ich meine Bedürfnisse befriedigen, ohne die Familie zu zerstören. Ich tue es für die Kinder.«
- »Die Menschen sind nicht für die Monogamie geschaffen.«
- »Ich habe keine Impulskontrolle.«
- »Ich habe nie versprochen, perfekt zu sein.«
- »Da mein Partner wahrscheinlich über meine Affäre Bescheid weiß, mich aber nicht zur Rede stellt, muß sie in Ordnung sein, solange ich nicht damit angebe.«

Angeregt durch diese Liste fragte Leah, eine verletzte Partnerin, ihren Mann: »Glaubst du immer noch, daß Männer biologisch auf Ehebruch programmiert sind?«
»Nein«, sagte er, »aber manchmal werden Menschen von Gefühlen mitgerissen, die sie nicht kontrollieren können.«
»Du sagst also nichts anderes«, schoß sie zurück, »als daß du nicht bereit bist, für dein Verhalten verantwortlich gemacht zu werden. Wie soll ich dir da wieder vertrauen? Was du mir sagen müßtest, ist: ›Ich bin nicht sicher, aber ich kämpfe jeden Tag Versuchungen nieder, ich esse Salat, wenn mir nach einem schönen Eisbecher ist, ich zwinge mich, ins Fitneß-Studio zu gehen, auch wenn ich todmüde bin, ich halte überall Disziplin, um gesund zu bleiben, und ich kann dasselbe auch für uns tun.‹ Wenn du so unsicher bist, ob du deine Impulse kontrollieren kannst, warum sollte ich dir dann glauben, daß du mich nicht wieder betrügst?«

Da Sie so tief verletzt wurden, hüten Sie sich davor, Ihrem Partner zu rasch wieder zu vertrauen. Schließlich können Sie nicht sicher wissen, ob Sie nicht reingelegt werden; Sprache kann die Wahrheit genausogut verschleiern wie verkünden. Ich schlage Ihnen jedoch vor, die Worte Ihres Partners nicht als Lügen abzutun, sondern sie sich zu merken und in den kommenden Monaten am Verhalten Ihres Partners zu überprüfen. Wenn Sie ernsthaft versuchen wollen, sich wieder zusammenzuraufen, dann müssen Sie Ihrem Partner eine Chance geben.

Selbst wenn sich die Einstellungen Ihres Partners zur Monogamie fundamental von den Ihren unterscheiden, sollten Sie die Hoffnung nicht aufgeben. Es könnte sein, daß Ihre Ansichten durchaus vereinbar sind und sich Ihr Partner nur vorübergehend hinter einer Verteidigungshaltung verschanzt hat.

Als Toms Frau ihn als verkommen bezeichnete, weil er während ihrer zehnjährigen Ehe mit 17 anderen Frauen geschlafen hatte, schrie er zurück: »Es gibt fünf Milliarden Menschen auf dieser Welt, die alle versuchen, ihrem Leben einen Sinn zu geben; wer bist du, daß du mich verurteilst?« Er glaubte nicht wirklich, im Recht zu sein, doch er fühlte seine Integrität angegriffen und versuchte sofort, sie zu schützen. Er und seine Frau lagen sich tagelang verbal in den Haaren, wie vielleicht auch Sie und Ihr Partner es tun, doch es stellte sich heraus, daß ihre Ansichten über das Leben weniger voneinander abwichen, als es den Anschein gehabt hatte. Tom willigte ein, wegen seiner Sexsucht einen Therapeuten aufzusuchen, und seine Frau gestand ihm die Zeit zur Veränderung zu.

Indikator Nr. 2: Täuschungen in der Vorgeschichte

Ein Partner, der schon früher zu Doppelzüngigkeit neigte, lügt und betrügt wahrscheinlich eher wieder als einer, der erst einmal fremdgegangen ist.

Als Marilyn auf ihre zwölf Ehejahre mit Marshall zurückblickte, fiel ihr auf, daß er vom ersten Tag an unaufrichtig gewesen war. Während ihrer Verlobungszeit hatte sie eine ihr unbekannte Nummer auf seiner Telefonabrechnung angerufen und hatte eine Frau am Apparat, mit der er sich immer noch traf. Unmittelbar nach der Geburt ihres ersten Kindes verließ ihr Mann das Krankenhaus für vier Stunden – um Pizza zu holen, wie er sagte. Eine Woche später rief ein Motel in der Nähe an und fragte sie, ob sie ein Paar Ohrringe in ihrem Zimmer vergessen hätte.
Marshalls Lügen erstreckten sich nicht nur auf sein Sexualverhalten. Er erzählte Marilyn, er sei in Amherst aufs College gegangen (es war dann die Universität von Massachusetts), er sei spanischer Herkunft (er stammte aus Puerto Rico), sein Vater sei Arzt (er war Labortechniker). Lügen gehörten zu seinem Lebensstil, waren ein tief eingeschliffenes Muster, das seine Beziehungen zu anderen vorstrukturierte. Als Marilyn ihn schließlich wegen seiner letzten Affäre zur Rede stellte, gab er sie zu, versprach jedoch, ein anderer Mann zu werden und nie wieder fremdzugehen. Marilyn ließ ihr gemeinsames Leben Revue passieren und forderte ihn auf, seine Sachen zu packen. Ich behaupte weder, daß eine einzige Affäre leichter zu verzeihen sei als 17, noch daß nur eine einzige bedeutet, es käme nie wieder vor. Aber einem Partner, der schon immer gelogen und getäuscht hat, fällt es wahrscheinlich schwerer, dieses Muster zu durchbrechen, als einem, der nur einmal fremdgegangen ist.

Indikator Nr. 3: Fähigkeit zu offener Kommunikation
Partner, die sich ihrer Bedürfnisse bewußt sind und im Geist der Gegenseitigkeit und der Kompromißbereitschaft damit umgehen können, bleiben eher zu Hause und arbeiten ihre Probleme durch. Partner, die ihre Bedürfnisse nicht kennen, aber erwarten, daß der andere sie erspürt, oder die sie aus

Angst vor Konflikten unterdrücken, lassen ihr Unglück in sich gären und wachsen. Weil sie die Verantwortung für ihre eigenen Entfremdungsgefühle bei ihrem Partner sehen, steigen sie in ihrer Suche nach Befriedigung mit einer anderen Person ins Bett.

Manchen mangelt es auch einfach an Kommunikationsfertigkeiten; sie können nicht über sich sprechen, weil sie es noch nie getan haben. Sie haben vielleicht gelernt, ihre Gefühle zu verbergen, tiefgehende Gespräche zu vermeiden und ihre Bedürfnisse für sich zu behalten. Ihnen sollte nicht am Schweigen Ihres Partners gelegen sein, sondern daran, daß er es als das sieht, was es ist – ein latenter Grund der Unzufriedenheit –, und daß er sich mit Ihnen gemeinsam bemüht, freimütiger und direkter zu werden.

Es ist nicht allein Ihre Aufgabe, das Schweigen zu durchbrechen, aber Sie können Ihrem Partner helfen, sich Ihnen zu öffnen, indem Sie auf das, was er zu sagen hat, tolerant und entgegenkommend eingehen. Bitten Sie Ihn, Ihre Gefühle nicht zu schonen, sondern Ihnen seine Sicht der Wahrheit anzuvertrauen. Wenn Sie beide lernen, ehrlicher zueinander zu sein und aufrichtiger über Ihre Bedürfnisse zu sprechen, bekommen Sie Übung darin, Ihre Partnerschaftsprobleme zu lösen, und vermindern so die Wahrscheinlichkeit, daß einer von ihnen fremdgeht.

Ein 44jähriger Versandbuchhändler namens Sam fühlte sich von seiner wesentlich jüngeren Frau sehr schlecht behandelt. Doch statt dies zu sagen und einen Streit zu riskieren, unterdrückte er seinen Ärger und nahm sich eine Geliebte. Die Affäre wirkte wie ein Katalysator – sie gab ihm den Mut, den Mund aufzumachen. Als er mit seiner Frau in meiner Praxis saß, ließ er der Wut, die sich seit Jahren in ihm angestaut hatte, freien Lauf. »Es stinkt mir, daß du dich immer über meinen Bauch und meine kahle Stelle lustig machst«, wütete er. »Es stinkt mir, daß du nicht mal von deinen Illustrierten aufblickst, wenn ich abends nach Hause komme. Es stinkt mir, daß du mir Vorschriften machst, wie ich mein Geld ausgeben soll, obwohl ich mehr als genug für uns beide verdiene.«

Sams Frau saß da, sprachlos, fassungslos. Als er endlich aufhörte, holte sie tief Atem und sagte: »In Ordnung. Danke. Es tut gut zu hören, daß du dich beklagst, und zu erfahren, was du denkst und fühlst. Ich habe nicht gewußt, wie sehr dich das alles stört. Ich kann mich bemühen, es besser zu machen – und ich werde es.«

Indikator Nr. 4: Zuhören und Ihren Schmerz nachfühlen können

Ein Partner, der nicht über seine eigenen Bedürfnisse hinausgehen und die Ihren wahrnehmen kann, wird Sie wahrscheinlich wieder betrügen. Es ist daher sinnvoll, sich zu fragen, ob Ihr Partner fähig ist:

- Sie als eigenständige Person und nicht nur als Erweiterung seiner selbst wahrzunehmen.
- nachzufühlen, was Sie durchgemacht haben und welchen emotionalen Schaden die Affäre angerichtet hat.
- Mitgefühl und Reue wegen Ihres Kummers zu empfinden.
- sich Ihren Standpunkt anzuhören, auch wenn er von seinem eigenen abweicht.

Wenn Sie die meisten dieser Punkte verneinen müssen, dann fragen Sie nicht: »*Wird* mein Partner wieder fremdgehen?« sondern: »Warum sollte mein Partner *nicht* wieder fremdgehen?«

Indikator Nr. 5: Bereitschaft, die Bedeutung der Affäre zu untersuchen und einen angemessenen Teil der Verantwortung dafür zu tragen

Solange Ihr Partner nicht bereit ist, die Ursachen der Affäre zu ergründen und einen angemessenen Teil der Verantwortung dafür zu übernehmen, sind Ihre Hoffnungen auf eine verbindliche Partnerschaft wahrscheinlich auf Sand gebaut.

»Kevin hatte vor sechs Jahren eine Affäre, aber er weigert sich bis auf den heutigen Tag, mit mir darüber zu sprechen«, beklagte sich eine 47jährige Dekorateurin. »Ich weiß fast nichts über die Einzelheiten, aber die Sache steht zwischen uns. Ich spüre, daß sie da ist. Ich glaube nicht, daß er mich noch betrügt, aber ich habe keine Sicherheit für die Zukunft, weil ich nicht weiß, was ich falsch gemacht habe oder ob und wie er sich geändert hat. Und ich glaube, ihm geht es nicht anders.«

Wenn Sie nichts lernen und sich nichts verändert, bleibt das Problem bestehen und ebenso die Versuchung zum Seitensprung.

Dieser Abschnitt richtet sich an den verletzten Partner, doch er enthält auch einen Appell an den untreuen Partner: Wenn Sie herausfinden wollen, warum die Affäre passiert ist und was Sie hineingetrieben hat, wenn der Schaden, den Sie verursacht haben, Ihnen wirklich leid tut und Sie sich bessern möchten, dann ist jetzt der Zeitpunkt, dies offen, ohne Bitterkeit und Ausflüchte zuzugeben. Sparen Sie sich Ihre Gegenvorwürfe und eigennützigen Rationalisierungen für später auf, wenn Sie sie im richtigen Verhältnis sehen können; im Augenblick bewirken sie nur, daß Ihr Partner die Ernsthaftigkeit Ihres Veränderungsversprechens in Zweifel zieht. Nur wenn Sie die innere Stärke zeigen, sich mit Ihren Mängeln auseinanderzusetzen und Ihre Mittäterschaft einzugestehen, wird sich Ihr Partner sicher genug fühlen, um in eine Zukunft mit Ihnen zu investieren.

Sorge Nr. 3 (Paare): »Können wir uns beide wirklich verändern? Passen wir überhaupt zusammen?«

Vermutungen gewinnen eine ganz eigene Realität. Wenn Sie glauben, daß Ihr Partner nicht der richtige für Sie ist und sich nicht ändern kann, werden Sie die Beziehung wahrscheinlich abschreiben und sich anderweitig umsehen. Aber wenn Sie Ihren Glauben nur als einen solchen behandeln – als subjektive Meinung, die wahr sein kann oder auch nicht –, dann können Sie Ihrem Partner die Chance geben, Ihnen das Gegenteil zu beweisen.

Fangen Sie damit an, daß Sie Ihrem Partner mündlich oder schriftlich mitteilen, was genau sich ändern muß, damit Sie sich geliebt, respektiert und umsorgt fühlen. Bleiben Sie möglichst sachlich – keine Drohungen, keine Ultimaten. Versuchen Sie auch, Ihre Forderungen positiv und konkret, nicht negativ und allgemein zu formulieren. Wenn Sie sagen: »Du gibst mir nie das Gefühl, wichtig für dich zu sein«, dann drückt das nicht so klar aus, was Sie brauchen, wie: »Du kannst mir das Gefühl geben, wichtig für dich zu sein, wenn du häufiger zum Abendessen heimkommst, Pläne für Unternehmungen am Wochenende machst und die Initiative zum Sex ergreifst.«

Zu den Bitten, die ich am häufigsten höre, gehören die folgenden:

- »Beherrsche deine Launen besser.«
- »Höre auf zu trinken.«
- »Sage laut, was du willst.«
- »Unternimm Dinge mit mir, die ich tun will, auch wenn du sie nicht magst.«
- »Lobe mich öfter.«
- »Zeige mir mehr Zuneigung.«
- »Beschäftige dich öfter mit den Kindern.«
- »Erzähle mir, was du so den ganzen Tag machst.«
- »Zeige Interesse an dem, was ich den ganzen Tag mache.«

- »Nimm es nicht persönlich, wenn ich Zeit für mich allein brauche.«
- »Mache dir weniger Sorgen über die Zukunft, und konzentriere dich mehr auf das Heute.«

Damit Sie sichergehen, ob Sie wirklich wissen, was Ihr Partner will, schlage ich Ihnen eine häufig angewandte Kommunikationsübung vor, das sogenannte Spiegeln. Partner A sagt Partner B, was ihn stört, und macht Partner B Veränderungsvorschläge. Dann wiederholt Partner B in seinen eigenen Worten, was er gehört hat, bis sich Partner A ausreichend verstanden fühlt. Dann werden die Rollen getauscht.
Versuchen Sie, genau und offen zuzuhören, welche Veränderungen Ihr Partner von Ihnen möchte. Entscheiden Sie dann, ob Ihnen dies fair und machbar erscheint, indem Sie sich fragen:

- »Was sagen diese Wünsche über mich aus – was ist an mir sympathisch und was unsympathisch?«
- »Bin ich zu dem fähig, was mein Partner wünscht?«
- »Bin ich bereit, es zu versuchen?«
- »Werden diese Veränderungen mich als Person bereichern oder meine Integrität gefährden? Führen sie zu persönlichem Wachstum, oder bedrohen sie mein Wohlbefinden?«
- »Habe ich diese Klagen kürzlich oder früher schon von anderen gehört?«
- »Haben sich meine Eltern oder andere Vorbilder meiner Kindheit in einer Weise verhalten, wie ich sie jetzt an mir ändern soll? Wiederhole ich genau dieselben Verhaltensweisen, die ich an anderen kritisiere?«

Ihre erste Reaktion auf die Wünsche Ihres Partners kann sein: »Du bittest mich, ein ganz anderer Mensch zu werden, als ich bin.« Und damit können Sie recht haben. Oft sagt ein Partner: »Wenn du *nur*...« und bittet dann um genau die

Eigenschaft, die für Sie völlig untypisch ist. Doch in diesen orientierungslosen Zeiten kann auch die bescheidenste Bitte unvernünftig erscheinen. Wenn Sie in einen Machtkampf verstrickt sind, wollen Sie keinen Zentimeter Boden kampflos aufgeben. Es kann jedoch sein, daß Sie Ihr Partner um kleine Veränderungen bittet, die Sie nicht gefährden, aber einen himmelweiten Unterschied in Ihrer wechselseitigen Wahrnehmung bewirken.

Wenn Sie die Klagen Ihres Partners schon einmal gehört haben – von früheren Beziehungspartnern, Familienangehörigen, Freunden –, dann müssen Sie wohl unschönen Dingen an sich ins Auge blicken. Meist sind es solche, die Ihre Beziehungsfähigkeit beeinträchtigen und die Sie ändern müssen, wenn Sie je eine reife Partnerschaft entwickeln wollen. Es könnte sein – und das ist eine bittere Pille –, daß die Veränderungen, die Ihr Partner verlangt, einfach einen sympathischeren Menschen aus Ihnen machen würden.

Zugleich sollten Sie nicht automatisch davon ausgehen, daß Sie der einzige sind, der sich ändern muß. Wenn Sie depressiv sind oder daran zweifeln, Ihren Partner zurückzubekommen, dann hüten Sie sich vor der Versuchung, zum Unmöglichen oder auch nur zum Übermaß bereit zu sein. (Eine Frau erwartete von ihrem Mann, 90 Prozent der Arbeit in der Partnerschaft zu übernehmen, und er war so wenig selbstbewußt, so aufopferungsbereit und hatte soviel Angst, sie zu verlieren, daß er sagte: »Gut, ich werde es tun.«)

Halten Sie sich vor Augen, daß Ihr Partner möglicherweise bei Ihnen Fehler sucht, um sich seinen unglücklichen Zustand zu erklären oder die Verantwortung dafür abzuschieben. Dies dürfte der Fall sein, wenn:

- Ihr Partner Sie um eine Veränderung bei genau den Eigenschaften bittet, die ursprünglich der Grund dafür waren, daß Sie sich zueinander hingezogen fühlten (wenn beispielsweise Ihre früher geschätzte Spontaneität jetzt als Verantwortungslosigkeit abgetan wird).

- Ihr Partner Ihnen Eigenschaften vorwirft, die ihm fehlen, um die er Sie aber unbewußt beneidet (beispielsweise neidet Ihnen Ihr zurückhaltender Partner Ihre Fähigkeit, etwas für sich selbst zu tun).
- die Wünsche Ihres Partners übertrieben sind und überzogene Bedürfnisse widerspiegeln. (Ein Partner sagte zu seiner Frau: »Ich bin der König dieser Stadt, ich bin der König in meiner Firma, und ich erwarte, auch zu Hause der König zu sein.« Als sie ihn einmal bat, seine schmutzigen Schuhe auszuziehen, bevor er die Küche betrat, wurde er wütend und sagte: »Schreibe mir nicht vor, was ich in meinem eigenen Hause zu tun habe.«)
- Ihr Partner versucht, Sie zu erniedrigen oder zu unterwerfen.

Dieselben Warnzeichen gelten auch für Sie selbst. Wenn *Sie* Veränderungen verlangen, sollten Sie die Quelle Ihrer Unzufriedenheit untersuchen und nicht automatisch davon ausgehen, daß Ihr Partner das Problem ist. Bevor Sie Ihre Beschwerdeliste abspulen oder davonlaufen, weil Ihr Partner diesen nicht abhelfen kann, müssen Sie sich an die eigene Brust klopfen und prüfen, ob Ihre Beschwerden berechtigt sind. Sie sollten sich fragen:

- »Fordere ich mehr, als mein Partner oder sonst jemand geben kann?«
- »Werfe ich meinem Partner vor, daß ich mich wegen ihm minderwertig, ungeliebt oder unsicher fühle, obwohl ich mich schon immer so erlebe?«
- »Folgt daraus, daß ich unglücklich bin, weil mein Partner mich enttäuscht hat?«
- »Wieviel von meiner Unzufriedenheit liegt an mir selbst – meinen unrealistischen Erwartungen, meinen unbewältigten Konflikten, meinen übermäßigen Bedürfnissen, meiner verzerrten Wahrnehmung meines Partners und unseren Wechselwirkungen?«

Die Menschen sind oft wahre Experten, wenn es darum geht, daß sich ihr Partner ändern muß, sehen jedoch kaum ein, welche Veränderungen sie selbst vornehmen müssen. Jay, ein 47jähriger Geschäftsmann, ist so ein Fall. »Ich kann mir meine Frau [Joan] nicht leisten«, nörgelte er. »Ihr Geschmack ist zu kostspielig, und sie gibt mir das Gefühl, klein und häßlich zu sein.« Überzeugt, daß er ihr nie genügen könnte, lief er mit einer Frau davon, die halb so alt war wie er und nichts von ihm verlangte. Um seine Großzügigkeit zu beweisen, überschüttete er sie mit auserlesenen Geschenken.

Im Ringen um eine Entscheidung gab Jay seiner Frau eine Liste von 20 Wünschen, die so begann: »Zeige mehr Anerkennung, wenn ich dir ein Geschenk mache, und gib mir nicht das Gefühl, ich könnte dich nicht verwöhnen.«

Joan war baff. Sie hatte ihren Mann immer für finanziell erfolgreich gehalten und schätzte sich glücklich, einen so luxuriösen Lebensstil mit ihm teilen zu können. »Als wir in Hongkong waren, gingst du in das teuerste Geschäft und probiertest eine Halskette aus Südseeperlen an, die 100 000 Dollar kostete«, erinnerte sie Jay. »Du hast nie etwas gesagt, aber ich wußte, daß du von mir erwartet hast, daß ich sie dir kaufe. Als wir dann wieder nach Hause kamen, war das Auto, das ich dir kaufen wollte, nicht gut genug, du mußtest ein größeres haben. Du hast es fertiggebracht, daß ich mir schäbig vorkam.«

Joan hörte ungläubig zu. Sie hatte die Halskette doch nur aus Spaß anprobiert, ganz sicher. Und hatte er bei den Autos nicht gesagt, ihm gefielen beide und sie solle irgendeines kaufen?

Jay merkte nicht, daß er Joan die Schuld für seine eigenen Minderwertigkeitsgefühle zuschob. Der Grundstein dieser Gefühle war in seiner Kindheit gelegt worden, weil sein Vater ihn ignoriert hatte und ihn später im Familienbetrieb nicht aus seinem Schatten heraustreten ließ. Zwar konnte Joan manches tun, damit sich Jay erfolgreicher und sicherer fühlte – ihm beispielsweise überschwenglich für seine Geschenke danken und sie ihm nicht zurückgeben, was sie bisweilen getan hatte –, doch seine Unzufriedenheit mit der Ehe sagte genausoviel über ihn selbst aus wie über sie. Sie allein konnte sein verletztes Selbstgefühl nie heilen.

Es gibt keine einfachen Antworten auf die Fragen »Soll ich mich verändern, um meinen Partner zufriedenzustellen?« oder »Soll sich mein Partner verändern, um mich zufriedenzustellen?« Was Sie voneinander erbitten, kann unvernünftig und eigennützig sein oder aber der Katalysator, den Sie beide brauchen, um über Ihren Schatten zu springen und den Weg in eine vertiefte und dauerhaftere Partnerschaft freizumachen.

Sie sind vielleicht versucht, der Mühsal und den Unannehmlichkeiten einer derart umfassenden Selbsterforschung zu entfliehen, indem Sie Ihre Beziehung beenden und sich einen neuen Partner suchen. Doch wenn Sie die Probleme nicht anpacken, die zu der Affäre geführt haben, oder keinen angemessenen Anteil an der Verantwortung für Ihre Unzufriedenheit übernehmen, dann versäumen Sie eine Gelegenheit zur persönlichen Reife, als Mensch und als Partner.

Sorge Nr. 4 (Paare): »Ja, du machst einiges anders, um unsere Beziehung zu retten, aber ist das dauerhaft oder ernsthaft?«

Es geschieht oft, daß Ihr Partner sich plötzlich und aus freien Stücken so verändert, wie Sie es sich gewünscht oder still erhofft haben. Ein eher träger Partner beteiligt sich etwa an Ihrem Lieblingssport, oder ein abwesender Vater widmet sich den Kindern.

Diese Veränderungen erscheinen zunächst vielleicht vielversprechend, doch Sie fragen sich sicherlich bald, wie ehrlich oder dauerhaft sie wohl sind. Sie ärgern sich vielleicht sogar.

»Warum«, so fragen Sie sich, »brauchte es erst eine Affäre und die Gefahr einer Trennung, damit mein Partner das tut, weshalb ich ihm all die Jahre in den Ohren gelegen habe?«

Die Veränderungen ängstigen Sie möglicherweise auch, weil sie Sie dazu verführen, jemandem zu vertrauen, der Sie vielleicht wieder enttäuscht. Als verletzter Partner plagen Sie sich mit der Frage: »Werde ich manipuliert? Wenn ich mich dann wieder mit dir versöhnt habe, glaubst du dann, daß alles in Ordnung ist, und wirst wieder der alte?« Als untreuer Partner sorgen Sie sich: »Veränderst du dich nur, um mich zurückzulocken und mich dazu zu bringen, meine/n Geliebte/n aufzugeben? Wenn ich zurückkomme, bildest du dir dann was darauf ein, und werde ich mir wünschen, ich wäre endgültig gegangen?«

Sollte sich Ihr Partner weigern, sich zu ändern, oder Versprechen nicht halten, kann es klug sein, die Koffer zu packen und zu gehen. Aber wenn Sie sehen, daß Ihr Partner sich bemüht, sollten Sie Ihre Skepsis etwas zurückstellen, Ihr Mißtrauen mäßigen und Ihrem Partner eine faire Chance zur Wiedergutmachung geben. Ihr Partner kann nur dann wieder in Ihr Leben treten, wenn Sie die Tür öffnen.

Sorge Nr. 5 (Paare): »Willst du mich oder nur das ›Pauschalpaket‹?«

Ihr Wunsch, um Ihrer selbst willen geliebt zu werden, ist jetzt wahrscheinlich stärker als je zuvor, ebenso Ihr Mißtrauen gegenüber den Motiven Ihres Partners. Falls Ihr Partner die Ehe fortsetzen will, glauben Sie wahrscheinlich, daß nicht Sie der Grund sind, sondern eine Reihe praktischer Umstände, zu denen Sie nur beiläufig gehören. Diese Annahme muß nicht bewußt oder richtig sein, aber sie beeinflußt Ihre Entscheidung, ob Sie die Beziehung aufrechterhalten wollen.

»Warum sollte ich meinen Mann zurücknehmen?« fragte mich eine Klientin namens Gail. »Er hat Angst, er könnte die Kinder verlieren, den Rasen, den Hund, den 90-Zentimeter-Fernseher. Wer weiß das schon? Vielleicht hat er gemerkt, daß das Alleinleben nicht so toll ist, und will jemanden, der ihm seine Hemden wäscht. Ich bin nicht einmal sicher, ob ich in diesem Bild überhaupt einen Platz habe.«

Jeff, einem untreuen Partner, ging es ähnlich. »Judy will mich zurück, weil ich ihre Rechnungen bezahle, und sie möchte Kinder«, beklagte er sich. »Aber sie liebt nicht mich. Jeder Mann wäre ihr recht.«

Es ist ganz normal, wenn Sie sich fragen, welche Rolle Sie in der Rückkehrentscheidung Ihres Partners gespielt haben, und ernsthaft die Trennung in Erwägung zu ziehen, wenn Ihr ganzer Wert in Hypothekenzahlungen oder im Essenkochen liegt. Doch wenn Sie erwarten, daß Sie *nur* um Ihrer selbst willen geliebt werden und sich schäbig und bloßgestellt fühlen, wenn dem nicht so ist, dann haben Sie unrealistische Erwartungen an das, was Paare zusammenhält.

Selbst in der ersten Verliebtheit waren es wahrscheinlich nicht allein Sie, der Ihren Partner anzog, sondern ein idealisiertes Bild von Ihnen sowie Ihre Fähigkeit, sein Selbstbild zu stärken. Finanzielle und emotionale Sicherheit, der Komfort und die Vertrautheit eines Zuhauses, Unterstützung in Krankheit und Alter – all dies sind Elemente einer dauerhaften Partnerschaft. All dies sind Anreize zusammenzubleiben, und sie erfüllen Bedürfnisse, die genauso grundlegend und tief sind wie Liebe. Wenn Sie sich zu Hause wohl fühlen, haben Sie wahrscheinlich nichts dagegen, wegen Ihres Beitrags zur Partnerschaft geschätzt zu werden, von der Liebe einmal abgesehen; es stärkt Sie vielleicht sogar, wenn Sie wissen, daß Sie Ihrem Partner in so vielen verschiedenen Hinsichten genügen. Wenn Sie jedoch unglücklich sind, glauben Sie eher, daß Ihr Partner Sie aus den falschen Gründen liebt, und fühlen sich benutzt und nicht gewürdigt.

Die Erkenntnis ist vielleicht schmerzlich, aber nach der Affäre ziehen möglicherweise Sie beide das Pauschalpaket dem jeweils anderen vor. Doch man kann nicht auf das Prozent genau angeben, welche Faktoren Sie aneinander binden.

Wenn Sie am Wiederaufbau einer intimen Bindung arbeiten, merken Sie wahrscheinlich mit der Zeit, daß tausend unterschiedliche Fäden Sie zusammenhalten und daß es weder möglich noch wünschenswert ist, die Person, die Sie »ich« nennen, von dem Pauschalpaket zu trennen, das Sie mitbringen.

Sorge Nr. 6 (Paare): »Sind meine Gründe zu bleiben gut genug?«

Möglicherweise zweifeln Sie, ob nicht auch *Sie* aus den falschen Gründen bleiben. Sie können durchaus recht haben.

»Ich bin noch da, weil ich katholisch bin«, erklärte ein Klient. »Ich bin eine Bindung eingegangen, ›bis daß der Tod euch scheidet‹. Und trotzdem geht es mir so elend, daß ich mich fragen muß, was ich machen soll.«

»In meiner Familie gibt es keine Geschiedenen«, berichtete eine andere Klientin, »und ich habe keine Ahnung, was ich machen könnte. Aber ich kriege Panik bei dem Gedanken, daß es mir genauso gehen soll wie meinen Eltern und ich eine Ehe fortsetzen soll, die mich fertigmacht.«

Wenn Sie nur aus Schuldgefühlen, Angst oder Pflichtgefühl ausharren, sollten Sie Ihre Entscheidung überdenken, oder Sie müssen sich auf ein Leben in selbstauferlegter Gefangenschaft gefaßt machen – und Sie sind Gefangener und Aufseher zugleich. Betrachten wir einige dieser fragwürdigen Gründe zu bleiben:

Grund Nr. 1: »Ich schaffe es nicht allein.«

Wenn Sie mit Ihrem Partner zusammenbleiben, weil Sie glauben, daß Sie finanziell oder emotional nicht allein über die Runden kommen, dann halten Sie inne und fragen Sie sich: »Bin ich fair zu mir? Ich fühle mich von meinem Partner abhängig, aber bin ich es wirklich?«

In einer Langzeitstudie untersuchten zwei Forscher an 5000 Familien die Auswirkungen einer Scheidung auf das Einkommen und stellten fest, daß der Lebensstandard der Männer im ersten Jahr nach der Scheidung um durchschnittlich 3,9 Prozent stieg, der der Frauen jedoch um 36,4 Prozent fiel.[1] Doch fünf Jahre nach der Scheidung war der Lebensstandard der meisten Frauen höher als in ihrer ersten Ehe, *wenn* sie wieder heirateten.[2]

Die wirtschaftlichen Folgen einer Scheidung sind für Frauen einschneidend, und sie heiraten nicht zwangsläufig erneut. Nur Sie selbst können entscheiden, ob es sich lohnt, in einer unbefriedigenden Beziehung auszuharren oder die finanziellen und emotionalen Risiken einer Trennung in Kauf zu nehmen.

Zugleich müssen Sie über Ihre spontane erste Reaktion hinauskommen und sich fragen: »Unterschätze ich meine Fähigkeiten, für mich selbst zu sorgen und mir außerhalb dieser Beziehung ein erfülltes Leben aufzubauen?« Sie haben vielleicht Angst vorm Alleinsein, aber wenn Sie Ihr Leben objektiv untersuchen, stellen Sie möglicherweise fest, daß Sie auch früher Zeit allein verbracht haben und gut damit zurechtkamen – oder nicht gut damit zurechtkamen, weil Sie jünger, weniger einfallsreich oder weniger begütert waren.

Es kann sein, daß Sie sich nur als von Ihrem Partner finanziell abhängig *wahrnehmen* und Ihre Chancen auf dem Arbeitsmarkt unterschätzen. Welche Qualifikationen hatten Sie vor der Ehe? Übertreiben Sie die Sicherheit und Geborgenheit, die Sie bei Ihrem Partner hatten? Eine Frau, die überzeugt war, allein nicht existieren zu können, erkannte, daß ihr Mann, der große Ernährer, den größten Teil ihrer Ersparnisse verspielt hatte und daß sie es war, die die Zwangsversteigerung ihres Hauses durch die Bank verhindert hatte.

Als heterosexuelle Frau gründen Ihre Ängste, den Rest Ihres Lebens allein verbringen zu müssen, auf Berichten über eine »Männerknappheit«, die Ende der 80er Jahre durch die Medien gingen. Demnach betrug bei bisher unverheirateten 30jährigen Frauen mit College-Abschluß die Wahrscheinlichkeit einer Heirat 20 Prozent, bei 35jährigen fünf Prozent und bei 40jährigen nur noch 1,3 Prozent. Wie sich jedoch erwies, beruhte der Bericht auf fehlerhaften statistischen Analysen.[3] Als Frau sind Ihre Chancen auf eine Wiederheirat geringer, wenn Sie über 35 sind oder Kinder haben. Doch 72 Prozent aller geschiedenen Frauen gehen schließlich wieder eine Ehe ein.[4] Als geschiedener Mann sollten Sie wissen, daß die Wahrscheinlichkeit für eine erneute Heirat 78 Prozent beträgt. Die Zahl der geschiedenen Frauen und Männer, die gemeinsam mit Partnern leben, dürfte in Wirklichkeit höher sein, weil sich viele entschließen, unverheiratet zusammenzuleben.[5]

Diese Zahlen garantieren Ihnen natürlich keine/n zukünftige/n Gefährtin/en, wenn Sie Ihr Zuhause verlassen. Sie sollten sich daher unbedingt fragen, was Sie an der Aussicht, keinen Partner zu haben, so schreckt. Oft ist das, was Sie an dieser Vorstellung ängstigt, die *Bedeutung*, die Sie ihr beilegen – daß Sie keinen neuen Partner anziehen können, daß an Ihnen etwas grundsätzlich nicht liebenswert ist. So bringt Sie möglicherweise weniger die Realität des Alleinlebens aus der Fassung, sondern Ihre negativen Annahmen darüber. Wenn Sie sich selbst gegenüber ehrlich sind, erkennen Sie vielleicht, daß Sie bisher nur gesehen haben, wie einsam Sie *außerhalb* der Beziehung wären, aber übersahen, wie einsam Sie *innerhalb* einer Beziehung sind, die quälend oder entbehrungsreich ist.

Grund Nr. 2: »Schon die Vorstellung, die Partnerschaft aufzulösen, kommt mir unmöglich vor.«

Der Gedanke an eine Trennung ist Ihnen vielleicht schon zuviel. »Ich kriege das Lexikon, mein Mann die Bibel?« fragte eine meiner Klientinnen, als sie sich die Aufteilung ihrer Besitztümer ausmalte. »Das geht über meine Kräfte; damit kann ich mich jetzt nicht beschäftigen.« Doch als sie sich vorstellte, mit ihrem wohlbegründeten Verdacht leben zu müssen, fragte sie sich, was schlimmer sei, das Trauma einer Trennung oder die Realität, den Rest ihres Lebens in einer zerstörten Partnerschaft zubringen zu müssen. »Lieber ein Ende mit Schrecken, als ein Schrecken ohne Ende«, sagte sie schließlich, kurz bevor sie einen Anwalt aufsuchte.

Grund Nr. 3: »Ich habe die Pflicht, mich um meinen Partner zu kümmern.«

Einige von Ihnen sorgen sich vielleicht, daß ihr Partner am Boden zerstört sein könnte, wenn sie gehen. In dieser Befürchtung kann sich ein gesunder Wunsch nach Wiederherstellung Ihrer Partnerschaft ausdrücken, sie kann aber auch Ihre Trennungsangst, Ihre Angst vor dem Alleinsein, Ihr Bedürfnis, gebraucht zu werden, Ihr Zurückschrecken vor einem selbstbestimmten Leben verdecken.

Wenn Sie nichts anderes tun, als sich selbst aufzuopfern, dürfte es Ihrem Partner lieber sein, Sie loszuwerden und frei zu werden für jemanden, der wirklich das Leben mit ihm teilen will. Wenn Ihrer Beziehung jede Verbindlichkeit fehlt, können Sie kaum etwas tun, um das Selbstgefühl Ihres Partners wiederherzustellen oder zu fördern, und Ihr Partner ist wahrscheinlich besser dran, wenn er woanders Unterstützung sucht.

Sorge Nr. 7 (Paare): »Sollten wir wegen der Kinder zusammenbleiben?«

Eine der größten Sorgen der Eltern ist die Auswirkung der Scheidung und der Familienauflösung auf ihre Kinder. Und diese Sorge ist berechtigt.

Zwar variieren die wissenschaftlichen Befunde mit dem Alter, dem Geschlecht und dem Grad der psychischen Anpassung der Kinder zum Zeitpunkt der Scheidung, doch die meisten Studien bestätigen, daß Scheidungskinder insgesamt größere Probleme haben als Kinder aus intakten Familien, zumindest in den ersten beiden Jahren nach der Trennung. Dies gilt für die Bereiche Schulleistungen, Betragen, psychische Anpassung, Selbstwertgefühl und soziale Kompetenz.[6]

Es ist jedoch genauso erwiesen, daß das Wohlergehen des Kindes weniger von der Anwesenheit beider Eltern im selben Haushalt abhängt als vielmehr von dem Ausmaß des Konflikts zwischen den Eltern, dem es ausgesetzt ist – vor, während und nach der Scheidung. Eine unvollständige, konfliktarme Familie ist offenbar besser für die Kinder als eine intakte Familie, in der es viele heftige Auseinandersetzungen gibt.

In ihrer Studie an 98 Scheidungsfamilien fand die Soziologin Connie Ahrons, daß sowohl Männer als auch Frauen glaubten, es sei ein Fehler, wegen der Kinder zusammenzubleiben, daß sie sich hätten früher trennen sollen und daß es ihren Kindern in einem ordentlichen, funktionierenden Haushalt besserging, selbst wenn dieser Haushalt eine Scheidung hinter sich hatte.[7] Natürlich neigen die Menschen dazu, sich vernünftige Erklärungen zur Rechtfertigung ihres Verhaltens zurechtzulegen; wenn diese Paare beschlossen hätten, zusammenzubleiben und den Konflikt durchzustehen, wären sie vielleicht zu anderen Schlußfolgerungen gekommen.

Niemand würde Ihnen raten, sich aus einer Laune heraus zu

trennen, ohne wenigstens einen Konfliktlösungsversuch zu unternehmen. Wenn Sie jedoch nur um der Kinder willen zusammenbleiben – und damit aus Schuldgefühlen, Angst oder Pflichtgefühl weiter das Joch einer bitteren, öden Ehe schleppen –, dann tun Sie Ihren Kindern auf lange Sicht keinen Gefallen. Im Gegenteil, Sie sind eher ein bedauernswertes Vorbild, ein Modell für ein Leben, das Sie ihnen keinesfalls wünschen würden. Falls Ihre Ehe Sie zudem zu sehr in sich gekehrt und depressiv macht, dürften Ihre Kinder auch unter Ihrem emotionalen Rückzug leiden.

Wenn Sie beschließen, sich zu trennen oder scheiden zu lassen, schadet die räumliche Distanz zwischen Ihnen und Ihren Kindern diesen möglicherweise weniger als die emotionale Distanz. Sie sind eine Familie, ob Sie nun im selben Haushalt leben oder nicht, und die psychologische Entwicklung Ihrer Kinder hängt stärker von Ihrer emotionalen Verfügbarkeit ab als von Ihrer bloßen körperlichen Nähe. Haben Sie Ihre Familie verlassen oder können Sie Ihre Kinder nur zeitweise sehen, sollten Sie alles daransetzen, eine liebevolle Beziehung zu ihnen zu pflegen. Die Untersuchungen zu psychischen Scheidungsfolgen bei Kindern sprechen dafür, daß Kinder, die in guter psychischer Verfassung und mit einer engen oder liebevollen Beziehung zu beiden Elternteilen in die Erfahrung der Scheidung hineingehen, ihren Anpassungsgrad meist halten, sofern sie ihre Beziehung zu beiden Eltern in sinnvoller Weise aufrechterhalten können. Beenden Sie Ihre Partnerschaft, ist das für Ihre Kinder unter Umständen weniger einschneidend, wenn Sie bereit sind, eine »Elternpartnerschaft« mit Ihrem Ex-Ehegatten einzugehen.[8] Psychologischen Untersuchungen zufolge hielten Kinder, die vor der Trennung gut angepaßt waren, dieses Niveau auch nach der Scheidung, wenn es die Eltern vermieden, ihren Konflikt offen und aggressiv vor ihnen auszutragen. Die Kinder wurden weder depressiv, noch zeigten sie ein stärker abweichendes Verhalten, sofern kein Elternteil sie zum Boten machte, ih-

nen aufdringliche Fragen über den anderen Elternteil stellte oder sie zwang, Information über oder Gefühle für den anderen Elternteil zu verbergen. Mit anderen Worten, die Kinder standen die Trennung relativ unversehrt durch, sofern sie sich nicht in den Konflikt verwickelt fühlten.
Beim Überdenken Ihrer Alternativen sollten Sie berücksichtigen, daß Ihnen nicht nur die Wahl zwischen unglücklich verheiratet und glücklich geschieden bleibt, sondern daß Sie auch eine lohnende Ehe intakt halten können, wenn Sie Ihre Differenzen und Ihre Unzufriedenheit ausräumen. Es überrascht nicht, daß die meisten Kinder es lieber hätten, wenn die Familie zusammenbleibt und sich zusammenrauft. Wenn es dafür auch in Ihren Augen genügend gute Gründe gibt, können Sie die Familie für Ihre Kinder nicht nur bewahren, sondern ihnen auch noch eine wertvolle Lehre erteilen: daß Menschen, die sich zu einem Zeitpunkt verletzen und sogar hassen, lernen können, sich wieder zu lieben, daß Menschen sich trennen und wieder zueinander zurückkehren können, daß zwischenmenschliche Konflikte sich erfolgreich lösen lassen und daß eine Intimitätskrise zu bedeutsamen Veränderungen und einer stärkeren Bindung führen kann.

Sorge Nr. 8 (verletzter Partner): »Nach dem, was du getan hast, liebst du mich offensichtlich nicht; welchen Sinn hat es dann weiterzumachen?«

Sie sind überzeugt, daß Ihr Partner nicht mit jemand anders schlafen und Sie trotzdem noch lieben kann oder wieder lieben wird; so verzweifeln Sie oder begehren auf und lassen eine Partnerschaft fallen, die Sie tief in Ihrem Innern gerne retten würden.
Einige von Ihnen wenden ihren Schmerz gegen sich selbst und denken: »Ich bin ein Versager«, »Ich kann nicht mithalten« und »Ich bin nicht liebenswert« und schreiben ihre Partnerschaft als üblen Scherz ab. Andere von Ihnen wenden

ihn nach außen und schlagen präventiv zurück; sie verlassen die Person, die sie verlassen hat. Daß Ihr Partner scheinbar mehr Alternativen und weniger zu verlieren hat, wenn die Partnerschaft scheitert, kann Ihren Wunsch, die Oberhand zu gewinnen, nur verstärken. Ihre Wut gibt Ihnen wahrscheinlich Kraft, und daher zögern Sie, sie loszulassen, auch wenn sie nur Gefühle wie Selbstabwertung, Bedürftigkeit, Eifersucht oder Enttäuschung maskiert.

Es ist ganz normal, daß Sie einem Menschen, der Sie verletzt oder gegen einen anderen ausgetauscht hat, den Rücken kehren möchten und behaupten, Sie wären alleine besser dran – wer von uns würde schließlich nicht gerne glauben, daß der andere ersetzbar ist? Treffen Sie jedoch in Ihrem gekränkten Zustand keine unwiderrufliche Entscheidung über Ihr Leben. Sie können sich irren, wenn Sie annehmen, daß Ihr Partner Sie nicht liebt oder nie geliebt hat. Die Affäre hat möglicherweise Gründe, die mit Ihnen oder Ihrem gemeinsamen Leben wenig oder gar nichts zu tun haben. Ihr Partner ist vielleicht reumütiger oder zerknirschter, als er zugibt, und möchte mit Ihnen am Wiederaufbau der Partnerschaft arbeiten, wenn Sie sich dieser Möglichkeit öffnen können.

»Ich war drauf und dran, meinen Mann zu verlassen, weil seine letzte Affäre das Faß zum Überlaufen brachte«, berichtete mir eine Klientin namens Betty. »Ich dachte: ›Was ist schon Liebe, wenn sie sich nicht im Verhalten niederschlägt?‹ Doch er kam zu der Einsicht und brachte mich auch dazu, daß er sich nicht aus Unzufriedenheit mir gegenüber oder aus Liebe anderen Frauen zuwandte, sondern aus Angst vor Intimität generell – der Angst, daß er als Betrüger durchschaut würde, wenn er zuließ, daß ihn jemand wirklich kennenlernte. Als ich das kapiert hatte, fühlte ich mich weniger persönlich abgelehnt und versuchte, Geduld zu haben, während er seine Probleme mit Hilfe eines Therapeuten anging. Es war ein Anfang.«

Wenn Sie in Depression versunken sind, sollten Sie versuchen, Ihre emotionale Selbstgeißelung und Ihr Selbstmitleid zu überwinden und herauszufinden, was Ihnen die Affäre über das beschädigte Selbst Ihres Partners sagt. Wenn Sie empört sind, sollten Sie versuchen, auch den weichen Kern Ihrer Wut zu zeigen – die Angst, den Schmerz, die Erniedrigung. In jedem Fall, ob Sie nun depressiv oder wütend sind, müssen Sie Ihrem Leid in einer Weise Ausdruck verleihen, die Ihrem Partner die Chance gibt, für Sie da zu sein – und Ihnen die Chance, herauszufinden, ob dieser Mensch wirklich zuhören will und stark genug ist, die Verantwortung für seinen Teil des Problems zu tragen.

Sorge Nr. 9 (Paare): »Ist es nicht falsch von mir, wenn ich liebevoll zu dir bin und viel Zeit mit dir verbringe, bevor ich nicht sicher weiß, daß ich bei dir bleiben will?«

Manche von Ihnen glauben vielleicht, Abstand von Ihrem Partner halten zu müssen und sich nicht zu liebevoll geben zu dürfen, bevor Sie sich nicht sicher sind, daß Sie bleiben wollen. Problematisch an dieser Strategie ist, daß sie den Keil zwischen Ihnen mit absoluter Sicherheit noch tiefer treibt. Wie wollen Sie denn positivere Gefühle für einen Menschen entwickeln, wenn Sie sich weigern, positiver mit ihm umzugehen?

Als Bob seine Affäre mit Laura begann, war er überzeugt, daß ein weiteres Zusammenleben mit seiner Frau Susan falsch wäre. Er suchte sich also eine Wohnung und zog aus. Da er nicht wußte, wohin sich beide Beziehungen entwickeln würden, traf er sich einmal in der Woche mit Susan, um ihre Ehe am Leben zu erhalten und praktische Probleme wie Tierarztbesuche, Verwandtenbesuche und finanzielle Angelegenheiten zu regeln.

Bob mied seine Frau sexuell und zeigte keine Zeichen von Zuneigung (er gratulierte ihr nicht zum Geburtstag, wünschte ihr an ihrem ersten Arbeitstag auf einer neuen Stelle kein Glück), auch wenn er diese empfand. »Solange ich mit einer anderen zugange bin«, behauptete er, »ist es so am korrektesten.«

Bob war weder böse auf Susan noch verrückt nach Laura, doch sein Leben kreiste jetzt um Laura, und sie wurde zu seiner einzigen Quelle von Freundschaft und Liebe. »Ich glaube, das hätte der Beziehung zwischen Susan und mir den Rest gegeben«, gab Bob später zu, »aber sie flehte mich an, mich nicht völlig von ihr loszureißen, und ich erfüllte ihre Bitte gerne. Ich kam nach Hause, und sie wartete mit meinem Lieblingsessen auf mich, und dann sahen wir uns einen Film mit unseren besten Freunden an. Oder wir saßen im Wohnzimmer wie früher, heiße Schokolade schlürfend und mit unseren Büchern über unsere riesige Couch ausgebreitet. Zuerst kam es mir unglaublich peinlich vor. Sogar verrückt. Doch allmählich erkannte ich, wie sehr ich sie vermißte. Es brachte unsere glücklichen gemeinsamen Zeiten zurück. Es half mir, mich für das Bleiben zu entscheiden.«

Als verletzter Partner bestehen Sie wahrscheinlich auf ernsten Gesprächen über die Bedeutung der Affäre, und als untreuer Partner müssen Sie sich für derartige Diskussionen bereit halten, um zu beweisen, daß Sie sich dem von Ihnen verursachten Leid stellen und sich verändern wollen. Doch zum jetzigen Zeitpunkt brauchen Sie beide noch etwas anderes als schmerzliche Konfrontationen, um wieder ins Gleis zu kommen. Ich rate Ihnen daher, die Auseinandersetzungen von Zeit zu Zeit beiseite zu schieben und Ihrer Partnerschaft eine Chance zum Atemschöpfen zu geben. Das hilft, Dinge zu tun, die Sie früher mochten.

Eine Freundin erzählte mir, daß sie mit ihrem Mann nach einer Marathon-Paartherapiesitzung in ein chinesisches Restaurant essen ging. »Wir waren schlagkaputt, weil wir den ganzen Abend gestritten hatten«, sagte sie. »Wir taten nichts als Frühlingsrollen essen und darüber lachen, wie wir wohl auf den Therapeuten gewirkt hatten, aber es war einer der schönsten, intimsten Momente seit Monaten.«

Wenn es Augenblicke gibt, in denen einer von Ihnen Liebe spürt und körperliche Zuneigung zeigen will, empfehle ich Ihnen, das auch zu tun und Ihrem Ehepartner die Entscheidung zu überlassen, ob Ihre Avancen willkommen sind. Auch wenn Sie nicht zusammenleben, müssen Sie weder emotional noch sexuell getrennt sein, sofern Sie beide sich ehrlich bemühen, Ihre Ambivalenz zu bewältigen, und Ihr Partner nicht glaubt, daß Ihnen mehr an der Partnerschaft liegt, als es der Fall ist.

Mir ist klar, wie unglaublich erschreckend es für Sie als verletztem Partner sein muß, sich selbst wieder verletzlich zu zeigen und zu riskieren, daß man erneut Ihre Gefühle mit Füßen tritt. Wenn Sie die sexuellen Avancen Ihres Partners als bedrohlich oder verletzend empfinden, müssen Sie zu sich ehrlich sein und auf Abstand bleiben. Aber möglicherweise können Sie körperliche oder verbale Signale der Zuneigung unabhängig von Sex durchaus genießen oder sogar selbst aussenden. Sie kommen damit wahrscheinlich besser zurecht, wenn Ihr Partner zu anderen Zeitpunkten bereit ist, die schwerwiegenderen Probleme zwischen Ihnen anzugehen.

Im Augenblick sind Sie im Umgang miteinander vermutlich äußerst gehemmt, doch wenn Sie einander ausweichen, werden sich die Mauern zwischen Ihnen nur höher auftürmen. Sie nehmen wohl auch an, daß Ihr Partner nichts mit Ihnen zu tun haben will, bis Sie Ihren Zwiespalt überwunden haben, doch darin können Sie sich täuschen. Vielleicht setzen Sie sich selbst unter den Druck, sich absolut sicher zu sein, bevor Sie wertvolle Zeit miteinander verbringen, und Ihr Partner fordert das überhaupt nicht, ja erwartet es nicht einmal.

Sorge Nr. 10 (untreuer Partner): »Kann ich nicht eine bessere Entscheidung hinsichtlich meiner/s Geliebten treffen, wenn ich mehr Zeit mit ihr/ihm verbringe?«

Wenn Sie darauf bestehen, jede freie Minute mit Ihrer/m Geliebten zu verbringen – angeblich um herauszufinden, wohin die Beziehung sich entwickelt –, hängen Sie womöglich nur der Begierde ein ehrenwertes Mäntelchen um. Vielleicht verwirrt Sie aber auch wirklich die Heftigkeit Ihrer Gefühle, und Sie suchen nach einer Strategie zur Überwindung Ihrer Unentschiedenheit.

Problematisch an dieser einseitigen Methode ist, daß Sie wahrscheinlich von der Dynamik der Affäre mitgerissen werden und nur wenig oder gar nichts über Ihre langfristigen Gefühle für Ihre/n Geliebte/n oder Ihren Partner erfahren. Wenn Ihnen aber der Sinn nach einem romantischen Höhenflug steht, dann nichts wie los: Stürzen Sie sich in die Beziehung zu Ihrer/m Geliebten, aber halten Sie sich vor Augen, daß sich damit die Waagschale zugunsten Ihres Partners immer mehr hebt. In dem Roman *Die unwägbaren Beziehungen* beschreibt der verletzte Partner den Unterschied zwischen sich selbst, dem seit sieben Jahren verheirateten Mann, und dem neuen Freund seiner Frau: »Man entdeckt nichts mehr, sondern erkennt wieder... Heftige Eroberungen siegen immer, und sei es auch nur für kurze Zeit, über den Ablauf von Zärtlichkeiten... So verlieren die, die sich anbeten, gegenüber denen, die sich lieben.«[9]

Später, wenn Ihre Leidenschaft schwindet und Konflikte auftreten, sehen Sie Ihre/n Geliebte/n vielleicht kritischer und Ihren Partner in günstigerem Licht. Doch dann gibt es womöglich niemanden mehr, zu dem Sie zurückkehren könnten.

Zeit mit Ihrer/m Geliebten zu verbringen, trägt nicht zu einer klugen Entscheidung bei; es bringt Sie ihr/ihm nur näher.

Wenn Sie die Stärke Ihrer Partnerschaft prüfen wollen, müssen Sie in Ihren Partner investieren, selbst wenn Ihre Gefühle für Ihre/n Geliebte/n stark bleiben.

Der Entschluß zum Entschluß

Vor Ihnen liegt eine schwerwiegende Lebensentscheidung: Ihre Partnerschaft neu zu gründen oder zu gehen. Wie die meisten Paare, die ich behandle, nehmen Sie vielleicht an, daß die beste oder einzige Methode zur Lösung dieses Dilemmas sei, Ihren Gefühlen zu folgen. Selbst Fachleute für Beziehungsfragen setzen das Gefühl an die erste Stelle. Als ich einen bekannten Psychiater fragte, warum er nach 25 Ehejahren seine Frau verließ, um eine seiner Studentinnen zu heiraten, überlegte er kurz und sagte dann: »Bei meiner Geliebten fühle ich mich lebendig.« Das war alles. Ich hatte erwartet, daß er eine seiner umfassenden psychologischen Theorien aus der wissenschaftlichen Trickkiste ziehen würde, doch seine Gefühle kamen ihm so stark und so richtig vor, daß er keinen Grund sah, sie näher zu analysieren.

Fällen Sie Ihre Entscheidung jedoch besonnener und durchdachter; ich rate Ihnen zu einer eher *kognitiven* als *emotionalen* Entscheidung. Damit meine ich nicht, daß Sie Ihre Gefühle ignorieren sollten, sondern daß Sie die Überzeugungen, die hinter diesen Gefühlen stehen und sie bewirken – Annahmen über Ihren Partner, die Liebe und Verpflichtung –, hinterfragen sollten.

Bei den meisten Paaren, die sich mit einer Affäre herumschlagen, beginnt der Bewältigungsprozeß mit überzogener Ambivalenz. Doch Sie würden gar nicht erst anfangen, wenn Sie erwarteten, hundertprozentig motiviert oder sicher zu sein. Am wichtigsten ist, daß Sie sich bewußt entschließen anzufangen. Als untreuer Partner müssen Sie die sexuelle oder romantische Beziehung zu Ihrer/m Geliebten beenden oder zumindest für den Zeitraum, auf den Sie sich mit Ihrem Partner einigen, aussetzen. Als verletzter Partner müssen Sie Ihrem Partner wieder einen Platz in Ihrem Leben anbieten. Und Sie beide müssen sich vorbehaltlos bemühen, wieder zusammenzufinden wie bereits beschrieben. Das bedeutet nicht, daß Sie sich Ihrer gemeinsamen Zukunft sicher sein müssen, sondern nur, daß Sie sich *verhalten müssen, als ob* Sie sicher wären, und dabei lernen, einander anders wahrzunehmen und zu behandeln. Schieben Sie Ihre negativen Gefühle beiseite, engagieren Sie sich füreinander, beweisen Sie Ihren guten Willen, indem Sie die vertrauens- und intimitätsbildenden Strategien anwenden, und prüfen Sie dann, und nur dann, ob Sie liebevoller empfinden und sich wieder geliebt fühlen. Wenn Sie darauf warten, positiver zu empfinden, bevor Sie positiver handeln, wird Ihre Partnerschaft nicht weit kommen.

Der Einstieg

Selbst wenn Sie sich für Ihre Partnerschaft entschieden haben, kann sich die Aufgabe wie ein scheinbar unüberwindlicher Berg vor Ihnen auftürmen. Es folgen einige praktische Ratschläge, wie Sie ihn in Angriff nehmen können.

Zukunftsbilder

Stellen Sie sich vor, wie Ihre Partnerschaft aussähe, wenn Sie einige der Veränderungen, die Ihr Partner von Ihnen erbittet, vornähmen und umgekehrt. Denken Sie daran: kleine Veränderungen können einen Unterschied wie Tag und Nacht bewirken.

Nun versuchen Sie, sich vorzustellen, daß Sie in sechs Monaten, einem Jahr, fünf Jahren, gut miteinander auskommen und wissen, daß Ihre Entscheidung zusammenzubleiben richtig war. Wenn Sie sich vorstellen können, daß Sie die Verbitterung und Verzweiflung hinter sich bringen und mit Hilfe dessen, was Sie aus der Affäre gelernt haben, Ihre Partnerschaft wiederbeleben, dann gelingt es Ihnen wahrscheinlich besser, diese Vorstellung Wirklichkeit werden zu lassen.

Ein Gelübde ablegen

Ein Gelübde gibt Ihren Abmachungen eine feste Form und Ihnen ein klares Ziel, auf das Sie hinarbeiten und an dem Sie Ihre Fortschritte messen können. Ein Paar einigte sich auf folgendes: »Mir liegt so viel an dir und ich halte so viel von dir, daß ich diese Sache durchstehen will. Ich liebe dich zwar nicht hundertprozentig und weiß auch nicht hundertprozentig, ob diese Entscheidung für mich richtig ist, aber solche Zahlen sind angesichts dessen, was wir durchgemacht haben, wahrscheinlich auch unrealistisch. Ich verspreche, meinen Anteil an unseren Beziehungsproblemen herauszufinden und die Veränderungen vorzunehmen, die du brauchst, einschließlich der Verbesserung unserer Kommunikationsgewohnheiten. Ich möchte, daß du mit mir glücklich bist, und werde mich bemühen, das Wirklichkeit werden zu lassen.«

Gelassen zuhören

Nehmen Sie die Beleidigungen Ihres Partners nicht zu tragisch oder wörtlich. Zwischen Ihnen herrscht so viel Schärfe und Mißverständnis, daß Sie besser »Ohrenschützer« aufsetzen, als auf jede Anklage Ihres Partners mit Verteidigung und Gehässigkeit zu reagieren. Versuchen Sie, die Worte Ihres Partners zu überhören und den Schmerz dahinter zu sehen. Sie beide kämpfen darum, das Geschehene zu verstehen, Ihr

Selbstgefühl wiederzugewinnen und wieder zu einem Gleichgewicht in Ihrem gemeinsamen Leben zu gelangen. Niemand kennt zu diesem Zeitpunkt die Wahrheit.

Nach vorne schauen

Eine Partnerschaft nach einem Treuebruch wieder aufzubauen ist nicht einfach, aber eine aufzulösen ist es auch nicht. Diejenigen von Ihnen, die ehrlich in sich selbst hineinblicken können, die mit Ihrem Partner durch dick und dünn gegangen sind, die den Lebensweg Ihres Partners unterstützt und die Belastungen des Lebens – finanzielle Engpässe, persönliche Unsicherheiten, Schwiegereltern, Gesundheitsprobleme, verfehlte Ziele und das unglaublich starke Gefühl der Unzulänglichkeit in der Elternrolle – mit ihm durchgestanden haben, haben eine einzigartige, vielleicht nie wiederkehrende Chance, Wunden auszuwaschen und sich fester und liebevoller aneinander zu binden, ohne die goldenen Erinnerungen zu opfern. Ich rate Ihnen dringend, nicht leichtfertig darauf zu verzichten.
Der Rest dieses Buches soll Ihnen helfen, eine geschädigte Vergangenheit in eine liebe- und hoffnungsvolle Zukunft zu verwandeln – eine Erfahrung, die als solche zutiefst heilsam sein kann. Das nächste Kapitel macht den ersten Schritt und hilft Ihnen, die Bedeutung und Geschichte der Affäre zu enträtseln.

Stadium 3
Über die Affäre hinwegkommen: Das gemeinsame Leben wieder lernen

Kapitel 5
Aus der Affäre lernen

> Wie erschreckend ist die Vergangenheit, die uns erwartet.
>
> Antonin Slonimski

Bei der Suche nach Hinweisen sollten Sie untersuchen:

- inwiefern Sie möglicherweise durch frühe Lebenserfahrungen vorgeschädigt wurden und wie diese Ihre heutige Partnerschaft untergraben;
- inwiefern Sie die Erfahrung von Untreue in Ihrer eigenen Familie geprägt hat;
- inwiefern die Eigenschaften, die Sie an Ihrem Partner nicht mögen, mit denen zusammenhängen, die Sie mögen oder die Sie beneiden, und ob sie Ihnen selbst fehlen;
- inwiefern belastende Lebensereignisse zur Zeit der Affäre Sie aus dem Gleichgewicht brachten und zu Ihren Eheproblemen beitrugen.

Betrachten wir Ihre Partnerschaft aus jedem dieser Blickwinkel, und fassen wir dann Ihre Einsichten in einer sehr konkreten Übung zusammen.

Das Bild Ihres verunstalteten Selbst: Untersuchen Sie, inwiefern Sie möglicherweise durch frühe Lebenserfahrungen vorgeschädigt wurden und wie diese Ihre heutige Partnerschaft untergraben.

Im Umgang mit Ihren Eltern, Geschwistern und anderen bedeutsamen Personen Ihrer Kindheit und bei der Beobach-

tung von deren Umgang miteinander entwickelten Sie bestimmte Empfindungs-, Denk- und Verhaltensmuster, die in der Person, die Sie als »Ich« kennengelernt haben, verschmolzen. Dieses Ichgefühl hat sich wahrscheinlich im Lauf der Jahre verfestigt und beeinflußt heute noch Ihre Beziehungen zu anderen, obwohl Ihre frühen Bezugspersonen gar nicht mehr da sind. Blind und hartnäckig klammern Sie sich an dieses vertraute Selbst, wie gestört es auch sein mag. Das ist der Mensch, den Sie am besten kennen, der Sie schon Ihr Leben lang *sind,* bei dem Sie sich am wohlsten fühlen.
Suchen Sie aus der folgenden Liste die Gefühle heraus, die Sie als Kind erlebt haben, und ergänzen Sie sie:
Positive Gefühle: geborgen, zufrieden, umsorgt, ermutigt zu neugierigem Verhalten und Risiko, gelobt, geachtet, akzeptiert, geschätzt, zu eigenen Meinungen ermutigt, angemessen diszipliniert.
Negative Gefühle: ängstlich, minderwertig, mißtrauisch, einsam, eifersüchtig, gelangweilt, vernachlässigt, unter Druck zu Anpassung oder Liebsein, ungeliebt, erniedrigt, kritisiert, eingeengt.

Diese und andere Gefühle beeinflussen und definieren, wo und wann Sie sich als Erwachsener wohl fühlen. Daher suchen Sie sich heute als Liebespartner Menschen, die Sie die Gefühle ihrer Kindheit, positive und negative, wiedererleben lassen.
Daneben haben sich jedoch auch bestimmte Schemata eingeprägt – eingeschliffene Wahrnehmungen und Überzeugungen –, die Ihr Selbstbild und Ihre Erwartungen an andere beherrschen. Wenn beispielsweise ein Elternteil Sie verlassen hat, haben Sie vielleicht gelernt, daß Menschen, die Sie lieben, Sie im Stich lassen; wenn Sie emotional oder körperlich mißhandelt wurden, haben Sie vielleicht gelernt, daß die Welt unsicher ist und daß Sie sich davor schützen müssen, erneut verletzt zu werden.

Sie haben auch bestimmte Beziehungsmuster erlernt. Man hat Ihnen beigebracht, was Sie sagen oder tun müssen, um zu bekommen, was Sie wollen, oder den Schmerz über das Verlassenwerden wegzustecken oder damit zu leben. Sie haben gelernt, einen bestimmten Grad an Intimität (oder des Fehlens von Intimität) als angenehm zu empfinden und so zu handeln, daß dieser konstant blieb. Schließlich beherrschten Sie die Alltagsinteraktionen – oder waren Ihnen unterworfen – in der kleinen, privaten Welt des Zuhauses.
Sie bemühten sich mit Ihren angeborenen Fähigkeiten und begrenzten kindlichen Möglichkeiten, sicher und glücklich zu leben, doch wenn Sie in einem der folgenden entscheidenden Wachstumsbereiche zu kurz gekommen sind, haben Sie sich womöglich nie ganz zu einem gesunden, selbstsicheren, kompetenten Erwachsenen entwickelt:

1. Gefühl von Sicherheit und Geborgenheit.
2. Unabhängigkeit im Alltag.
3. Gefühl solider emotionaler Verbindungen mit anderen.
4. Geschätzt werden.
5. Gefühl ungehinderten Selbstausdrucks.
6. Gefühl, unvollkommen sein und Spaß haben zu dürfen.
7. Mit realistischen Begrenzungen zu leben.

Wenn Ihnen eine dieser wesentlichen Erfahrungen fehlt, sind Sie wahrscheinlich mit emotionalen Verletzungen aufgewachsen, die Ihre Partnerwahl und Ihre Beziehungsfähigkeit beeinflussen. Und zwar so:

Sie fühlen sich zu einem Partner hingezogen, der Sie Ihre frühen Erfahrungen mit Liebe, so unbefriedigend sie gewesen sein mögen, wiederholen läßt.
In der idealisierenden Phase der ersten Liebe scheint dieser Mensch eine heilende Zauberkraft zu besitzen – er kann scheinbar Ihre Vergangenheit wiedergutmachen und Sie von Ihrem altbekannten Selbst befreien –, doch im Lauf der Zeit

merken Sie, daß Sie sich jemanden ausgesucht haben, der in Ihnen dieselben negativen, aber tiefverwurzelten Gefühle weckt, die Sie aus Ihrer Kindheit kennen.[1]

Sie interpretieren die Worte und Taten Ihres Partners so, daß diese die fehlangepaßten Erfahrungen aus Ihrer Kindheit bestätigen.
Hier stülpen Sie anderen das über, was Sie aufgrund Ihrer Kindheitserfahrungen kennen oder wonach Sie suchen. Wenn Sie beispielsweise autoritär erzogen wurden, nehmen Sie Ihren Partner als kontrollierend wahr, ob das zutrifft oder nicht. Anaïs Nin sagte einmal: »Wir sehen die Dinge nicht wie sie sind, sondern wie wir sind.«

Sie manipulieren unbewußt Ihren Partner, daß er auf Sie in altvertrauter Weise reagiert, auch wenn diese Verhaltensweisen Sie ärgern und frustrieren.
Mit anderen Worten, Sie treiben Ihren Partner unwissentlich dazu, Sie so schlecht zu behandeln, daß Sie sich selbst, die Welt und andere in derselben verzerrten Weise wie schon immer wahrnehmen können. Wenn Ihre Eltern Konflikte mit Ihnen »gelöst« haben, indem sie Sie ignorierten, provozieren Sie Ihren Partner, daß er Sie in derselben verläßlichen, wohlbekannten Weise übersieht, wie Sie es gewöhnt sind.
Betrachten wir nun die sieben oben aufgeführten Entwicklungserfahrungen und untersuchen, inwiefern diese Entbehrungen heute Ihre Beziehungen schädigen können.

Sie können sich nicht sicher und geborgen fühlen

Es gibt zwei Möglichkeiten, wie Ihre Eltern eine unsichere häusliche Umgebung geschaffen haben:
- Sie haben Sie körperlich oder emotional im Stich gelassen, und Sie wuchsen mit chronischen Angst- oder Bedürftigkeitsgefühlen auf. Ihr Verlassenheitsschema sagt: »Die

Menschen, die ich liebe, verlassen mich.« In Ihren Beziehungen als Erwachsener nehmen Sie zu leicht und zu oft eine Zurückweisung wahr.

- Sie haben Sie körperlich oder emotional mißhandelt, und Sie wuchsen in Mißtrauen, Verängstigung und Demütigung heran. Ihr Mißtrauensschema sagt: »Die Menschen, die ich liebe, verletzten mich.« In Ihren Beziehungen als Erwachsener nehmen Sie zu leicht und zu oft Macht und Unterwerfung wahr.

Betrachten wir, wie diese beiden schädigenden Erfahrungen – Verlassenwerden und Mißhandlung – Ihre Beziehung zu Ihrem Partner beeinflussen.

Der untreue Partner

Da Sie unfähig sind, alles zu riskieren und sich voll »auszuleben«, suchen Sie sich eine/n Geliebte/n, um sich von Ihrem Partner zu distanzieren und die emotionale Temperatur zwischen Ihnen abzukühlen. Ihre Affäre verringert Ihre Angst vor einer emotionalen Abhängigkeit von einem Menschen, der Sie Ihrer Überzeugung nach unweigerlich verlassen oder verletzen wird. Auch können Sie Ihrem Partner so Ihr wahres Wesen verheimlichen und zumindest zeitweise ein Gefühl von Freiheit und Macht erleben.

Eine Affäre kann auch dazu dienen, Ihren Partner zu bestrafen und mit ihm abzurechnen. Da Sie bereits einmal betrogen wurden, betrügen jetzt Sie den Menschen, den Sie lieben, um sich für früheres Unrecht schadlos zu halten. Wenn Sie als Kind unter Machtmißbrauch gelitten haben, streben Sie jetzt selbst nach Macht, um sich unverletzlich zu machen. Macht zu teilen heißt für Sie, sich selbst aufs Spiel zu setzen; Macht ausüben heißt, das Heft in der Hand zu behalten. Und so wird Ihre Partnerschaft zu einem privaten Schlachtfeld, auf dem Sie um die Vorherrschaft kämpfen.

Als Jane zehn war, zog ihre Mutter mit ihr weit weg von ihrem alkoholkranken Vater. Sie sah ihn nie wieder. »Sie ist ein tolles Kind«, hörte Jane eines Tages ihre Mutter am Telefon zu ihm sagen. »Sie ist auch deine Tochter. Lerne sie kennen. Sie braucht dich.« 17 Jahre und Dutzende unbeantworteter Briefe später heiratete Jane einen – mit ihren Worten – »emotionalen Eisberg«, der sie sich so bedeutungslos und ungeliebt fühlen ließ wie ihr Vater. Während der ganzen Ehe konfrontierte sie ihn kaum mit ihrer Einsamkeit, rächte sich aber mit einer Reihe von Seitensprüngen. Die Ehe nahm die Züge eines Wettbewerbs an, wer den anderen weniger brauchte. »Er hält sich für so klug«, vertraute Jane mir an, »aber er hat keine Ahnung von meinem Privatleben. Wenn er keine Zeit für mich hat, dann suche ich mir mein Vergnügen eben selbst.«

Der verletzte Partner

Wenn Sie in Ihrer Jugend allein gelassen wurden, können Sie keine engen oder echten Beziehungen zu anderen herstellen und klammern sich schließlich an Ihren Partner oder beanspruchen seine Zeit übermäßig. Sie verletzen ihn auch mit unbegründeten Verdächtigungen (die in Ihren früheren Erfahrungen und in der Zeit vor der Affäre Ihres Partners wurzeln).

Waren Sie Machtmißbrauch ausgesetzt, passen Sie sich als Erwachsener übermäßig an und fühlen sich dann gefangen; insgeheim grollen Sie einem Partner, der in subtiler Weise Ihr Leben ganz nach seinen Wünschen zu lenken scheint. Es kann auch sein, daß sich der erfahrene Mißbrauch darin äußert, daß Sie Ihren Partner zu unterjochen und zu manipulieren versuchen und seine Bedürfnisse ständig ignorieren oder übergehen. In jedem Fall belastet Ihr Verhalten Ihre Partnerschaft, und Sie fühlen sich genauso entfremdet wie früher. Unter Umständen provozieren Sie sogar das, was Sie am meisten fürchten – verlassen zu werden.

Sheilas Vater hatte immer wieder Affären; sie erinnert sich, daß sie sich spät abends in ihrem Zimmer versteckte und zuhörte, wie sich die Eltern über seine Seitensprünge stritten. Ihr Vater gab sie nie zu, und ihre Eltern trennten sich auch nicht, aber die Stimmung im Hause war immer gespannt und traurig. Nach zwei Jahren auf dem örtlichen College heiratete sie Sam. Jeden Morgen, wenn er zur Arbeit ging, die ihn sehr in Anspruch nahm, konnte sie an nichts anderes mehr denken als an sein mögliches Doppelleben. Ihre Befürchtungen gewannen eine Eigendynamik, bis sie ihn schließlich beschuldigte, er bleibe absichtlich lange im Büro und schliefe mit seiner Assistentin. Sam kam mit ihren unbarmherzigen Verhören und Wutausbrüchen nicht zurecht. »Nichts konnte sie trösten«, sagte er. »Ich konnte sie durch nichts davon überzeugen, daß ich sie liebe, außer, mich ins Haus einzuschließen. Nach einer Weile gewann sie; sie hat mich mürbe gemacht. Ich hatte Angst davor, nach Hause zu kommen, und begann mit einer Frau auszugehen, die in meiner Firma arbeitet. Ich treffe mich seitdem immer wieder mit ihr.«

Sie können den Alltag nicht unabhängig bewältigen

Ihre Eltern haben Sie daran gehindert, eine eigene Identität zu entwickeln, ein unabhängiges Leben zu führen oder auf Ihre eigenen Entscheidungen zu vertrauen. Infolgedessen wuchsen Sie mit dem Gefühl auf, abhängig, verletzbar und unfähig zu sein. In Ihren Beziehungen als Erwachsener fühlen Sie sich von den emotionalen Bedürfnissen anderer beherrscht und schuldig oder ängstlich, wenn Sie versuchen, eigene Wege zu gehen. Ihr Unselbständigkeitsschema sagt: »Ich schaffe es nicht allein.«

Der untreue Partner

Eine Affäre kann für Sie ein Akt der Rebellion sein, eine Möglichkeit, Ihre Unabhängigkeit von zu intimen oder verschlingenden Beziehungen zu erklären. Da Sie in einer Familie aufwuchsen, in der Ihre Grenzen ignoriert wurden und es keine Privatsphäre gab, lernten Sie, Ihr Selbstgefühl durch Heimlichkeit und List zu verteidigen. Weil Sie in Anwesenheit Ihres Partners nicht Sie selbst sein können, glauben Sie, einen Schritt aus der Partnerschaft heraustreten zu müssen, um atmen zu können.

David wuchs ohne Vater auf. Seine Mutter, eine Überlebende des Holocaust, fürchtete ständig, ihr einziges Kind (physisch und emotional) zu verlieren, und verbot ihm, Freunde zu sich einzuladen. Er erlebte seine Mutter als erstickend und übermächtig und sich selbst als abhängig und schwach. Lieben bedeutete für ihn, mit einem anderen Menschen zu verschmelzen und sich selbst zu verlieren. »Meine Beziehung zu meiner Mutter war wie die einer Motte zum Licht«, erzählte er. »Es war gefährlich, zu nahe zu kommen, aber ich konnte nicht wegbleiben.«

David fühlte sich zu Muriel hingezogen, weil sie wie seine Mutter ängstlich und unsicher war und ihn so sehr brauchte. In ihrer Ehe bemühte er sich, eine Verbindung zu ihr aufrechtzuerhalten und dennoch selbständig und ehrlich gegenüber sich selbst zu bleiben. Er brauchte ihre Liebe, um sich ganz zu fühlen und seine Angst vor dem Alleinsein zu mildern; doch sobald er auf ihre Bedürfnisse einging, wurde er verkrampft und ärgerlich. »Ich lud mir zwei geschädigte Frauen auf, meine Mutter und meine Frau, und opferte mich für beide auf«, sagte er. Nur mit Prostituierten, so glaubte er, konnte er seine Bedürfnisse befriedigen.

Der verletzte Partner

Da Sie kein selbständiges Leben führen können, beneiden Sie Ihren Partner um seine Eigenständigkeit und haben Angst, wenn er unabhängig von Ihnen etwas unternimmt. Sie erwarten, daß Ihr Partner Ihr verarmtes Leben bereichert, ohne daß Sie etwas dazu beitragen. Oder Sie verfallen ins Gegenteil, pochen auf Ihre Unabhängigkeit und erlauben Ihrem Partner nie, Sie zu unterstützen.

Anna, ein Einzelkind, wuchs bei einer Mutter auf, die den einzigen Sinn ihres Lebens darin sah, sie zu beschützen und zu umsorgen. Als Anna drei war und im Garten spielte, ging ihre Mutter ins Haus, um Wäsche einzuräumen. Als sie zurückkehrte, war Anna verschwunden. Ihre Mutter fand sie einige Meter weiter auf der Straße weinend auf dem Bordstein sitzen. Ein Mann hatte sie entführt, in sein Auto gezogen und sie beschwatzt, ihn zu befriedigen.
Von diesem Tag an behütete Annas von Schuldgefühlen gepeinigte Mutter sie noch mehr und blockte jeden Versuch ihrer Tochter, eigene Wege zu gehen, ab. Sie durfte ihr Zimmer zu Hause nicht abschließen. Sie durfte nur im Studentenwohnheim wohnen. Das ewige »Sei vorsichtig, tu das nicht, tu jenes nicht« ihrer Mutter machte es Anna unmöglich, ein Gefühl von Kompetenz in ihren Interaktionen zu entwickeln. Als Erwachsene verlobte sie sich mit einem Mann, der sie wie ein Übervater weiterhin vor dem Leben schützte. Doch ihre Passivität, ihre Abhängigkeit und ihre mangelnde Spontaneität gingen ihm allmählich auf die Nerven, und er ging ein Verhältnis mit einer Frau ein, die ihm lebendiger und umgänglicher, »realer«, wie er es ausdrückte, vorkam.

Sie können keine emotionale Verbindung zu anderen herstellen

Ihre Eltern sind nicht warmherzig und fürsorglich mit Ihnen umgegangen, und Sie wuchsen in einem emotionalen Vakuum auf, fühlten sich einsam, nicht beachtet und leer. In Ihren Beziehungen als Erwachsener erleben Sie andere als desinteressiert oder kalt und bleiben infolgedessen selbst distanziert, lassen sich von Beziehung zu Beziehung treiben oder bemühen sich verzweifelt um Aufmerksamkeit von Menschen, die Sie enttäuschen. Ihr Schema emotionaler Vernachlässigung sagt: »Keiner ist für mich da.«

Da Sie nicht gelernt haben, sich mit anderen liebevoll zusammenzutun, haben Sie wahrscheinlich mit niemandem, auch nicht sich selbst, eine vertraute Beziehung. Hingabe, Intimität, geteilte Verantwortung – das alles sind für Sie abstrakte Begriffe.

Der untreue Partner

Sie gehen mit wechselnden Partnern ins Bett, immer auf der Suche nach einem Menschen, der eine sinnvolle und dauerhafte Bindung mit ihnen eingeht. Um Ihrem Gefühl innerer Ödnis zu entfliehen, stürzen Sie sich zwanghaft in Sexualität und verzehren sich nach der Erregung und der Abwechslung immer neuer kurzer Abenteuer. Langfristige Partnerschaften erscheinen Ihnen unerträglich vorhersagbar und desillusionierend.

Chuck wuchs in einer Scheidungsfamilie auf. Sein narzißtischer Vater war ein vielbeschäftigter Geschäftsmann, der kaum Notiz von ihm nahm. »Ich glaube nicht, daß wir jemals von Mensch zu Mensch miteinander geredet haben«, erzählte er. »Das eine Mal, wo er mit mir prahlte, übertrieb er. Der Mann hatte keine Ahnung, wer ich war.«

Als Chuck 19 wurde, ging er mit Marilyn. Nach sechs Monaten entdeckte er, daß sie mit seinem besten Freund schlief. Chuck und Marilyn reparierten die Sache und heirateten, doch Chuck war nie überzeugt, daß er ihr genügte. Kurz nach der Geburt ihres ersten Kindes begann er, Prostituierte aufzusuchen. Obwohl Marilyn treu blieb, tat er sie als kalt und distanziert ab und erinnerte sie als Entschuldigung dafür immer wieder an ihre frühere Untreue. Insgeheim hatte er panische Angst vor einer intimen, verbindlichen Partnerschaft. Er war sicher, daß sie auch dann, wenn er sie an sich heranließ, lieblos bleiben würde. Da er sie auf Abstand hielt, probierte er nie aus, ob sie für ihn da sein konnte, ob sie ihn annehmen würde. Der anonyme Sex und die selbstgerechte Wut erlaubten ihm, in sicherer Distanz zu bleiben.

Der verletzte Partner

Sie haben in Ihrer Familie nie gelernt, liebevolle Beziehungen einzugehen oder auf jemanden zuzugehen, wenn Sie sich alleine fühlen. Sie halten daher Ihre Liebe zurück oder fordern mehr, als irgend jemand geben kann, und treiben Ihren Partner von sich weg.

Sara wuchs ohne elterliche Zuwendung auf. Ihre Mutter war klinisch depressiv und verließ kaum einmal ihr Schlafzimmer. Ihr Vater arbeitete als Anwalt in 120 Kilometern Entfernung und zog, als sie zwölf war, einmal für mehrere Monate in eine eigene Wohnung. Sie wuchs heran und fühlte sich ungeliebt, einsam, verloren – ohne ein Gefühl von Familie, ohne ein »Wir«-Gefühl. Der Mann, den sie heiratete, stand ihr emotional nicht zur Verfügung, war mit sich selbst beschäftigt. »Manchmal kann man nur dann seine Aufmerksamkeit wecken, wenn man ihn anschreit«, berichtete sie mir. Kürzlich schlug er ihr eine Trennung auf Probe vor. Sie hegt den Verdacht, daß er eine andere kennengelernt hat.

Sie halten nichts von sich selbst

Ihre Eltern haben Sie als Kind häufig kritisiert und Ihnen das Gefühl vermittelt, den Ansprüchen nicht zu genügen. Da Sie kein Lob und keine Ermutigung erhielten, fühlten Sie sich mangelhaft, nicht liebenswert, hilflos, beschämt. Als Erwachsener neigen Sie in Ihren Beziehungen zu leicht dazu, sich lächerlich gemacht, zurückgewiesen oder getadelt zu fühlen. Ihr Selbstunwertschema sagt: »Ich bin nicht gut genug.«

Der untreue Partner

Da Sie Minderwertigkeitsgefühle haben, sind Sie anfällig für die Bemühungen einer/s Anbeterin/s. Wenn Ihre Weiblichkeit beziehungsweise Männlichkeit bedroht ist (zum Beispiel durch eine Fehlgeburt oder einen Bankrott), suchen Sie sich eine/n Geliebte/n, um Ihre vermeintliche Schande oder Unterlegenheit zu überdecken. Was Sie an Ihrer/m Geliebten anzieht, scheint das Besondere an ihrer/seiner Person zu sein, doch möglicherweise steckt nur Ihr Bedürfnis dahinter, Ihr verletztes Selbst wieder aufzurichten, sich begehrenswerter, gewinnender zu fühlen.

John, ein bekannter Anwalt, war vernarrt in seine Söhne – in alle bis auf den jüngsten, Chris. Während die anderen ihrem Vater nachschlugen und nach Harvard gingen, mußte sich Chris mit einer staatlichen Universität begnügen. Während die anderen erfolgreiche Anwaltskarrieren machten, produzierte Chris Sportkleidung für Frauen. Er lachte, wenn die Familie ihn als schwarzes Schaf bezeichnete, doch innerlich schmerzte es ihn.

Chris heiratete Rita, weil sie zu ihm aufsah und sein Selbstwertgefühl stärkte. Doch als seine Geschäfte schlecht gingen, konnte sie ihn nicht aufrichten. Als sie ihre Hilfe anbot, hörte er nur die Worte seines Vaters heraus: »Typisch. Nichts kannst du richtig machen.« Chris ließ sich mit seiner 14 Jahre jüngeren Verkaufsleiterin ein, die ihm half, die finanziellen Verluste wettzumachen und seine Selbstachtung wiederzufinden.

Der verletzte Partner

Ihre Minderwertigkeitsprobleme machen es Ihnen unmöglich, mit Leib und Seele eine intime Beziehung aufzunehmen. In Ihrer negativen Einstellung verunglimpfen Sie sie beide und drängen Ihren Partner aus der Beziehung.

Als Susans Eltern sich scheiden ließen, blieb sie bei ihrer Mutter. Doch als ihre Mutter eine eigenwillige Tochter und eine Vollzeitstelle nicht mehr unter einen Hut bringen konnte, wurde sie zu ihrem Vater abgeschoben. Seine junge Frau beschwerte sich offen über diese Einmischung. Susan hatte nie das Gefühl, ein eigenes Heim oder einen Ort zu haben, an dem sie erwünscht war. Dann heiratete sie Rob und hoffte, er werde ihr dieses Gefühl endlich geben. Doch ihre Bedürftigkeit machte es ihm schwer, sie zu lieben. Schließlich fand Rob Zuflucht bei Susans bester Freundin, was ihre Minderwertigkeitsgefühle nur verstärkte.

Sie glauben, Ihrem wahren Selbst keinen Ausdruck geben zu dürfen

Ihre Eltern gestanden Ihnen nie eine eigene Stimme zu. Heute versuchen Sie, anderen zu gefallen, und bleiben stumm, um Konflikte zu vermeiden. Sie sind es gewöhnt, sich unterdrückt, mißverstanden, manipuliert, übersehen zu fühlen. In Ihren Beziehungen nehmen Sie andere als autoritär und unempfänglich für Ihre Bedürfnisse wahr. Ihr Unterwerfungsschema sagt: »Ich kann nicht für mich selbst sprechen.«

Der untreue Partner
Sie verschließen Ihre Bedürfnisse in sich, grollen stumm, weil Sie soviel mehr geben, als Sie zurückbekommen, und befriedigen dann Ihre Bedürfnisse woanders. Es gelingt Ihnen, Konflikte zu vermeiden, aber Sie fühlen sich letztlich als Opfer, nicht anerkannt, einsam.
Fritz wuchs in einer Familie auf, die von seinem erfolgreichen Vater beherrscht wurde. Seine Mutter lächelte viel. Nie muckte jemand auf. Als Erwachsener trat Fritz beruflich in die Fußstapfen seines Vaters und heiratete eine willensstarke Frau namens Roberta, die er mit Aufmerksamkeit und Geschenken überschüttete. Anfangs schien das Paar nahtlos zusammenzupassen, doch nach kurzer Zeit warf Roberta Fritz vor, im Schatten seines Vaters zu leben. Fritz sagte nichts, gab seiner Wut jedoch schließlich in Form einer Affäre mit seiner jungen Buchhalterin Ausdruck.

Der verletzte Partner
Weil Sie Ihre Bedürfnisse unterdrücken, können Sie in Ihrer Partnerschaft eine zuckersüße Liebenswürdigkeit aufrechterhalten. Innerlich jedoch leiden Sie unter Langeweile oder Frustration. Von Zeit zu Zeit bricht die Feindseligkeit in Ihnen durch und vertieft die Kluft zwischen Ihnen und Ihrem Partner. Ihr Schweigen ist nicht die Ursache der Untreue Ihres Partners, doch es versetzt Sie in die Lage, zu ertragen, was Ihnen unerträglich ist.

Mindys Mutter versuchte, die häusliche Atmosphäre so weit wie möglich vor Belastungen zu bewahren, um ihren asthmatischen Mann nicht aufzuregen. Mindy lernte, niemals schlafende Hunde zu wecken. Schließlich heiratete sie Sal, einen Anästhesisten mit einem geradezu betäubenden Anspruchsdenken, und verbrachte ihre Zeit damit, für ihn zu sorgen, während er für sich selbst sorgte. Seine Mißachtung verletzte sie genauso wie seine Selbstbeweihräucherung, doch sie sagte nichts. »Ich kann Liebe nicht erzwingen«, meinte sie. »Wenn ich gut zu ihm bin, wird er sich sicher mehr mit mir beschäftigen.«

Offenbar war jedoch niemand gut genug für Sal außer Sal selbst, und die Beziehung verschlechterte sich weiter. Mindy sah immer weniger von ihm, bis sie ihn eines Tages mit einer Krankenschwester im Bett erwischte.

Sie glauben nicht, daß Sie unvollkommen sein und Ihren Spaß haben dürfen

Ihre Eltern ließen nie zu, daß Sie Ihren spontanen Neigungen folgten oder sich vergnügten, und Sie wuchsen niedergedrückt und überlastet auf. In Ihren Beziehungen als Erwachsener bürden Sie sich zuviel Verantwortung auf und fühlen sich dann ausgenutzt. Ihr Perfektionismus bringt Sie dazu, sich selbst und Ihrem Partner zuviel Disziplin abzufordern. Sie nehmen andere leicht als schwach oder faul wahr und sind nicht bereit, die Last zu teilen. Ihr Perfektionismusschema sagt: »Ich muß alles machen, und ich muß alles richtig machen.«

Der untreue Partner

Da Sie gelernt haben, übermäßig gewissenhaft, ja perfekt zu sein, suchen Sie sich eine/n Geliebte/n, die/der Ihnen einen Teil Ihrer geraubten Kindheit wiedergibt. Sie schreiben dieses Wiedererwachen der/m Geliebten zu, obwohl Sie sich in Wahrheit nur endlich selbst Nachgiebigkeit gegen sich selbst oder Impulsivität erlaubt und starre verinnerlichte Regeln gegen solche vertauscht haben, die zu Ihren augenblicklichen Bedürfnissen passen.

Keith machte direkt nach der Schule eine Kurzausbildung, um seinen arbeitslosen Vater und seinen älteren Bruder, der zu Hause wohnte, zu unterstützen. Er war wütend auf beide. Die Frau, die er sich als Ehefrau aussuchte, Michelle, besaß eine kindliche Spontaneität und war so fröhlich wie er nüchtern war, doch binnen kurzem beneidete er sie um ihre Fähigkeit, Arbeit und Vergnügen unter einen Hut zu bringen und Zeit für das Fitneß-Studio, Telefongespräche mit Freundinnen und ausgedehnte Mahlzeiten zu finden, während er in der Fabrik schuftete. »Sie läßt sich gehen«, klagte er. »Sie nutzt mich aus.« Es gelang ihm schließlich, sich über seine anspruchsvolle Arbeitsmoral hinwegzusetzen und sich selbst etwas zu gönnen – mit seiner Sekretärin.

Der verletzte Partner

Die unbarmherzigen Maßstäbe Ihrer Kindheit trieben Sie in zwanghafte Gewohnheiten, die heute alles Spielerische, Romantische und Kreative weitgehend aus Ihrem Leben verbannen. Sie hetzen sich so ab, daß Sie nicht einmal mehr die Zeit haben, den Duft der Rosen zu genießen oder zu merken, daß Ihr Partner jemand anderem ein Dutzend davon schenkt.

Dorothys puritanischer Vater trug ihr nach, daß sie nur ein Mensch war. Sie heiratete Ernie, der zu sehr mit seinen Gedichten beschäftigt war, als daß er sich um Geld kümmern oder die Kinder zur Schule fahren konnte. Je mehr sich Dorothy abmühte, ihn zu ändern, desto mehr wuchs der Gegensatz zwischen ihnen. Ihre mangelnde Flexibilität gab ihm das Gefühl, daß er nicht er selbst sein konnte und daß nicht genug Raum in der Partnerschaft für sie beide sei. Ihre Forderungen waren, wie ihr Ordnungsbedürfnis, angemessen, aber unnachgiebig. Eines Tages bat sie ihn, den Müll hinauszubringen. Er ging statt dessen mit der Babysitterin aus.

Sie können keine realistischen Grenzen setzen oder akzeptieren

Ihre Eltern taten zuviel für Sie oder brachten Ihnen bei, sich anderen als überlegen zu betrachten. Als Erwachsener fehlt es Ihnen an Selbstdisziplin; Sie erwarten besondere Aufmerksamkeit und sind beleidigt, wenn Menschen Ihnen Beschränkungen auferlegen oder Sie zwingen, nach den Regeln zu spielen. Sie nehmen schnell wahr, daß andere Ihre Rechte verletzen, selbst wenn Sie deren Rechte nicht beachten. Ihr Berechtigungsschema sagt: »Ich stehe über allen übrigen; ich verdiene soviel, wie ich kriegen kann.«

Der untreue Partner

Ihr Partner hat vielleicht mit Ihrer Grandiosität zu kämpfen, doch angesichts Ihres mangelnden Bewußtseins, wie Sie auf andere Menschen wirken, fällt Ihnen das wahrscheinlich gar nicht auf. Vielmehr ist Ihr Partner für Sie jemand, der Ihre Bedürfnisse nicht erfüllen kann, und Sie fühlen sich benachteiligt und zu kurz gekommen. Da Sie ohne ein Vorbild für reife Gegenseitigkeit – für das wechselweise Geben und Nehmen – aufgewachsen sind, können Sie nicht sehen, daß Sie übermäßige Forderungen nach Liebe stellen und daß Sie Ihren Partner nicht so umsorgen, daß Ihnen ein Recht auf die Behandlung, die Sie zu verdienen meinen, zustünde. Ihre Unzufriedenheit mit Ihrer Ehe scheint Ihnen genau wie Ihre Affären völlig berechtigt, weil Sie soviel von Ihrem Partner und sowenig von sich selbst verlangen. Da Sie die Mühen einer kritischen Selbstbetrachtung scheuen, sind Sie kein typischer Leser dieses Buches.

Howard wuchs bei wohlhabenden, machtbewußten Eltern auf, die viel Wert auf Status und Anerkennung legten. Sie setzten ihm kaum Grenzen und verließen sich mehr als einmal auf ihre Anwälte, um seine Spuren zu verwischen, als er bei Gesetzesverstößen ertappt wurde. Als Erwachsener glitt er von einer Ehe in die nächste, immer wahnsinnig verliebt bis zur Geburt der Kinder, die ihm das Gefühl gaben, an den Rand gedrängt zu werden.

Der verletzte Partner

Da Sie es nicht gewöhnt sind, innere Grenzen zu ziehen oder sich mit Ihren persönlichen Fehlern auseinanderzusetzen, sind auch Sie nicht der typische Leser dieses Buches. Sie verwenden Ihre Energie wahrscheinlich eher darauf, Ihr aufgeblasenes Selbst zu pflegen oder jemanden zu suchen, der das für Sie übernimmt. Sie finden es richtig, umsorgt zu werden, während Sie wenig tun, um sich dies zu verdienen. Die Affäre Ihres Partners kann Sie jedoch zwingen, Ihren Unvollkommenheiten ins Gesicht zu sehen und den Blickwinkel einzunehmen, den Sie brauchen, um zu einem liebenswerteren Partner zu werden.

Michelles Mutter erzog ganz allein ihre sechs Kinder und setzte alles daran, Michelle eine sorgenfreie Kindheit zu geben. Michelle wurde kaum diszipliniert und konnte sich ungestraft vor Pflichten – Geschirr abwaschen, sich eine Ferienarbeit suchen – drücken. Sie wurde nie zu Leistung angehalten. »Das Leben ist kurz«, sagte ihre Mutter zu ihr. »Genieße es.«

Michelle heiratete Keith, der ihre Genußsucht bald leid war

und darauf bestand, daß sie sich eine Arbeit suchte. Seine Ultimaten brachten sie auf die Palme – bis Keith begann, sich mit anderen Frauen zu treffen, und sie merkte, daß sie ersetzbar war.

Übung

Man kann in einem Buch nicht alles aufzählen, was Sie als Kind an Negativem erlebt haben mögen oder wie diese Verletzungen Ihre Persönlichkeitsentwicklung, Ihre Partnerwahl oder Ihre Rolle bei der Affäre beeinflußten. Daß Ihre Eltern in einer bestimmten Weise mit Ihnen umgingen, kettet Sie nicht an bestimmte Verhaltensweisen oder Überzeugungen. Dennoch neigen wir alle dazu, unser verletztes Selbst in unsere intimsten Beziehungen hineinzubringen und die Kämpfe der Kindheit mit unserem Partner neu zu inszenieren. Wie bitter oder schädigend sie auch gewesen sein mögen, sie sind uns vertraut, unser täglich Brot.

Es ist schwer zu ermessen, inwieweit Ihre Unzufriedenheit auf Ihren Partner zurückgeht (der Sie so behandelt, daß Sie sich wie als Kind erleben) oder auf Sie selbst (wenn Sie Ihren Partner so manipulieren, daß er Sie in dieser alten, gestörten Weise behandelt).[2] Um hier unterscheiden zu lernen, müssen Sie mehr über Ihre Empfindlichkeiten, über die häßlichen Seiten Ihres Selbst herausfinden. Als Einstieg schlage ich Ihnen vor, die folgenden Fragen zu beantworten.

1. Welche der in diesem Kapitel aufgeführten sieben Entwicklungserfahrungen fehlen mir?
2. Welche Gefühle (siehe Liste auf S. 148) waren in meiner Kindheit vorherrschend oder vertraut?
3. Was geschah in meinen Beziehungen zu meinen Eltern, wichtigen Bezugspersonen oder Geschwistern oder in ihren Beziehungen zueinander, daß ich so empfinde?

4. Was fehlte in der Beziehung zu meiner Mutter? Welches wichtige Bedürfnis blieb unbefriedigt? Wie wirkte sich das auf meine Persönlichkeit und mein heutiges Selbstbild aus?
5. Was fehlte in der Beziehung zu meinem Vater? Welches wichtige Bedürfnis blieb unbefriedigt? Wie wirkte sich das auf meine Persönlichkeit und mein heutiges Selbstbild aus?
6. Was gefiel mir an der Beziehung zu meiner Mutter am besten? Wie wirkte sich das auf meine Persönlichkeit und mein heutiges Selbstbild aus?
7. Was gefiel mir an der Beziehung zu meinem Vater am besten? Wie wirkte sich das auf meine Persönlichkeit und mein heutiges Selbstbild aus?
8. Was habe ich aus der Beziehung meiner Mutter und meines Vaters zu mir über Liebe gelernt?
9. Was habe ich aus der Beziehung meiner Eltern zueinander über Liebe gelernt?
10. Wer waren die anderen wichtigen Menschen in meinem Leben? Was habe ich von ihnen über Liebe gelernt, und wie haben sie mein Selbstbild beeinflußt?
11. Inwiefern werfe ich dir, meinem Partner, vor, daß ich mich so fühle, wie ich mich schon immer fühlte?
12. Inwiefern verletze ich dich da, wo du bereits empfindlich bist?
13. Inwiefern verletzt du mich da, wo ich bereits empfindlich bin?
14. Inwiefern provoziere ich dich zu verletzenden Reaktionen, wie ich sie gewohnt bin?
15. Inwiefern provozierst du mich zu verletzenden Reaktionen, wie du sie gewohnt bist?
16. Was gebe ich dir, das du am meisten schätzt?
17. Was brauchst du von mir am meisten, um dich sicher, geborgen und geschätzt zu fühlen?

Verletzungen über die Generationen hinweg: Sind Sie durch Untreue in Ihrer Herkunftsfamilie geprägt?

Ihre Erfahrungen mit Untreue als Kind geben wahrscheinlich vor, wie Sie heute Untreue erleben und wie Sie darüber denken. Wenn einer Ihrer Eltern untreu war, lebten Sie wahrscheinlich in einer Atmosphäre voller Heimlichkeiten und Spannung; Ihre persönlichen Grenzen weichten auf, und Ihr Recht auf eine sichere, stabile Umgebung wurde untergraben. Vielleicht begann die Babysitterin, die nachts für Sie da sein sollte, plötzlich für Daddy dazusein; vielleicht wurde der beste Freund Ihres Vaters zum besten Freund Ihrer Mutter – und zu Ihrem Stiefvater. Jeder Elternteil kann Sie durch einen neuen Spielgefährten ersetzt haben, und Sie waren chancenlos gegen die Konkurrenz. Oder ein Elternteil vertraute Ihnen an, daß der andere die Ehe breche, und bat Sie inständig, das Geheimnis nie zu lüften. Der untreue Elternteil mag in der Leidenschaft der Affäre wenig Zeit für Sie gehabt haben und mied Sie oder wandte sich schamerfüllt ab, um Ihrem verurteilenden Blick zu entgehen. Der verletzte Elternteil war dagegen zu depressiv, zu sehr mit der/m Geliebten beschäftigt, um Ihrem Leid Aufmerksamkeit zu widmen. Beide Eltern konkurrierten vielleicht um Ihre Unterstützung oder Verzeihung, übersahen oder mißachteten aber Ihren Schmerz.

Heute, lange nachdem die Untreue bekannt oder abgetan ist, schmerzen Sie die Narben womöglich immer noch, haben Sie ein negatives Selbstbild und tragen es in Ihre intimsten Beziehungen hinein. Aus Unsicherheit fällt es Ihnen schwer, sich selbst als wertvollen, liebenswerten, besonderen Menschen zu sehen. Lieben oder lieben lassen ist nicht einfach, wenn Gefühle wie Verlassensein, Entwertung oder Betrug den Kern Ihres Selbstgefühls ausmachen.

Betrachten wir jetzt, welche Spuren diese frühen Untreueerfahrungen in Ihnen hinterlassen haben mögen.

Die Auswirkungen früherer Treuebrüche auf den untreuen Partner

Sie werden selbst eher eine Affäre haben, wenn einer Ihrer Eltern fremdging. Das mag auf den ersten Blick seltsam klingen. Warum sollten Sie denen nacheifern, die Ihre Welt zerstört haben? Wollen Sie Ihrem Leben denn nicht die Ordnung und Verläßlichkeit geben, die Sie nie erfahren haben? Die Antwort lautet: Ja, natürlich wollen Sie das, aber Sie erwarten nicht, daß es so kommt. Sie haben daher ein Verhältnis, um einen sicheren Abstand zwischen sich und Ihren Partner zu legen und sich vor einer neuen Verletzung zu schützen. Sie haben Ihre Lektion gelernt: Liebe heißt, sich für Schmerz zu öffnen. Treu zu sein, heißt für Sie Abhängigkeit und Verletzlichkeit; untreu zu sein, heißt sich unbesiegbar zu fühlen.

Mike vergaß nie den Tag, an dem sein Vater von zu Hause fortging. Es war an seinem 13. Geburtstag, und er fand seine Mutter weinend am Küchentisch. Drei Wochen später kam sein Vater unangekündigt, um seine Golfschläger und Gucci-Krawatten abzuholen. Seine Mutter erzählte Mike, was ihm sein Vater verschwieg – daß er zu einer anderen Frau gezogen war. Mike hatte nie das Gefühl gehabt, daß sein Vater stolz auf ihn war; jetzt wußte er es sicher. In der Rückschau als Erwachsener erkannte er, daß er sich an diesem Tag geschworen hatte, niemals wieder einen Menschen so bedingungslos zu lieben – und er hielt seinen Schwur. Auch nach der Hochzeit mit Barbara ging er immer wieder fremd.

Eine Affäre kann Sie wie Mike in eine Machtposition hieven – gibt es einen besseren Weg, eine Wiederholung Ihrer kindlichen Empfindungen nach dem Betrug eines Elternteils zu vermeiden, als selbst zu diesem Elternteil zu werden? Durch Identifikation mit dem Aggressor werfen Sie die Opferrolle ab. Nicht Sie sind mehr der Verlassene; jetzt verlassen Sie. Nicht Sie sind mehr der emotional zu kurz Gekommene oder Mißhandelte; jetzt enthalten Sie vor, jetzt mißhandeln Sie. Ihnen kann kein Leid zustoßen; Sie haben es im Griff.

Andrea wußte seit Jahren, daß ihr Vater fremdging und daß ihre Mutter chronisch depressiv war. Sie konnte es kaum erwarten, von zu Hause wegzukommen und sich in die Wärme einer liebevollen, treuen Partnerschaft zu flüchten. Doch eines Abends, aus einem Gefühl der Unwichtigkeit für ihren Verlobten heraus, schrie sie ihn an, fuhr in eine Bar und warf sich einem verheirateten Mann an den Hals. Mit einem raschen nihilistischen Rundumschlag versuchte sie, sich über die Qual ihrer Vergangenheit hinwegzusetzen. »Ich brauche John [ihren Verlobten] nicht, er ist ersetzbar«, sagte sie. »Nachts sind alle Schwänze grau.«

Durch eine Affäre können Sie Ihren Haß auf sich selbst statt auf Ihren treuebrüchigen Elternteil richten – Sie wenden also die Wut, die Sie auf den Menschen haben, der Ihre Familie zerstört hat, gegen sich selbst. Dann müssen Sie den Verlust des Elternteils, der nicht für Sie da war, nicht betrauern. Manchmal ist es leichter und weniger verwirrend, sich selbst zu hassen – sich als schwach, moralisch verkommen, egoistisch, impulsiv, als »Tunichtgut« zu sehen –, statt demjenigen, der Sie verlassen hat, die Stirn zu bieten, insbesondere, wenn Ihre Selbstverachtung Ihnen ein so mangelhaftes Bild von sich zeigt, wie es Ihre Eltern taten. Wenn Sie Ihre Geringschätzung und Ihre Scham gegen sich selbst richten, können Sie die Bindung an den Elternteil, der sich von Ihnen zurückgezogen hat, aufrechterhalten und Ihren Schmerz meistern.

Janet setzte sich nie mit der Wut auf ihren Vater auseinander, der fremdgegangen war, während sich ihre Mutter einer Chemotherapie unterzog. Statt dessen schlief sie mit dem besten Freund ihres Mannes, verwandelte ihre Wut in Scham und richtete sie gegen sich selbst. »Ich habe mich weggeworfen«, sagte sie. Das Problem daran war, daß die nach innen gekehrte Wut sie an jeder echten Beziehung hinderte – zu ihrem Vater, ihrem Mann und sich selbst.

Es ist unwahrscheinlich, daß die *Einstellung* Ihrer Familie zu Untreue Sie zur Untreue veranlaßt hat, doch sie kann die Grundlage dafür gelegt haben. Wenn Sie in einer Umgebung großgeworden sind, für die Ehebruch ein Kavaliersdelikt war – beispielsweise in der Person eines »Schwerenöters« von Onkel oder Großvater –, und Botschaften hörten wie »Jungens sind eben Jungens« oder »Was dein Partner nicht weiß, macht ihn nicht heiß«, ist die Wahrscheinlichkeit größer, daß Sie als Erwachsener fremdgehen. Solche Botschaften »vererben« sich von Generation zu Generation.

Die Auswirkungen früherer Treuebrüche auf den verletzten Partner

Es ist kein Zufall, daß so viele meiner Klienten, deren Eltern Affären hatten, Partner haben, die ebenfalls betrügen. Wenn Sie sich an jemanden ketten, der Sie betrügt, oder diesen Menschen dazu provozieren, erleben Sie noch einmal dieselbe Zurückweisung wie als Kind. Es ist nicht so, daß Sie daran Gefallen fänden; Sie streben nicht bewußt oder absichtlich danach, verlassen zu werden oder Schmerz zugefügt zu bekommen. Aber Sie wählen diesen Menschen womöglich unbewußt. Selbst wenn Ihr Partner an Ihnen hängt, lesen Sie nur das aus seinem Verhalten heraus, worauf Sie »programmiert« wurden, und reagieren dann so, daß sich Ihre Vorurteile bestätigen.

Eddies tyrannischer Vater, ein gewissenloser Don Juan, hatte die Gewohnheit, seinen hypersensiblen Sohn bei jeder Gelegenheit niederzumachen. Mit 20 wurde der Junge in eine Ehe mit einer promiskuitiven, herrischen Frau namens Alison gezwungen. In seiner Beziehung zu ihr wiederholten sich seine früheren Erfahrungen mit »Liebe«: eine Beziehung zwischen Tyrann und Opfer. Nach zweijähriger Ehe und Alisons dritter Affäre hatte er genug Selbstbewußtsein zusammen, um auszubrechen und sie zu verlassen.

Als Eddie sich in Linda verliebte, schwor er, die Muster der Vergangenheit nicht zu wiederholen. Doch er war so daran gewöhnt, beherrscht zu werden, daß er eine wechselseitig unterstützende Partnerschaft gar nicht ertragen konnte. »Das muß Liebe sein«, sagte er zu mir. Doch dann merkte er, daß er Auseinandersetzungen inszenierte, die sein Glück untergruben. Sobald Linda einen anderen Mann auch nur ansah, setzte er sie einem Trommelfeuer von Fragen nach ihrer Treue aus. Allein in meiner Praxis äußerte er sich abfällig über sie und ihre Partnerschaft. »Ich liebe sie eigentlich gar nicht so sehr«, behauptete er. »Sie ist überhaupt nicht attraktiv und hat nichts Besonderes.«

Zugleich beschimpfte Eddie sich selbst, weil er versuchte, das Beste, was ihm je passiert war, kaputtzumachen. Wollte er damit erneut seine Opferrolle gegenüber seinem Vater und seiner Ex-Frau Alison inszenieren? Um Lindas Wert herabzusetzen und sich selbst weniger abhängig, weniger angreifbar fühlen zu können? Um ihre Liebe zu testen? Um sein Bild von sich selbst als einem unsympathischen Menschen zu bestätigen?

Eddie merkte, daß in all diesen Erklärungen eine gewisse traurige Wahrheit steckte und führte Selbstgespräche über sein Verhalten, um ihre Partnerschaft nicht weiter zu vergiften. Es war nicht leicht. Darauf zu vertrauen, daß Ihr Partner Sie liebt und zu Ihnen steht, ist schwer, wenn Sie Ihr ganzes Leben lang das Gegenteil gelernt haben.

Die Geschichte wiederholt sich

Manchmal ähneln sich die Umstände, unter denen Sie als Kind und als Erwachsener betrogen wurden, auf unheimliche Weise. Ich glaube nicht, daß die Menschen dazu verdammt sind, alte Muster zu wiederholen oder sie absichtlich wiederzuerschaffen, aber sie laufen doch mit beunruhigender Regelmäßigkeit ab. Es folgen zwei typische Erfahrungen zweier meiner Klientinnen:

Kurz bevor Lauri geboren wurde, teilte ihr Vater ihrer Mutter mit, daß er sie wegen einer anderen Frau verlassen werde. Lauri wuchs bei einer Mutter heran, bei der später eine Schizophrenie diagnostiziert wurde. 34 Jahre später, als Lauri mit ihrem dritten Kind im neunten Monat schwanger war, verkündete ihr ihr Mann, er habe sich in eine andere Frau verliebt und werde sie verlassen. In der Klinik brachte Lauri ihre Tochter allein zur Welt und nahm sie mit einem makabren Déjà-vu-Gefühl mit in ein vaterloses Heim.

Stephanie wuchs bei einer alkoholkranken Mutter und einem untreuen Vater auf. Als junge Erwachsene spielte sie ihren Eltern gegenüber deren Rolle und hielt ihnen oft Moralpredigten wegen ihres Verhaltens. Um von ihnen wegzukommen, verlobte sie sich mit Hal, um dann feststellen zu müssen, daß er Alkoholiker und mit einer anderen Frau in einer anderen Stadt verlobt war. Nun hielt sie ihm Moralpredigten.

Unabhängig von den Ähnlichkeiten zwischen den Affären Ihres Partners und Ihrer Eltern geht Ihre heutige Verletzung wahrscheinlich tiefer und reißt alte Wunden in Ihnen wieder auf, wenn Sie früher in Ihrem Leben bereits unter Betrug zu leiden hatten. Das heißt nicht, daß Ihre Verletzung heute nicht echt oder tief wäre, sondern daß sie durch das frühere Trauma verstärkt wird. Dieses Trauma müssen Sie gesondert anerkennen und angehen. Sie können heute Ihre Partnerschaft nicht wieder aufbauen, wenn Sie den Schaden der Vergangenheit nicht abstreifen.

Übung

Ich rate Ihnen dringend, sich gegenseitig Ihre Kindheitserfahrungen mit Untreue anzuvertrauen. Sprechen Sie darüber, wie es Ihnen damals erging und inwiefern Ihre

Erfahrungen Sie heute daran hindern, sich selbst zu schätzen und in Ihrer Partnerschaft Geborgenheit und Vertrauen zu erleben. Die Affäre wird zwar nicht weniger schlimm, wenn Sie Ihre persönliche Geschichte preisgeben, aber Sie können dann die Tiefe und Intensität Ihrer Reaktionen besser verstehen und sich einander näher fühlen – eher als Verbündete denn als Feinde.

Ich lege Ihnen auch dringend nahe, mit Ihren Kindern in altersgemäßer Weise über die Affäre zu sprechen. Fordern Sie sie auf, ihren Gefühlen Ausdruck zu geben – ihrem Kummer, ihrer Wut, ihrer Verwirrung –, und setzen Sie sich dem aus. Wenn Sie den Schmerz Ihrer Kinder anerkennen können – indem Sie bereitwillig zuhören, ohne Verteidigung oder Abwehr –, helfen Sie ihnen, ähnliche Fehler zu vermeiden, wenn sie erwachsen sind. Entschuldigen Sie sich für den Kummer, den Sie verursacht haben, dafür, daß Sie nicht für sie da waren und nicht auf sie eingingen. Sprechen Sie über sich in dem Wissen, daß Ihr Partner dasselbe tut. Bieten Sie Ihren Kindern an, das Thema so oft anzusprechen, wie diese es brauchen. Zeigen Sie ihnen Ihren Schmerz oder Ihre Hoffnung für die Zukunft Ihrer Familie. Später können Sie dann mit ihnen darüber sprechen, inwiefern Sie persönlich zu Ihren Eheproblemen beigetragen haben. Sie können ihnen auch von Ihren eigenen Erfahrungen mit Untreue als Kind und Ihrer Prägung dadurch erzählen.

Um die Verletzungen durch frühere Treuebrüche zu heilen und Ihre Partnerschaft voranzubringen, empfehle ich Ihnen, die Vergangenheit von der Gegenwart zu trennen und den Groll aufzuarbeiten, den Sie gegen die Person, die Sie als Kind betrogen hat, noch hegen. Sie können dieser Person beispielsweise einen Brief schreiben und ihn so oft wie nötig überarbeiten, bis er genau das ausdrückt, was Sie sagen wollen. Wenn die Person noch lebt, können Sie den Brief sogar abschicken. Absicht ist nicht, eine mitfühlende Reaktion zu erhalten – wenn dies eintritt, ist das großartig, aber seien Sie auf gar kei-

ne, eine abwehrende oder eine feindselige gefaßt –, sondern sich selbst das ganze Spektrum Ihrer Gefühle bewußtzumachen und Frieden mit der Vergangenheit zu schließen.
Es folgt ein Brief eines meiner Klienten namens Mike an seinen untreuen Vater, fast drei Jahrzehnte nach der Affäre verfaßt. Mike brach so den stummen Schwur, niemals wieder einen Menschen nahe an sich herankommen zu lassen.

Lieber Paps,
Ich habe fast 30 Jahre gewartet, bis ich darüber sprechen wollte, daß Du Mama und mich verlassen hast. Ich hoffe, es ist nicht zu spät, mit Dir darüber zu reden. Ich schreibe Dir nicht, um Dir Vorwürfe zu machen oder Schuldgefühle einzuflößen; ich hoffe vielmehr, daß wir einander besser verstehen können, wenn wir darüber sprechen, und vielleicht einige der Risse flicken, die noch zwischen uns klaffen.
Paps, ich wollte Dich immer fragen, warum Du gegangen bist, ohne mit mir zu reden, warum Du so lange weggeblieben bist, wieso Du nicht wußtest oder wieso es Dir gleichgültig war (so schien es), was das für mich bedeutete. Ich hatte das Gefühl, Dir völlig unwichtig zu sein. In Wahrheit hatte ich eigentlich immer das Gefühl, ich würde nicht genug leisten, als daß Du stolz auf mich sein könntest. Kannst Du mir erklären, warum Du so gehandelt hast? Wie auch immer die Erklärung ausfällt, sie ist wahrscheinlich nicht so schlimm wie das, was ich für wahr gehalten habe.
Ich werfe Dir nicht vor, daß Du gegangen bist, daß Deine Ehe unglücklich war, nicht einmal, daß Du die Sache nicht mit Mama durchstehen konntest. Ich bin jetzt seit 22 Jahren verheiratet; ich weiß, wie schwer es ist, eine Ehe zusammenzuhalten. Ich habe in vieler Hinsicht versagt. Ich bin sogar selbst untreu gewesen.
Jahrelang konnte ich mir nicht eingestehen, welche Wut ich auf Dich hatte, weil Du mich verlassen hast, weil Du mir so wenig gezeigt hast, daß Du mich liebst oder stolz auf mich

bist, weil Du mich dazu gezwungen hast, mich um Mama zu kümmern. Aber ich habe eingesehen, zumindest zu meinem eigenen Selbstschutz, daß das, was Du getan hast, nichts mit mir zu tun hatte – daß ich nur ein Kind war, daß ich nichts Falsches gemacht hatte, daß ich nicht irgendwie mangelhaft war. Ich habe gelernt, das Geschehene nicht mehr so persönlich zu nehmen.

Als ich 13 war und Du gegangen bist, beschloß ich, nie wieder jemanden an mich heranzulassen und nie wieder jemanden zu lieben. Ich habe mein Versprechen gehalten. Doch seit kurzem, seit [meine Frau] Barbara hinter meine Affären gekommen ist, sprechen wir ehrlich miteinander, und ich habe allmählich den Eindruck, daß ich sie nicht mehr so auf Abstand halten muß und daß ich kein so kontrolliertes und isoliertes Leben mehr führen möchte. Ich biete ihr die Hand, wie ich heute Dir die Hand biete.

Wenn Du antworten willst, würde ich sehr gerne von Dir hören. Wenn Du nicht kannst, möchte ich Dir nur sagen – und ich möchte es vor allem für mich laut sagen –, daß ich meine Energie nicht mehr darauf verwenden werde, zu leiden, mich unsicher zu fühlen, die Welt auf Abstand zu halten. Ich verzeihe Dir, wegen des Kummers, unter dem Du gelitten haben mußt, als Du gegangen bist. Ich verzeihe Dir sogar, wie Du gegangen bist. Ich wünsche Dir, daß Du jetzt ein besseres Leben führst. Ich wünsche jetzt auch mir ein besseres Leben.

Übrigens, die Kinder machen sich prächtig. Ich würde mich freuen, wenn Du Dich mit ihnen beschäftigst. Ich bin sicher, sie möchten Dich auch gerne besser kennenlernen.

In Liebe, Mike

Der Flip-Flop-Faktor: Wie die Eigenschaften, die Sie an Ihrem Partner nicht mögen, mit denen zusammenhängen, die Sie mögen oder beneiden und die Ihnen fehlen

Wenn die Desillusionierung einsetzt, blenden Sie wahrscheinlich die positiven Eigenschaften Ihres Partners aus und konzentrieren sich ausschließlich auf die schlechten. Vielleicht vergessen Sie sogar völlig, daß es je positive gab. Wenn Sie beide es schaffen wollen, müssen Sie lernen, daß die Eigenschaften, die Sie an Ihrem Partner mögen und nicht mögen, jeweils Kehrseiten derselben Medaille sind, daß Sie nicht die einen ohne die anderen haben können und daß Ihre Unzufriedenheit genausoviel über Ihre unbewältigten inneren Konflikte aussagen kann wie über Ihren Partner.

Becky fühlte sich anfangs von Steves Stabilität angezogen, stieß sich aber mit der Zeit immer mehr an seiner mangelnden Spontaneität. Sie übersah dabei, daß die beiden Eigenschaften im selben Wesenszug wurzelten. Das Problem war nicht, daß er sich geändert hatte, sondern daß sie demselben Verhalten unterschiedliche Bedeutungen übergestülpt hatte; am einen Tag liebte sie die Sicherheit und die Ordnung, die er ihrem Leben gab, am anderen haßte sie es, wie sehr sie sich durch ihn eingeschränkt fühlte. Als sie auf das Chaos ihrer Kindheit zurückblickte – ihre Mutter war drogenabhängig, ihr Vater hatte manische Episoden –, erkannte sie, daß die Eigenschaften, die sie an ihrem Mann kritisierte (seine mangelnde Flexibilität, seine Freudlosigkeit) mit denen zusammenhingen, die sie an ihm schätzte (seine Berechenbarkeit, seine Zuverlässigkeit) und die ihr fehlten.

Vicki versuchte ihre ganze Kindheit lang, ihren überkritischen Eltern alles recht zu machen. Im College fühlte sie sich zu einem Mann hingezogen, der anders als sie selbst völlig unabhängig zu sein schien. Nach ihrer Heirat ging sie nur auf seine Bedürfnisse ein und ermutigte ihn, die ihrigen zu ignorieren. Nach kurzer Zeit fühlte sie sich überfordert und allein gelassen, genau wie sie sich zu Hause gefühlt hatte. Jetzt sah sie die Eigenschaften ihres Partners anders. Was ihr als Selbständigkeit erschienen war, betrachtete sie jetzt als Egoismus. Was ihr als Unabhängigkeit erschienen war, betrachtete sie jetzt als Reserviertheit.

Ich nenne dieses Phänomen – ein bestimmter grundlegender Persönlichkeitszug löst sowohl das aus, was Sie an Ihrem Partner lieben, als auch das, was Sie hassen – den Flip-Flop-Faktor. Die Eigenschaften, die Sie als negativ betrachten, stehen auf der »Flop«-Seite der Gleichung. Die Eigenschaften, die Ihnen in der Anfangszeit attraktiv erschienen oder heute noch erscheinen, stellen die »Flip«-Seite dar. Wenn Sie sie in zwei Spalten nebeneinander anordnen, werden Sie entdekken, daß keine Seite für sich besteht, daß das »Gute« unweigerlich mit dem »Schlechten« zusammengehört und daß die Eigenschaften, die Sie abstoßen, Sie aus einem anderen Blickwinkel betrachtet auch anziehen. Es folgen einige negative Züge, die Sie vielleicht einmal als positiv erlebt haben:

Negative Züge (»Flop«-Seite)	***Positive Züge (»Flip«-Seite)***
mangelnde Spontaneität, Leidenschaft und Abenteuerlust, langweilig	stabil, verläßlich, ausgeglichen, zufrieden
sucht ständig Lob; nicht selbstbewußt, unfähig, schwach	rücksichtsvoll, aufmerksam, anpassungsfähig
geistesabwesend, mit sich selbst beschäftigt, verantwortungslos	kreativ, flexibel, spontan
freudlos, zwanghaft, materialistisch, gehetzt	diszipliniert, produktiv, leistungsfähig, verantwortungsbewußt, erfolgreich

zu kurz gekommen, bedürftig, sexbesessen	ungehemmt, sexuell, leidenschaftlich
unkommunikativ, heimlichtuerisch, unlebendig	ruhig, still, geheimnisvoll
narzißtisch, aufmerksamkeitsheischend	umgänglich, gewandt, gesellig
deprimierend, lästig	tiefgründig, gedankenreich
dumm, oberflächlich	liebt das Vergnügen, kapriziös
erdrückend aufdringlich, bedürftig, kontrollierend	aufmerksam, großzügig, teilnehmend
kalt, zurückgezogen, lieblos	unabhängig, zuversichtlich, stabil, stark, selbstbewußt
hysterisch, instabil	expressiv, liebevoll
arrogant, herrschsüchtig	gebieterisch, kompetent

Sie sollten einsehen, daß Ihre unbewältigten persönlichen Konflikte Sie dazu bringen, bei der Flop-Seite zu verweilen und mit niemandem, auch nicht Ihnen selbst, jemals zufrieden zu sein. Maggie Scarf schildert den Mechanismus der »projektiven Identifikation«, mit dem wir »unsere verleugneten, verdrängten, abgespaltenen Gefühle«[3] bewältigen: Was am eigenen Selbst inakzeptabel war, wird am Partner unerträglich. Der Krieg im Innern jedes Partners verwandelt sich zu einem Krieg zwischen den Partnern. Und jeder glaubt, daß Frieden und Harmonie möglich wären, wenn nur der andere sich änderte. Mit anderen Worten, die Eigenschaften, die Sie an Ihrem Partner ablehnen, können mit denen zu tun haben, die Sie an sich selbst hassen oder die Ihnen fehlen und um die Sie Ihren Partner beneiden.

Die Geschichte von Keith und Michelle erhellt diesen Zusammenhang. Keiths Vater tat alles, um harte Arbeit zu vermeiden und sprang von einem katastrophalen Werde-schnell-reich-Plan zum nächsten. Keith war wütend auf seinen Vater, weil er sich vor seiner Verantwortung drückte, und identifizierte sich mit seiner Mutter, die die Familie mit ihrem Verdienst zusammenhielt. Liebe war für Keith ein anderes Wort für Aufopferung.

Als Erwachsener war Keith leistungsmotiviert, zielstrebig, ehrgeizig. Doch obwohl er rasch und erfolgreich von Punkt A nach Punkt B gelangen konnte, hatte er oft das Gefühl, es fehle etwas. »Ich bin zu oft gehetzt und reizbar«, sagte er. »Das Leben macht einfach keinen Spaß.«

Was Keith an Michelle ursprünglich angezogen hatte, war ihre Unbeschwertheit, ihre Wärme, ihre Gabe, den Augenblick zu genießen und mit ihrem Teil zufrieden zu sein – Eigenschaften, die er an sich vermißte. Doch binnen kurzem blieb er an der Flop-Seite dieser Eigenschaften hängen. Was ihm früher an ihr spontan vorgekommen war, schien jetzt verantwortungslos; was einmal fröhlich und unbeschwert gewirkt hatte, wirkte jetzt undiszipliniert. Er ärgerte sich, daß er sie und ihre Photographiererei unterhalten mußte. Wenn sie sich vergnügen konnte, warum dann nicht auch er? Er setzte seine Ansicht in die Tat um und mietete ein Apartement für seine »langen Arbeitstage im Büro« mit der Frau eines Nachbarn. Hier sprang er zum erstenmal über den Schatten seines übermäßig gewissenhaften, gehemmten Selbst. Er wollte seine Ehe nicht zerstören, wußte aber nicht, wie er seine häusliche Situation verbessern sollte. Als Michelle es herausfand – sie sah, daß er große Summen von Geldautomaten abhob, und stellte ihn zur Rede –, begann Keith, sich selbst zu erforschen. Er entdeckte, daß seine Unzufriedenheit genausoviel über ihn selbst wie über Michelle aussagte.

»Ich weiß jetzt, daß sie nicht die Quelle meines Unglücks ist oder die einzige, die sich ändern muß«, erklärte er mir. »Mein Vater war für uns eine finanzielle Last, und ich will nicht, daß meine Frau auch eine ist. Aber ich weiß, daß ich da überempfindlich bin, daß Michelle nicht mein Vater ist und daß sie gut ist für mich – sie bringt mich zum Lachen und zeigt mir, daß das Leben mehr ist als Geldverdienen.«

Keith wollte nicht, daß die seiner Meinung nach störenden Eigenschaften Michelles ihre Partnerschaft vergifteten, und bemühte sich herauszufinden, was an ihnen er anziehend fand. »Es wird mich immer stören, wie sie sich vor Verantwortung drückt«, sagte er, »wie sie heimkommt und statt die Lebensmittel zu verstauen oder den Anrufbeantworter abzuhören, ihre Freundinnen anruft oder sich eine neue CD anhört. Aber ich habe akzeptiert, daß ich das eine nicht ohne das andere haben kann, und obwohl ich es nicht leiden kann, wie undiszipliniert sie ist, bewundere ich, wie sie das Leben genießt, anders als ich.«

Um seine neuen Einsichten zu vertiefen, erstellte Keith eine zweispaltige Liste; in eine Spalte schrieb er, was ihn störte, in die andere, was er an denselben Merkmalen bewunderte oder beneidete.

Michelles negative Züge	***Michelles positive Züge***
trödelt	lebt für den Augenblick
hat keine Disziplin	spontan
kein Interesse am Geldverdienen	beziehungsorientiert
schlampig	unbeschwert
verantwortungslos, verschwenderisch	sorglos
naiv	optimistisch
erwartet, daß sie versorgt wird; verwöhnt	verbessert unsere Lebensqualität in nichtfinanzieller Hinsicht

Befassen wir uns jetzt mit Michelle. Auch sie war mit der Ehe nicht ganz glücklich. Zwar war Keith fremdgegangen, doch

auch sie hatte mehr als einmal davon geträumt, mit einem fremden Mann zu schlafen.
Michelles Mutter, die als Kind viel Verantwortung zu tragen gehabt hatte, ermunterte ihre Tochter, für den Augenblick zu leben. Michelle war ihr nicht dankbar.
»Meine Mutter erwartete nichts von mir«, beklagte sie sich. »Es war, als ob sie glaubte, daß ich keinen Funken Kreativität hätte, als ob ich nur für die angenehmen Zeiten ihres Lebens taugte.«
Keith zog Michelle an, weil er an ihr künstlerisches Talent zu glauben schien. Er war tatkräftig und dachte unternehmerisch, anders als sie, und half ihr, ihre Energie zu bündeln und zielgerichtet einzusetzen.
Nach drei Jahren trieben sie genau dieselben Eigenschaften fast in den Wahnsinn. »Ich dachte immer, er sei so produktiv«, sagte sie. »Jetzt glaube ich, er ist einfach nur arbeitssüchtig. Er hat mich nicht deswegen zu einer Karriere ermutigt, weil ihm meine Photos gefielen, sondern weil er mich nicht unterstützen wollte.«
Damit Michelle die Flip-Seite von Keiths Zügen – die sie anfangs angezogen hatte – würdigen konnte, bat ich sie, eine Liste seiner negativen Eigenschaften zu erstellen und sie denen zuzuordnen, die sie einmal an ihm geliebt hatte.

Keiths negative Züge	***Keiths positive Züge***
kontrollierend; kann keine Macht abgeben oder Entscheidungen gemeinsam treffen	einfallsreich, kompetent, erfolgreich
zwanghaft, gehetzt, kein Spaß	organisiert, produktiv, konzentriert
unsicher wegen Geld	fördert meine Arbeit
materialistisch	ermöglicht einen hohen Lebensstandard

Die Übung brachte ihr zu Bewußtsein, daß das, was sie ablehnte, mit dem zusammenhing, wovon sie sich immer noch angezogen fühlte, und half ihr, wieder Zugang zu dem zu finden, was sie an ihm mochte. Sie erfuhr dadurch auch, daß das, was sie an ihm ablehnte (sein Materialismus, seine zwanghafte Arbeitsmoral), mit Zügen zusammenhing, die sie an sich immer vermißt hatte (Zielstrebigkeit, Ehrgeiz). Wenn sie mit ihm zufriedener sein wollte, mußte sie sich stärker mit ihren eigenen persönlichen Problemen befassen.
»Meine Mutter ließ mich keinen Tag meines Lebens arbeiten«, berichtete Michelle. »Sie brachte mir bei, daß es mein Recht sei, abhängig zu sein. Keith will die Regeln ändern, und deshalb bin ich sauer auf ihn. Aber ich sehe ein, daß er nicht gemein oder unvernünftig ist, wenn er von mir verlangt, daß ich auch für mein Auskommen sorge.«

Übung

Der Flip-Flop-Faktor kann Ihnen wie Keith und Michelle beibringen, Ihre Unzufriedenheit aus einem anderen Blickwinkel zu betrachten. Er kann Ihnen zeigen, daß ein Partner, der Sie ärgert oder enttäuscht, nicht automatisch auf dem Holzweg oder für Sie der falsche ist und daß Sie beide vielleicht manchmal glauben, schlecht zusammenzupassen, daß auf lange Sicht aber das Gegenteil zutreffen kann. Sie haben sich diesen Menschen – der Ihnen sehr unähnlich sein kann – aus einem bestimmten Grund ausgesucht. Möglicherweise fühlen Sie sich von dem angezogen, was bei Ihnen selbst unzugänglich oder unterentwickelt ist, was Sie beneiden, was Sie selbst nicht ausdrücken können. Dieselben Züge, die Sie kritisieren, sind sehr wahrscheinlich eng mit einer Reihe anderer Züge verbunden, die Sie stärken und Ihnen helfen, über den Schatten Ihres begrenzten Selbst zu springen.

Dies kann Ihnen klarwerden, wenn Sie die folgenden Fragen beantworten:

1. Welche Züge mag ich an meinem Partner nicht?
2. Was sagt es über mich aus, daß ich diese Züge ablehne oder mich darüber ärgere? Stellen sie einen verleugneten Aspekt von mir selbst dar?
3. Wie hängen diese negativen Züge mit solchen zusammen, die ich bewundere und die mich anfangs zu meinem Partner hinzogen?
4. Was sagt es über mich, daß diese Züge meines Partners mich anzogen? Fehlen Sie mir selbst? Beneide ich sie?

Der Flip-Flop-Faktor stellt Sie vor die Herausforderung, Ihre Unterschiede in neuer Weise zu sehen, so daß Sie die hellen und dunklen Seiten der Persönlichkeit Ihres Partners und Ihrer eigenen miteinander versöhnen, sie tolerieren und vielleicht sogar annehmen können.

Die Lebenslinie nachzeichnen: Haben kritische Lebensereignisse Sie zur Zeit der Affäre aus dem Gleichgewicht gebracht?

Wenn Sie untersuchen, welche belastenden Lebensereignisse direkt oder indirekt zu der Affäre beigetragen haben, begreifen Sie vielleicht besser, warum sie gerade zu diesem Zeitpunkt geschah, und fassen Zuversicht, daß Sie etwas Ähnliches in Zukunft verhindern können.
Mit kritischen Lebensereignissen meine ich persönliche Krisen oder andere belastende Umstände, die in Ihnen ein emotionales Ungleichgewicht hervorrufen und den Charakter Ihrer Partnerschaft ändern – etwa die Geburt oder der Tod eines geliebten Menschen oder eine Veränderung des Gesundheitszustandes oder der finanziellen Situation.

Die Auswirkungen dieser Lebensereignisse verstärken sich noch, wenn sie mit Belastungen zusammenfallen, für die Sie besonders anfällig sind. Wenn in Ihrer Kindheit beispielsweise Probleme wie Verlassenwerden oder Zurückweisung eine besondere Rolle gespielt haben, reagieren Sie eher auf den Tod eines Elternteils mit einer Depression, als wenn Sie geschäftliche Verluste erleiden. Wenn jedoch Kompetenz- und Leistungsprobleme im Vordergrund standen, werden Sie eher in diesem Fall depressiv reagieren, als wenn Sie mit einem zwischenmenschlichen Verlust konfrontiert sind.

Diese kritischen Lebensereignisse können das Zusammenleben mit Ihnen als verletztem Partner schwierig machen und Ihren Partner noch weiter von Ihnen wegtreiben. Sie können Sie als untreuen Partner bedürftiger und instabiler, anfälliger für Versuchungen machen. Ihre Affäre kann ein Versuch sein, sich von einer äußeren Krise zu erholen, die Ihr Selbstwertgefühl untergräbt, und daher mehr mit dem zu tun haben, was in Ihnen vorgeht, als mit einem speziellen Problem in Ihrer Partnerschaft.

Es folgen einige verbreitete Belastungen, die einen von Ihnen aus der Bahn werfen und eine Affäre herbeiführen können:

Erkrankung oder Unfall

Sie oder ein Ihnen nahestehender Mensch erkranken ernstlich oder erleiden einen schweren Unfall oder erhalten eine lebensbedrohliche Diagnose. Sie spüren Ihre Verletzlichkeit, Ihre Sterblichkeit. Der Gedanke, daß Sie so vieles noch nicht zustande gebracht oder erlebt haben, flößt Ihnen Angst ein. Oder Sie geraten in Panik, weil Sie fürchten, verlassen zu werden.

Als Barry mit 42 Jahren einen Herzinfarkt erlitt, unterzog er sein Leben einer Prüfung und kam zu dem Schluß, daß ihm

nicht mehr viel Zeit blieb. »Ich möchte noch so viel machen, bevor ich sterbe«, dachte er. Er schloß zum erstenmal seit 20 Jahren sein Büro und begab sich mit seiner jungen Sekretärin auf eine große Europareise.
Tracey erfuhr, daß sie Eierstockkrebs hatte. Ihr Mann Victor spürte plötzlich Entsetzen bei dem Gedanken, sie zu verlieren, so abhängig von ihr zu sein. Er bewältigte diese Gefühle durch eine Affäre, verließ seine Frau, bevor sie ihn verlassen konnte.

Tod

Jemand, den Sie lieben (nicht Ihr Partner), stirbt. Sie leiden tief unter dem Verlust der Unterstützung und des Trostes, die diese Person, die Ihr Partner nicht ersetzen kann, Ihnen gab. Oder Sie fühlen sich befreit vom Urteil dieser Person und zu neuen, bisher unerlaubten Taten.
»Als mein Sohn sich das Leben nahm«, erzählte mir Kate, »fiel es mir leichter, meine Bitterkeit gegen meinen Mann zu richten, statt in Kummer zu ersaufen. Trost suchte ich bei einem anderen.«
»Scheidung war meiner Mutter ein Greuel, und mit ihrer Mißbilligung kam ich nicht zurecht«, erklärte Doug. »Innerhalb einer Woche nach ihrem Tod hatte ich meine Frau verlassen und war zu der Frau gezogen, die ich liebte.«

Entwurzelung

Sie ziehen in einen anderen Ort und leiden unter dem Verlust der vertrauten Umgebung, der Familie, des Freundeskreises. Sie gleichen das durch eine/n Geliebte/n aus. Oder Sie werden so depressiv und zurückgezogen, daß Ihr Partner sich eine/n sucht. Marks Beförderung brachte ihn in eine ganz andere Region. Seine Frau fühlte sich isoliert und verlassen und zog sich von ihm zurück. Mark, der jetzt niemanden mehr hatte, mit dem er seinen Erfolg feiern konnte, fühlte sich ebenfalls isoliert und verlassen und ließ sich mit seiner Assistentin ein.

Statusveränderung

Ihr Machtbereich oder Ihr Einkommen ändern sich. Der Partner, der sich bisher immer abhängig fühlte, gewinnt berufliche Anerkennung oder wird finanziell oder emotional unabhängiger. Der Partner, der bisher immer dominant war, fühlt sich entthront, fürchtet, verlassen zu werden (»Du wirst mich bestimmt verlassen, jetzt wo du nicht mehr abhängig von mir bist«) und stürzt sich in eine Affäre, um sich gebraucht zu fühlen oder die Oberhand zu behalten.
Solange sich Michael seiner Frau überlegen fühlte und Macht über sie hatte, hielt ihre Ehe, so wie sie eben war. Doch als sie die Ursachen seiner Klagen beseitigte – sie nahm 15 Kilo ab und holte ihren Universitätsabschluß nach –, wandte er sich seiner jungen Sprachlehrerin zu, die sein bedrohtes Gefühl von Macht und Bedeutung wieder aufrichtete.

Persönliches Versagen

Sie erleben etwas, das Sie als persönliches Versagen wahrnehmen – den Verlust des Arbeitsplatzes, Unfruchtbarkeit, Bankrott.
Eine Woche nach seiner Entlassung als Investment-Banker stieß Ron in einer Kneipe auf seine Kumpel von der Wall Street und fand sich mit einer Wertpapierhändlerin in einem Motel wieder. »Ich war auf einem Machttrip«, gab er zu. »Ich glaubte, mithalten zu müssen, aber nicht erfolgreich zu sein.«

Übergänge zwischen Lebensabschnitten

Sie treten in einen bedeutenden neuen Lebensabschnitt ein, der den Charakter Ihrer Partnerschaft verändert – Sie werden schwanger. Sie bekommen ein Kind, oder die Kinder gehen aus dem Haus (das »Empty-Nest-Syndrom«).

»Als das Baby geboren wurde«, erinnert sich Dick, »spielte nichts sonst mehr eine Rolle für meine Frau. Ich fühlte mich völlig überflüssig. Also ging ich los und suchte mir einen Ersatz.«

Alkohol und Drogen

Sie oder Ihr Partner werden alkohol- oder drogenabhängig.

»Ich wußte nicht, daß Adam wegen seines Geschäfts depressiv war und sich mit Gin ›kurierte‹, wohl aber, daß er völlig mit sich selbst beschäftigt und nicht an mir interessiert schien. Ich fühlte mich so zurückgewiesen und allein, daß ich es als Kompliment nahm, als sich mein Therapeut mir näherte.«

Den Moment herausfinden: ein Beispiel

Gewöhnlich führt nicht ein einzelnes Ereignis zu der Affäre, sondern mehrere auf einmal. Arbeiten Sie mit Ihrem Partner diese Ereignisse gemeinsam heraus, und sprechen Sie ohne Vorwürfe darüber, inwiefern sie Platz für eine dritte Person schaffen konnten.

Dean und Mary erstellten zu diesem Zweck eine Chronologie ihrer kritischen Lebensereignisse und diskutierten, wie diese ihre Partnerschaft destabilisiert hatten.

Kritisches Lebensereignis	*Reaktion*
Juli Wir zogen von Chicago nach New Haven. Dean trat eine arbeitsintensive Stelle bei einer Gesundheitsbehörde an und arbeitete unter einem Chef, dem er nichts recht machen konnte. Mary stand ohne Familienangehörige oder Freunde da.	*Dean:* »Ich hatte Angst, entlassen zu werden. Ich fühlte mich für Marys Glück verantwortlich und ärgerte mich über diese Last. Ich habe zu viele Jahre lang meine Mutter gestützt, nachdem mein Vater gegangen war, und ich konnte es nicht ertragen, mir das wieder aufzuhalsen.«
	Mary: »Ich fühlte mich allein und ignoriert. Ich schob es Dean zu, mich bei Laune zu halten.«
August–November Mary wollte ein Kind und versuchte, schwanger zu werden.	*Dean:* »Ich machte mit, um sie glücklich zu machen, aber ich war nicht sicher, ob ich wirklich bereit dafür war. Unser Sexualleben wurde zur temperaturgesteuerten Pflicht.«
	Mary: »Das war eine glückliche Zeit für mich. Dean ließ sich nie anmerken, daß er so zwiespältig war.«
Dezember Mary wurde schwanger. Dean besuchte seinen be-	*Dean:* »Ich sah, wie erschöpft mein Freund war

sten Freund, dessen erstes Kind gerade geboren war.

und wie sehr sich sein Leben eingeschränkt hatte. Ich hatte das Gefühl, die Tür schlage hinter mir zu.«

Januar
Marys Bruder erlitt einen schweren Autounfall. Dean feierte seinen 30. Geburtstag.

Dean: »Ich quälte mich wegen all der Dinge, die ich nie sehen oder tun würde.«

Mary: »Ich verbrachte viel Zeit im Krankenhaus bei meinem Bruder. Ich war wirklich nicht für Dean da.«

Februar
Mary hatte eine Fehlgeburt.

Dean: »Ich war fast erleichtert. Ich glaubte nicht, daß ich für mich selbst sorgen konnte, geschweige denn für eine Familie.«

Mary: »Ich fühlte mich mangelhaft und war demoralisiert und zog mich von Dean zurück.«

April
Dean hatte eine Affäre.

Dean: »Ich fühlte mich frei, tüchtig, voll Macht – wieder ganz der alte tolle Kerl.«

Sich über diese kritischen Lebensereignisse klarzuwerden, entschuldigte Deans Affäre in Marys Augen nicht, doch sie konnte sie danach weniger persönlich nehmen. Das Wissen, daß sie nur ein Teil des Problems war, nahm ihr eine Last von

den Schultern und gab ihr die Zuversicht, die sie für das Risiko, Dean wieder zu lieben, brauchte. Dean wiederum sah ein, daß seine Unzufriedenheit weniger mit Mary zu tun hatte als mit den Belastungen seines neuen Lebens und mit seinen unbewältigten Verantwortungsproblemen aus der Vergangenheit.
Durch die Übung erfuhren sie zudem – wie auch Sie es erfahren können –, daß das Leben selbst der Feind sein kann, daß die alltäglichen Belastungen sich gegen uns alle verschwören und daß wir gegen sie, nicht gegeneinander gemeinsame Sache machen müssen.

Geteilte Verantwortung: eine Veränderungsübung

Diese Übung ist ein Veränderungsrezept. Sie hilft Ihnen, die abstrakten Begriffe, die wir in diesem Kapitel besprochen haben, ganz konkret und lebensnah anzuwenden, wenn Sie nicht wissen, wie Sie sich verhalten sollen. Sie zeigt Ihnen, wie Sie sich verändern müssen, um mit Ihren Unterschieden zurechtzukommen und die Gefahr zu verringern, daß einer von ihnen wieder fremdgeht.
Es genügt nicht, Ihre Handlungsweise zu verändern; wenn Sie alte Muster überwinden wollen, müssen Sie auch Ihre Denk- und Empfindungsweise ändern. Ich habe daher diese Übung in drei verschiedene und absichtlich vereinfachte Kategorien unterteilt:

1. Die Verhaltenskomponente – die Art, wie Sie mit Ihrem Partner umgehen.
2. Die kognitive Komponente – die Bedeutungen und Erklärungen, die Sie Ihren Interaktionen beimessen.
3. Die emotionale Komponente – was Sie Ihrem Partner gegenüber empfinden.

Schritt für Schritt lernen Sie:

- zu erkennen, was an Ihrem Verhalten Ihren Partner ärgert oder provoziert.
- zu erkennen, welche Gedanken und Wahrnehmungen hinter Ihrem Verhalten stehen.
- zu erkennen, welche Veränderungen sich Ihr Partner von Ihnen wünscht.
- eine Einstellung oder einen Blickwinkel zu entwickeln, der diese Veränderungen für Sie akzeptabel macht.
- zu beobachten, wie sich Ihre Gefühle ändern, wenn sich Ihr Verhalten und Ihre Einstellungen ändern.

Sie führen diese Übung durch, indem Sie Ihre Reaktionen auf diese Fragen aufschreiben oder sie durchdenken. Sie können dies gemeinsam oder jeweils für sich tun. Um zu erläutern, worauf es mir ankommt, habe ich eine Fallstudie beigefügt, an der Sie sich orientieren und die Sie an Ihre Situation anpassen können.

Der Auslöser

Was ist wirklich passiert? Bleiben Sie bei den Fakten; interpretieren Sie nicht, was diese für Sie bedeuten.

Fallstudie

Bis zum dritten Tag ihres Skiurlaubs hatte Keith kein Interesse an Sex gezeigt. Er bestand darauf, daß sie jeden Morgen um sieben Uhr aufstanden, um gleich an der Piste zu sein. Michelle wäre an manchen Tagen lieber im Bett geblieben, um mit ihm zu schlafen, aber sie machte mit. Sie hätte gern irgendwo ausgiebig gefrühstückt, aber da sie wußte, wie verstimmt er dann sein würde, sagte sie nichts und kaufte sich auf der Fahrt zum Lift irgendwas an einer Tankstelle.

Schließlich schrie sie ihn an: »Ich weiß nicht mal, warum du wolltest, daß ich diesen Urlaub mitmache. Ich falle dir anscheinend doch nur zur Last! Du willst nur das tun, was du willst. Ich komme mir vor, als ob ich eine Fremde für dich wäre.« Keith fuhr einfach nur weiter.

Den Konflikt festnageln

Ihr Verhalten: Womit haben Sie Ihren Partner verletzt?

Fallstudie

Keith: »Ich habe mich ganz darauf konzentriert, möglichst viel aus der Sache herauszuholen, und Michelles Bedürfnisse ignoriert oder abgetan; ich habe keine Zeit für Intimität vorgesehen.«
Michelle: »Ich habe meine Bedürfnisse selbst übergangen, habe Keiths Plan mitgemacht und bin dann explodiert.«

Ihre Erkenntnis: Welche Gedanken oder Annahmen brachten Sie zu Ihrem Verhalten?

Fallstudie

Keith: »Die Skipässe sind teuer, deshalb sollten wir so viel Skifahren wie möglich. Michelle ist morgens so langsam. Sie will wahrscheinlich irgendwo frühstücken, aber wenn ich nichts sage, verzichtet sie vielleicht darauf. Wie bei Sex, das kommt später.«
Michelle: »Keith wäre bestimmt lieber mit seiner Jane [seiner Ex-Geliebten] zusammen – ich reize ihn sexuell nicht, und er liebt mich nicht. Es ist ihm egal, was ich will. Ich habe keine Stimme in dieser Partnerschaft.«

Ihre Gefühle: Wie fühlten Sie sich bei diesem Konflikt? Schätzen Sie jede Emotion einzeln auf einer Skala von 1 bis 100 Prozent ein.

Fallstudie

Keith: »Ungeduldig 100%, gestört 90%, belästigt 100%, ängstlich 80%.«
Michelle: »Mißachtet 90%, ungeliebt 100%, verärgert 100%, bevormundet 90%.«

Den Konflikt lösen

Ihr Verhalten: Welche spezifischen Verhaltensänderungen wünscht sich Ihr Partner von Ihnen? Inwiefern würde Ihr Partner gerne anders behandelt werden?

Fallstudie

Keith: »Michelle möchte mich bremsen. Ich soll sie fragen, was *sie* tun will. Unsere Pläne so machen, daß sie zu unser beider Interessen passen. Sie will, daß ich etwas ohne Unmut für sie tue und ohne das Gefühl zu haben, daß ich mich aufopfere. Sie will, daß ich lerne, ihre Nähe zu genießen. Daß ich Platz für Intimität schaffe.«
Michelle: »Keith will, daß ich ihm sage, was ich brauche, statt seine Pläne mitzumachen, mich mißachtet und bevormundet zu fühlen und dann auf ihn einzuschlagen. Wenn ich beschließe, zu tun was er will, will er, daß ich es ihm nicht vorhalte. Er möchte auch, daß ich verstehe, daß seine Zwanghaftigkeit nichts mit seiner Liebe zu mir zu tun hat, sondern nur mit seiner Person.«

Ihre Erkenntnis: Welche Einstellung oder welchen Blickwinkel müssen Sie gewinnen, damit Sie diese Veränderungen bereitwillig vornehmen können?

Fallstudie

Keith: »Ich muß aufhören, Intimität durch Aktivität, Nähe durch Machen zu ersetzen. Von meinen Eltern habe ich wenig über Zuneigung gelernt. Ich muß darüber nachdenken, was ich in meiner Ehe mit Michelle anders haben möchte. Ich weiß, daß ich nach dem Skifahren zu müde für Sex bin, deshalb sollte ich es morgens machen oder mich tagsüber nicht so verausgaben. Ich habe sie betrogen, und jetzt braucht sie es, daß ich sexuelles Interesse an ihr zeige und ihr das Gefühl gebe, begehrenswert zu sein. Aber ich betrüge mich selbst, wenn ich glaube, ich tue das nur für sie. Wenn ich mir die Zeit für Sex nehme, bin ich meistens froh darüber.

Ich habe meine Kindheit geopfert, um für meine Eltern zu sorgen, deshalb stinkt es mir, für andere einschließlich Michelle etwas zu tun. Aber ich irre mich, wenn ich jede Anpassung als Opfer sehe. Das ist nicht nur mein Urlaub.«

Michelle: »Ich kenne Keith. Er will für sein Geld möglichst viel bekommen. Ich tue mir selbst weh, wenn ich sein Verhalten persönlich nehme. Er liebt mich und genießt es, mit mir zu schlafen. Er kann einfach nur nicht innehalten oder langsamer machen. Er weiß, daß er dazu neigt, sich zu hetzen, und das mag er an sich auch nicht besonders. Manchmal bewundere ich ihn, wie zielstrebig und effektiv er ist, und freue mich über seine Hilfe, meinen Laden in die Gänge zu kriegen.

Ich tue Keith keinen Gefallen, wenn ich ja und amen zu seinen Plänen sage und meine eigenen ignoriere und ihn dann

dafür hasse, daß er mich schikaniert. Wenn mir soviel am Frühstück liegt, muß ich ihm sagen, daß er erst eine halbe Stunde später zu den Abfahrten kann.
Wenn ich mich mißachtet fühle, wie früher als Kind, neige ich dazu, es zu unterdrücken und dann zu explodieren. Aber wenn ich Keith anschreie, setze ich mich ins Unrecht und mache es ihm leicht, mich zu übergehen. Ich muß ruhig, aber bestimmt sprechen. Wenn ich schreie, verschließt er die Ohren.«

Nach dieser Übung merkten Keith und Michelle, daß ihre negativen Gefühle sich abgeschwächt hatten.
Ihre Gefühle: Wie fühlen Sie sich jetzt?

Fallstudie

Keith: »Ungeduldig 60%, gestört 30%, belästigt 90%, ängstlich 40%.«
Michelle: »Mißachtet 50%, ungeliebt 25%, verärgert 40%, bevormundet 30%.«

Sie müssen wie Keith und Michelle einen Schritt von dem speziellen Gehalt Ihrer Auseinandersetzung zurücktreten und untersuchen, wie er sich in ein umfassenderes Konfliktmuster einfügt. Die meisten Paare streiten während ihres ganzen gemeinsamen Lebens nur über einige wenige Themen. Die Einzelheiten ändern sich, aber der Konflikt ist fast immer eine Variation eines der abgedroschenen Probleme, für die Sie in Ihrer Kindheit sensibilisiert wurden. Wie so viele der Paare in meiner Praxis sind Sie wahrscheinlich verblüfft, wie oft diese Themen sich wiederholen – daß Sie Ihren Partner immer wieder in derselben fehlangepaßten Weise wahrnehmen und mit ihm interagieren und unabhängig vom Streitgegenstand immer wieder dieselben schmerzlich vertrauten Gefühle erleben. Keith beispielsweise erkannte seine Tendenz, Produktivität über Intimität zu setzen, jede Anpassung als Opfer aufzufassen und sich emotional zurückzuziehen. Michelle fiel auf, daß sie dazu neigte, Einschränkungen und Zeitpläne zu verabscheuen, sich unbeachtet oder nicht geschätzt zu fühlen und ihre Gefühle zu übergehen und dann zu explodieren.

Keith und Michelle lernten durch Teilen der Verantwortung – wiederkehrende, störende Gedanken und Verhaltensweisen dingfest zu machen, konkrete Alternativen auszuarbeiten und neue »Drehbücher« zu schreiben –, mit diesen Konflikten umzugehen und sie manchmal zu überwinden. Das verlangte von ihnen harte Arbeit, Engagement, Selbstbewußtheit, Offenheit und Reife. Es kam nicht von selbst. Doch als jeder von beiden – zum Nutzen ihrer Partnerschaft und eines besser integrierten Selbst – Veränderungen einführte, rief er damit positivere Reaktionen beim jeweils anderen hervor, und dadurch stärkte sich ihre Bindung aneinander.

Ich hoffe, daß auch Sie daran arbeiten, sich selbst und Ihren Partner besser zu verstehen, daß Sie Ihr gemeinsames Wissen zusammenwerfen, daß Sie einander Ihre Begrenzungen und schädigenden Kindheitserfahrungen nachfühlen und nachsehen und eine bessere gemeinsame Zukunft planen können, wenn Sie sich besser bewußt werden, was für ein Mensch Sie sind und was für einer Sie werden wollen. Kurzum, ich hoffe, Sie teilen sich in die Verantwortung dafür, in Ihrer Partnerschaft mehr Zufriedenheit und Liebe zu empfinden.

Wenden wir jetzt unsere Aufmerksamkeit von dem in der Vergangenheit Gelernten, von den Gründen für die Affäre ab und ihrer Überwindung zu. Das nächste Kapitel befaßt sich mit der ganz konkreten Aufgabe, das Vertrauen wiederherzustellen.

Kapitel 6
Das Vertrauen wiederherstellen

> Ein Herz ist kein Geschenk, doch gibt sich leicht, wenn man nicht nur auf Schönheit sinnt.
>
> William Butler Yeats
> *Ein Gebet für meine Tochter*

Vertrauen ist kein Geschenk. Man muß es sich verdienen, und zwar nicht mit verbalen Versicherungen allein, sondern mit spezifischen Verhaltensänderungen. Als untreuer Partner müssen Sie Ihrem Partner durch beherzte, konkrete Handlungen beweisen: »Ich habe mich für dich entschieden. Du bist bei mir sicher.« Als verletzter Partner müssen Sie bereit werden, Ihrem Partner wieder zu vertrauen und seine Bemühungen um Ihr Vertrauen bekräftigen. Sie können ihn nicht immerzu bestrafen, nicht ewig kalt und distanziert sein, sonst wird Ihr Partner seine Anstrengungen aufgeben. Sie müssen genau festlegen, was Ihr Partner für Sie tun kann, und ihm quasi eine Straßenkarte für den Weg zurück in Ihr Leben geben.

Wenn ich von Vertrauen spreche, meine ich natürlich Ihre Überzeugung, daß Ihr Partner Ihnen treu bleibt. Doch es gibt noch eine andere Art Vertrauen, die für Sie beide ebenfalls wichtig ist – das Vertrauen, daß Ihr Partner, wenn Sie den Weg zurück in die Partnerschaft finden, auf Ihre Klagen eingeht und Sie Ihre Entscheidung nicht bereuen müssen.

Im ersten Teil dieses Kapitels lernen Sie, Ihr Verhalten so zu verändern, daß sich beide Arten von Vertrauen wieder einstellen. Der zweite Teil stellt einige verbreitete Überzeugungen in Frage, die vertrauensbildendes Verhalten sabotieren. Wenn Sie beide Schritte tun – Ihr Verhalten ändern und Ihren Widerstand gegen die Veränderung überwinden –, steigern Sie beträchtlich Ihre Chancen, die Affäre hinter sich zu lassen und wieder eine liebevolle Partnerschaft aufzubauen.

Teil 1: Verhaltensänderung

Wenn Sie Ihr Verhalten gegenüber Ihrem Partner ändern wollen, müssen Sie manchmal vielleicht so tun, *als ob* Sie mehr Liebe, Geborgenheit oder Vergebung empfänden als in Wirklichkeit. Wenn Sie warten wollen, bis die Zuneigung von selbst wiederkommt, können Sie lange warten. Kapitulieren Sie vor Ihren Zweifeln und Ängsten, kann Ihre Partnerschaft kaputtgehen. Verändern Sie zuerst Ihr Verhalten – handeln Sie bewußter und positiver –, dann stellt sich die Liebe sicherlich wieder ein.
Früher sind Sie vielleicht abends nach Hause gekommen, murmelten ein Hallo, durchsuchten stumm die Post und gingen, um sich die Hände zu waschen oder zu telefonieren. Sie haben Ihren Partner nicht unbedingt übergangen – Sie wollten sich nach einem langen Arbeitstag einfach nur entspannen. Doch jetzt, in den Nachwehen der Affäre, müssen Sie zugunsten einer fürsorglicheren Partnerschaft mehr tun. Wie der Choreograph eines intimen Pas de deux müssen Sie genau planen, was sich zwischen Ihnen beiden abspielen soll, und dafür sorgen, daß es geschieht. Sie müssen über das reden, was Ihnen wichtig ist, und wieder lernen, Ihrem Partner durch Ihr Verhalten zu sagen: »Ich mag dich. Du bist mir wichtig.« Das hört sich nach einer Menge Arbeit an, und genau das ist es auch. Doch wahrscheinlich erfordert es viel weniger Zeit und Mühe, als Sie mit Streiten vergeuden würden.

Sie beide können vieles tun, um das Vertrauen wiederherzustellen. Ich halte es für nützlich, es in zwei Kategorien einzuteilen: *kostengünstige* und *kostenaufwendige Verhaltensweisen.* Kostengünstige Verhaltensweisen dürften Ihnen im allgemeinen leichterfallen, weil Sie Ihnen emotional weniger abverlangen. Kostenaufwendige Verhaltensweisen erfordern größere Opfer.

Kostengünstige Verhaltensweisen

Im folgenden finden Sie eine Liste kostengünstiger vertrauensbildender Verhaltensweisen, die Sie sich vielleicht von Ihrem Partner wünschen. Einige davon zeigt Ihr Partner womöglich schon, andere selten oder nie.
Benutzen Sie diese Liste als Ausgangspunkt für Ihre eigene, und schreiben Sie das, was Sie sich wünschen, in die Mittelspalte der »Tabelle vertrauensbildender Verhaltensweisen« auf Seite 199.
Als verletzter Partner brauchen Sie wahrscheinlich Verhaltensweisen, die Ihnen mehr Zuwendung, Anerkennung und Geborgenheit vermitteln (»Sage es mir, wenn du deiner/m Geliebten begegnest«, »Zeige mir öfter Zuwendung ohne sexuelle Untertöne«). Als untreue Partner brauchen Sie Verhaltensweisen, die Ihnen bestätigen, daß sich Ihre Bemühungen um Vertrauen auszahlen (»Sage es mir, wenn du unsere gemeinsame Zukunft optimistischer siehst«) und daß Ihr Partner versucht, Ihrer Unzufriedenheit abzuhelfen (»Zeige Verständnis für mein Bedürfnis, Zeit für mich allein zu haben«, »Sage es mir, wenn du es gut findest, wie ich mit den Kindern umgehe«).
Berücksichtigen Sie alle Bereiche Ihrer Partnerschaft – Kommunikation, Freizeit, Finanzen, Sex, die Kinder und andere Familienangehörige, persönliche Gewohnheiten und so weiter. Viele der gewünschten Verhaltensweisen wird auch Ihr Partner von Ihnen verlangen.

Tabelle vertrauensbildender Verhaltensweisen

Name Tat es heute							Vertrauensbildende Verhaltensweisen	Name Tat es heute						

Es folgt eine Liste kostengünstiger Verhaltensweisen:

- »Gib mir eine genaue Reiseroute deiner Geschäftsreisen.«
- »Schränke deine Auswärtsübernachtungen ein.«
- »Sage es mir, wenn du deiner/m Geliebten begegnest.«
- »Sage es mir, wenn dein/e Geliebte/r Kontakt zu dir aufnimmt.«
- »Sage es mir, wenn du vorhast, Kontakt zu deiner/m Geliebten aufzunehmen.«
- »Zeige es mir, was dir beim Sex angenehm ist.«
- »Sage es mir, wenn und warum du stolz auf mich bist.«
- »Ruf mich tagsüber an.«
- »Sage mir, wie es dir geht – teile mir deine intimen Gedanken mit.«
- »Sage es mir, wenn ich dir gefalle.«
- »Sage es mir, wenn du unsere gemeinsame Zukunft optimistischer siehst.«
- »Komme von der Arbeit rechtzeitig zum Abendessen mit der Familie nach Hause.«
- »Reserviere Zeit, um mit mir allein zu sein.«
- »Nimm dir mehr Zeit für das Vorspiel, für Küssen und Streicheln.«
- »Erzähle mir, was dich tagsüber geärgert hat.«
- »Erzähle mir, was dich tagsüber gefreut hat.«
- »Konzentriere dich auf das, was ich sage, und sei nicht zerstreut, wenn wir miteinander reden.«
- »Sage es mir, wenn du dich von mir enttäuscht fühlst.«
- »Bemühe dich, deine Wut zu überwinden und wieder mit mir ins reine zu kommen.«
- »Mache einen Massagekurs mit mir.«
- »Zeige mir Zuneigung auch außerhalb des Schlafzimmers.«
- »Kaufe neue Möbel für das Schlafzimmer, in dem du mit deiner/m Geliebten warst.«
- »Sprich offen mit mir über deine Gefühle. Verschließe dich nicht, ziehe dich nicht zurück und greife mich nicht an.

Versuche nicht, deinen Standpunkt mittels Humor oder Sarkasmus durchzusetzen.«

- »Frage mich, wie es mir geht; interpretiere nicht mein Verhalten, und nimm nicht an, du wüßtest, wie ich mich fühle.«
- »Halte mich fest und zeige Verständnis, wenn ich durcheinander bin; laß mich nicht fallen.«
- »Plane gemeinsame Unternehmungen für das Wochenende.«
- »Bemühe dich um mehr Verständnis für mein Bedürfnis, unabhängig von dir etwas zu unternehmen; gehe nicht davon aus, daß ich dir einfach nur entfliehen will.«
- »Sage es mir, wenn du dir unserer Partnerschaft unsicher bist, statt einfach zu glauben, daß ich dich betrüge.«
- »Lies ein Selbsthilfebuch über Beziehungsprobleme und diskutiere mit mir darüber.« (Empfehlenswert sind *Angenommen, mein Partner geht fremd...* von Frank Pittman[1] und *Lust auf Liebe* von Ethel Spector Person.[2])

Bei der Aufstellung dieser Wunschlisten sollten Sie folgendes beachten:
1: *Seien Sie so positiv und genau wie möglich.* Ihre Liste sollte mehr als eine Litanei von Klagen sein. Wenn Sie nur aufzählen, womit Ihr Partner Sie reizt oder verletzt, teilen Sie ihm nicht mit, was Sie wollen, und was noch schlimmer ist, Sie provozieren seine Abwehr. Legen Sie das Schwergewicht lieber darauf, was Ihr Partner Ihrer Meinung nach *tun* soll – auf die spezifischen, beobachtbaren Verhaltensweisen, die Sie einander näherbringen können. Statt beispielsweise etwas Allgemeines oder Negatives zu verlangen (»Sei nicht so herrschsüchtig«), sagen Sie Ihrem Partner *in positiven und präzisen Formulierungen,* was genau Sie brauchen (»Schließe dich ab und zu wohlwollend dem an, was ich vorhabe, auch wenn es nicht unbedingt das ist, was du möchtest«).
2: *Akzeptieren Sie die Bitten Ihres Partners als wichtig.* Jede

Liste ist sehr individuell; was Sie trösten mag (zum Beispiel »Rufe mich tagsüber an und frage, wie es mir geht«), ist Ihrem Partner vielleicht nur lästig. Die von Ihrem Partner verlangten Verhaltensänderungen mögen Ihnen selbst nebensächlich oder unbegründet erscheinen, doch Sie müssen respektieren, daß Sie Ihrem Partner wichtig sind.
3: *Erfüllen Sie verschiedene Bitten an verschiedenen Tagen.* Variieren Sie, welche Bitten Sie erfüllen. Wiederholen Sie nicht immerzu eine oder zwei Verhaltensweisen unter Nichtbeachtung aller sonstigen. Denken Sie daran: Die kleinen, liebevollen Dinge, die Sie tagtäglich füreinander tun, bewirken einen Riesenunterschied in Ihren Empfindungen füreinander. Dasselbe gilt, wenn sie ausbleiben.
4: *Bringen Sie Ihre Liste an einem gut sichtbaren Ort an,* etwa an der Kühlschranktür oder einem anderen gut zugänglichen Platz, damit Sie beide ständig daran erinnert werden. Wenn Sie fürchten, daß Ihre Kinder oder Besucher die Liste sehen, wählen Sie einen privaten Ort, etwa die Innenseite einer Schranktür oder einen Badezimmerspiegel.
5: *Notieren Sie auf Ihrer Tabelle vertrauensbildender Verhaltensweisen mit Datum, wann und wie oft Ihr Partner eine Ihrer Bitten erfüllt.* Das klingt pedantisch, doch wenn Sie die bewußten Bemühungen Ihres Partners, Sie zufriedenzustellen, anerkennen, bestärken Sie ihn darin und erhöhen die Wahrscheinlichkeit, daß er es weiter tun wird. Auch können Sie so einen als *selektiven negativen Fokus* bezeichneten Denkfehler bei sich selbst korrigieren; dieser Denkfehler führt dazu, daß Sie nur das Negative sehen und alles andere ausblenden. Es ist normal, daß man die schlechten Zeiten lebhafter in Erinnerung behält als die guten und daß Sie den Tag eher im Licht der Dinge sehen, die Sie enttäuscht oder Ihr Mißtrauen genährt haben, als der, die Ihr Wohlbefinden fördern. Wenn Sie aber die Handlungen Ihres Partners schwarz auf weiß festhalten, werden Sie immer daran erinnert, daß eine Veränderung möglich ist. Sollten Sie an Fort-

schritten zweifeln und glauben »Ich bin der einzige, der sich anstrengt« oder »Es nützt doch sowieso nichts, was ich tue – er/sie wird mir nie verzeihen«, dann bietet Ihnen die Tabelle einen Realitätstest, aus dem Sie mehr Anerkennung, Hoffnung und Geduld schöpfen können.

6: *Erfüllen Sie die Bitten Ihres Partners, ganz gleich, ob Sie Hoffnung für die Zukunft hegen oder nicht.* Es werden Augenblicke kommen, in denen Sie nicht mehr die geringste Chance für die Partnerschaft sehen – wo Sie Ihren Partner anschauen und sich fragen: »Kannst du dich wirklich so sehr verändern, daß ich dich wieder lieben oder mich von dir geliebt fühlen kann? Liegt dir wirklich etwas an mir, oder tust du nur so als ob?«

Bleiben Sie in diesen Augenblicken bei der Stange. Ihre Zweifel entspringen vielleicht Ihren eigenen Ängsten und Unsicherheiten. Oder sie werden ausgelöst von einem Partner, der genauso verängstigt und verletzt ist wie Sie, der Ihre Bedürfnisse vorübergehend ignoriert, um Ihre Entschlossenheit zu testen und die Tiefe Ihres Engagements zu ermessen. Wenn Sie jetzt aufgeben, weil es Ihr Partner getan hat, geben Sie ihm die Gelegenheit, Ihnen die Schuld am Zusammenbruch der Partnerschaft zuzuschieben. Wenn Sie weiter auf die Wünsche Ihres Partners eingehen, ist er gezwungen, sich nicht mit Ihnen, sondern seinem eigenen Widerstand auseinanderzusetzen.

7: *Fügen Sie wenn nötig der Liste neue Wünsche hinzu und sprechen Sie darüber.* Als Marthas Mann sie zu einer Bürofeier mitnahm, ließ er sie bei den Salaten stehen und sprach den Rest des Abends kaum mit ihr. Am nächsten Tag fügte sie ihrer Liste die folgende Bitte hinzu: »Wenn wir gemeinsam ausgehen, dann nimm häufig Kontakt mit mir auf, lege deinen Arm um mich oder halte meine Hand, wenn du liebevolle Gefühle für mich hegst, und gib mir das Gefühl, daß du stolz auf mich bist, indem du mich deinen Freunden vorstellst.«

Wenn Sie bewußter miteinander umgehen, werden Ihnen weitere Verhaltensweisen auffallen, die Ihnen angenehm oder unangenehm sind. Fügen Sie diese Ihrer Liste hinzu. Je besser Sie Ihren Partner darüber informieren können, was Ihnen wichtig ist, desto leichter kann er Sie glücklich machen.

Sehen wir uns an, wie ein zusammenlebendes Paar, Arlene und Tim, mit kostengünstigen Verhaltensweisen das Vertrauen wiederherstellte.

Arlene wünschte sich das Gefühl, geliebt zu werden, und Tim wollte akzeptiert werden, wie er war. Arlene hatte mit einem Arbeitskollegen geschlafen, nicht, weil sie Tim ersetzen wollte, wie sie betonte, sondern weil sie sich einsam und vernachlässigt fühlte. Ihre Liste von kostengünstigen Verhaltensweisen war relativ kurz, enthielt jedoch präzise das, womit ihr Tim seine Zuneigung demonstrieren konnte:

- »Lächle mich an und widme mir deine volle Aufmerksamkeit, wenn du mit mir redest.«
- »Sprich in wärmerem, liebevollerem Ton mit mir.«
- »Lade mich ein, etwas Schönes mit dir zu unternehmen; mache zuvor Pläne, damit ich mich darauf freuen kann.«
- »Nimm meine Hand, wenn wir spazierengehen.«
- »Sage mir, wenn du mich liebst.«
- »Sage mir, warum du mich liebst.«

Tims Liste, die ebenfalls kurz war, drückte aus, daß er gerne er selbst sein wollte, daß es »in unserer Partnerschaft Raum für mich, so wie ich bin« geben sollte:

- »Wenn ich so still bin, frage mich, was ich denke; nimm nicht einfach an, daß ich mich von dir zurückziehe oder dich ablehne.«
- »Zeige Verständnis dafür, daß ich am Wochenende einige Stunden im Büro arbeiten muß.«
- »Denke daran, daß ich langsamer rede als du, und unterbrich mich nicht. Gib meinen Standpunkt mit deinen eigenen Worten wieder; hilf mir, offener zu werden.«

- »Zeige mehr Interesse für das, was mich interessiert – Politik beispielsweise.«
- »Beteilige dich mehr an den Kosten und der Arbeit zum Unterhalt unseres Reihenhauses.«

Nichts von dem, was Tim und Arlene auf ihre Listen schrieben oder was Sie und Ihr Partner aufschreiben, sollte als Forderung oder Anspruch verstanden werden – schreiben Sie also ohne Hemmungen auf, was Ihnen wichtig ist. Sprechen Sie über Ihre Bitten und darüber, was Sie sich an positiven Auswirkungen davon versprechen. Wenn Ihnen die Bitten Ihres Partners klar sind, dann erfüllen Sie so viele Sie können, und handeln Sie in neuer, wie Sie jetzt wissen, hilfreicher Weise. Sie sollten sich an einem Scheideweg sehen und sich bei Ihrer Entscheidung über Ihren Weg von folgenden Fragen leiten lassen: »Wie würde ich normalerweise mit dieser Situation umgehen? Wie sieht mein übliches Muster aus? Welche Reaktion ruft es bei meinem Partner hervor? Was geschähe, wenn ich mich anders verhielte?«

Als Arlene in einem Restaurant ihr alter Drang überkam, auf Tim herumzuhacken, weil er so schweigsam und in sich selbst versunken war, hielt sie inne und fragte sich: »Was auf Tims Liste kann ich tun, damit er sich akzeptiert fühlt? Nehme ich sein Verhalten zu persönlich?« Statt ihn auszuschelten, nahm sie seine Hand und sagte: »Du wirkst so gedankenverloren. Willst du mir nicht sagen, was du denkst?« Er spürte, daß sie sich um Nähe bemühte und konnte ihr deshalb sagen, daß er das Paar am Nebentisch beobachtet und sich gedacht hatte, wie schwer es ihm fiel, Konversation zu machen. Er rief sich ihre Liste ins Gedächtnis und gab seine wahren Gefühle preis – daß er sich ihr trotz seines Schweigens nahe fühlte. Dann nahm er ihre Hand und küßte sie.

Kostengünstige Verhaltensweisen können Ihrer Partnerschaft frische Kraft geben – wie eine Transfusion nach einer schweren Blutung. Dies führt wahrscheinlich zu einem sprunghaften Anwachsen des Vertrauens, und Sie werden mehr Zuversicht und Nähe spüren. Leider genügt diese Transfusion selten, um einer geschädigten Partnerschaft neues Leben einzuhauchen, und die Effekte verschwinden gewöhnlich innerhalb von Wochen. Sie sollten zwar beide mit diesen kostengünstigen Verhaltensweisen weitermachen – Sie brauchen sie, um Ihrer Partnerschaft Starthife zu geben und um wieder aneinander zu glauben –, doch als untreuer Partner müssen Sie sich darauf gefaßt machen, größere Opfer zu bringen.

Kostenaufwendige Verhaltensweisen

Wie Sie in Kapitel 1 erfahren haben, muß der verletzte Partner zu dem Zeitpunkt, da die Affäre ans Licht kommt, unverhältnismäßig mehr Verantwortung für die Bewältigung übernehmen. Zwar haben Sie vielleicht beide mit dem zu kämpfen, was passiert ist, aber als verletzter Partner haben Sie immer die größere emotionale Last zu tragen. Sie müssen Ihre Zwangsvorstellungen im Zaum halten, mit der Wut fertig werden, die ständig den Schmerz der Zurücksetzung herausschreit, Ihr verlorenes Selbstwertgefühl wiedergewinnen, sich so verhalten, daß es für den fremdgegangenen Partner attraktiv ist, wieder Verletzbarkeit und Intimität riskieren und sowohl sich selbst als auch Ihrem Partner verzeihen.

Dagegen wollen Sie als untreuer Partner in der Regel einen »Schlußstrich« ziehen: Sie haben gebeichtet und wieder Treue geschworen – warum, so meinen Sie, sollten Sie jetzt nicht wieder vertrauenswürdig sein? Sie fühlen sich wahrscheinlich erleichtert, gereinigt, bereit weiterzumachen. Die Affäre hat Sie vielleicht sogar emotional gestärkt, weil Sie Ihnen bestätigt hat, daß Sie begehrenswert sind. Kurzum, als untreuer Partner liegt es in Ihrem Interesse, Verzeihung und Vertrauen zu erlangen, während Ihr Partner Ihnen *nicht*, zumindest nicht zu rasch, vergeben und vertrauen will, um nicht zu riskieren, erneut verletzt zu werden.

Durch kostengünstige Verhaltensweisen teilen Sie sich beide die Verantwortung für die Fehler in Ihrer Partnerschaft angemessener auf. Kostenaufwendige Verhaltensweisen liegen dagegen ausschließlich in der Verantwortung des untreuen Partners: Es sind die Opfergaben, die Bußen, die Sie darbringen müssen, um das Leid, das Sie verursacht haben, wiedergutzumachen. Es genügt eben nicht zu sagen: »Vertrau mir, Liebling – ich bleibe bei dir.« Sie müssen diese Behauptung mit ganz anschaulichen Gesten, die »teuer« sind, untermauern – mit anderen Worten, Handlungen, die echte Opfer von Ihnen fordern und bei denen Sie sich wahrscheinlich unbehaglich und verletzlich fühlen.

Diese kostenaufwendigen Verhaltensweisen sollten jedoch keinen willkürlichen oder bestrafenden Charakter haben. Sie stellen vielmehr spezifische Handlungen dar, die Ihr Partner sich von Ihnen wünscht oder zu denen Sie von sich aus bereit sind und die Ihrem Partner Grund zu der Annahme geben, daß Sie nicht wieder fremdgehen werden und daß Investitionen in die Partnerschaft keine sinnlose Zeitverschwendung sind. Es folgen einige Beispiele:

- »Nimm keinen Kontakt zum Freudeskreis oder der Verwandtschaft deiner/s Geliebten auf.«
- »Tritt aus dem Club oder der Vereinigung aus, in dem dein/e Geliebte/r Mitglied ist.«
- »Überschreibe mir einige deiner Vermögenswerte.«
- »Überweise einen Teil deines Geldes auf ein gemeinsames Konto.«
- »Weise deine/n Sekretär/in [die/den Geliebte/n] einer/m anderen Kollegin/en zu, und wenn das nicht möglich ist, suche dir eine andere Stelle.«
- »Überschreibe mir das Haus.«
- »Mache einen romantischen Urlaub mit mir.«
- »Finanziere mir meinen Studienabschluß.«

- »Zeige mir deine Kontoauszüge, Kreditkartenabrechnungen und Telefonrechnungen.«
- »Sprich mit mir in einer Therapie über Familiengründung.«
- »Höre auf, Drogen zu nehmen oder Alkohol zu trinken. Wende dich an die AA.«
- »Ziehe mit mir in eine andere Stadt.«
- »Untersuche in der Therapie, welchen Einfluß die Untreue deines/r Vaters/Mutter auf dich gehabt hat.«
- »Beginne eine Paartherapie mit mir, und arbeite genau heraus, was die Affäre über dich, über mich und über uns aussagt.«
- »Beantworte alle meine Fragen in Anwesenheit eines Therapeuten, damit ich sicher sein kann, daß du die Wahrheit sagst.«

Der Unterschied zwischen kostengünstigen und kostenaufwendigen Verhaltensweisen ist gänzlich subjektiv und variiert von Mensch zu Mensch. Was der eine von Ihnen leicht zu erfüllen findet (»Wirf deine Pornosammlung weg; schaue dir Pornos nur gemeinsam mit mir an«), kann für den anderen bedrohlich und bloßstellend wirken. Wie wichtig Ihnen eine bestimmte Verhaltensweise ist, hängt teilweise von den Umständen der Affäre ab. Wenn Ihre Frau ihr wöchentliches Rendezvous mit ihrem Liebhaber von ihrem Privatkonto finanziert hat, legen Sie vielleicht größeren Wert darauf, ihre Bankauszüge und Kreditkartenabrechnungen zu sehen. Wenn Ihr Mann mit seiner Sekretärin geschlafen hat, verlangen Sie vielleicht von ihm, den Arbeitsplatz zu wechseln – oder die Sekretärin.

Besonders belastend kann es sein, kostenaufwendige Verhaltensweisen auszuhandeln, die Ihr Selbstwertgefühl bedrohen, sofern Sie es über Ihr Einkommen oder Ihre Karriere definieren. Doch Kompromisse sind möglich, wie der folgende Fall illustriert.

Roy, ein angesehener Anwalt in einer kleinen Vorstadt, hatte sich immer wieder in Abenteuer für eine Nacht gestürzt, gewöhnlich mit Frauen, die er in Bars auflas. Eines Abends kehrte seine Frau Barbara allerdings früher als erwartet zurück und überraschte ihren Mann und seine neueste »Eroberung« im Ehebett. Als sie wegen dieser Erniedrigung bei einer Freundin Trost suchte, stellte sie fest, daß bereits die ganze Stadt über ihren Mann Bescheid wußte – die Nachbarn, die Besitzer ihres Lieblingsrestaurants, sogar ihr Sohn. »Nach dieser öffentlichen Schande konnte ich mir nicht mehr vorstellen, weiter an diesem Ort zu leben«, sagte sie.

Roy schien seine Sexsucht ernsthaft angehen zu wollen und begann eine Einzel- und eine Paartherapie, um das zu beweisen. Doch Barbara hatte Angst vor der Zukunft. Sie war als Frau in ihrem Stolz gekränkt, näherte sich dem Rentenalter und hielt sich nicht für fähig, sich genügend materielle Sicherheit zu verschaffen, um ihren gegenwärtigen Lebensstandard auch nur annähernd aufrechtzuerhalten. »Was ist, wenn Roy mich nicht nur wieder betrügt, sondern sogar verläßt?« fragte sie. »Was ist, wenn ich glaube, ihn verlassen zu müssen? Wie soll ich ein Auskommen finden?«

Sie erwog, ihre Verluste abzuschreiben, die Ehe nach 36 Jahren zu beenden und vor Gericht die vorteilhafteste Regelung für sich herauszuschlagen. Beide Partner wollten jedoch eindeutig zusammenbleiben. Daher ermutigte ich Barbara, mit Roy über ihre Ängste zu sprechen und gemeinsam mit ihm eine Liste kostenaufwendiger Verhaltensweisen zu erstellen, die sich direkt gegen diese Ängste richteten. Sie bat um folgendes:

- »Ich möchte, daß er die Therapie fortsetzt.«
- »Ich möchte, daß er mir 75 Prozent seiner Vermögenswerte überschreibt.« (Sie brauchte diesen Beweis seiner Bereitschaft, ihr die finanziellen Sorgen zu nehmen und um sich selbst zu überzeugen, daß er sein Treueversprechen ernst meinte.)

- »Ich möchte, daß er sich einen neuen Arbeitsplatz in einer anderen Stadt sucht und mit mir dorthin umzieht.« (In ihrem Heimatort fühlte sie sich öffentlich bloßgestellt.)

Roy war bereit, die Therapie fortzusetzen, weil sie ihm half, mit seinem Verhalten, das er selbst als problematisch empfand, fertig zu werden. Er schaffte es auch, Barbara den Großteil seines Vermögens zu überschreiben, um seinen guten Willen zu beweisen. Sie suchten einen Notar auf und schlossen einen Vertrag ab. Mit der dritten Bitte – dem Umzug – hatte er große Schwierigkeiten. Er fand sie unerhört, sogar manipulativ. Er hatte sich beruflich etabliert, und ein Ortswechsel bedeutete Status- und Einkommensverlust. Doch er sah ein, daß er es riskierte, Barbara zu verlieren, wenn er ihr zu wenig und das auch noch zu spät gab, und daß sie ihn nicht deshalb um einen Neuanfang bat, weil sie ihm weh tun wollte, sondern um wieder an ihn glauben und ihre Scham überwinden zu können.
Schließlich bemühte er sich um eine Versetzung in eine andere Stadt. Glücklicherweise fühlte sich Barbara, als diese genehmigt wurde, wieder in die Gemeinschaft integriert und wollte nicht mehr wegziehen. Roys Bereitschaft, ihm so wichtige Dinge aufzugeben – und damit die Voraussetzungen zu schaffen, daß sie ihm wieder vertrauen konnte –, genügte ihr.
Sein kostenaufwendiges Verhalten stellte nicht als solches das Vertrauen wieder her, sondern diente, im Verbund mit anderen Verhaltensweisen, als Hilfsmittel zur Überwindung der Affäre.

Patt: Wenn Sie sich nicht über kostenaufwendige Verhaltensweisen einigen können
Manchen kostenaufwendigen Verhaltensweisen werden Sie nicht zustimmen können, weil Sie eine bestimmte Bedeutung damit verbinden – Bedeutungen, die genausoviel mit Ihrer

frühen Kindheit wie mit Ihrem gegenwärtigen Konflikt zu tun haben. Einer von Ihnen besteht beispielsweise darauf, immer an erster Stelle zu stehen, weil er in seiner Jugend ignoriert wurde, während sich der andere weigert, überhaupt jemandem eine solche Bedeutung zuzugestehen, weil er in seiner Kindheit die Bedürfnisse eines Elternteils erfüllen mußte. Was der eine von Ihnen fordert, lehnte der andere kategorisch ab.

Sollten Sie in diese Sackgasse geraten, müssen Sie einen Schritt zurückgehen und untersuchen, ob vielleicht Ihre persönlichen Probleme – über die wir in Kapitel 5 sprachen – einem sinnvollen Kompromiß im Wege stehen. Das taten auch Ed und Miriam.

Eds Affäre mit seiner Sekretärin hatte fast so lange gedauert wie seine vierjährige Ehe. Als Miriam dahinterkam, versprach er, in Zukunft treu zu bleiben, doch Miriam war es unmöglich, ihm zu vertrauen, solange er weiter mit dieser Sekretärin zusammenarbeitete.

Ed versuchte es zunächst mit kostengünstigen Verhaltensweisen: Er kam um sechs Uhr nach Hause, worum ihn seine Frau gebeten hatte (während der Affäre blieb er oft viel länger); er ließ sich eine andere Sekretärin zuweisen; er rief seine Frau tagsüber an und berichtete ihr, wo er sich aufhielt; er lud sie häufig ein, mit ihm im Geschäft zu Mittag zu essen.

Doch das ging Miriam nicht weit genug. Sie brauchte etwas Überzeugenderes. Wenn er nicht in einem anderen Büro, getrennt von seiner Geliebten arbeiten konnte, dann, so meinte sie, sollte er kündigen und sich eine andere Arbeit suchen. Ed geriet in Panik. Man hatte ihm gerade einen Geschäftsanteil angeboten, und er hatte Aussicht auf eine solide Zukunft. Seine Frau war schwanger. Das war kein Zeitpunkt, um Stellenanzeigen zu lesen.

Zwischen ihnen entstand ein Patt. Ed hielt seine Frau für emotional überreizt und nicht bereit zu verzeihen. Die kostenaufwendigen Verhaltensweisen, um die sie bat, waren in seinen Augen gemein und nutzlos und dienten nur dazu, Macht über ihn auszuüben. »Selbst wenn ich alle ihre Forderungen erfülle, wird sie mir nie wieder vertrauen, was soll's also?« meinte er. Beide weigerten sich, von ihrem Standpunkt abzurücken.

Um sie voranzubringen, forderte ich sie auf, nach den persönlichen Problemen zu suchen, die sie zu so unnachgiebigen Positionen brachten. Für Ed bedeutete dies, sich mit seinen tiefsitzenden Minderwertigkeitsgefühlen auseinanderzusetzen, die in einer lebenslangen Rivalität mit seinen erfolgreicheren Geschwistern wurzelten. Sein mangelndes Selbstvertrauen führte dazu, daß er seinen Wert auf dem Arbeitsmarkt bezweifelte. Miriam mußte sich ihrem lebenslangen Verletzungsgefühl stellen. »Nicht nur, daß mein Stiefvater mich sexuell belästigte«, berichtete sie mir, »meine Mutter wußte es auch noch und blieb trotzdem bei ihm. Sie entschied sich für ihn und nicht für mich. Ed hat die ganze Verbitterung und den Schmerz wieder aufgerührt. Ich sehe jetzt ein, daß ich von ihm nicht nur aus dem Grund Opfer erwarte, daß ich ihm wieder vertrauen kann, sondern um all die Jahre des Leidens auszulöschen.«

Diese persönlichen Überlegungen machten sie schließlich kompromißbereiter. Als dieses Buch sich im Druck befand, suchte Ed nach einer neuen Arbeitsstelle und bemühte sich, aus dem Schatten seiner Geschwister herauszutreten. Miriam zollte ihm Anerkennung für die Größe seines Opfers, wurde geduldiger und vertrauensvoller und lernte, ihn nicht für all das Schlechte, was ihr widerfahren war, verantwortlich zu machen.

Wie Ed und Miriam müssen Sie herausfinden, warum Ihnen bestimmte Opfer unerläßlich und andere unerfüllbar scheinen. Sie müssen auch einsehen, was sie für Ihren Partner bedeuten, und versuchen, einen Kompromiß zu erzielen.

Teil 2: So überwinden Sie Ihren Widerstand gegen Veränderungen

So vielversprechend Sie die Übungen zur Vertrauensbildung theoretisch auch finden mögen, ich garantiere Ihnen, daß Sie einigen in der Praxis Widerstände entgegensetzen werden. Das bedeutet nicht, daß Sie ein schlechter Mensch sind oder daß Sie Ihre Partnerschaft nicht verbessern möchten, sondern daß Ihnen wahrscheinlich tiefverwurzelte Überzeugungen im Weg stehen. Einige davon hindern Sie daran, Ihre Bedürfnisse mitzuteilen, andere hindern Sie daran, die Ihres Partners zu erfüllen. Wieder andere zwingen Sie, die Bemühungen Ihres Partners um Sie abzutun. Betrachten wir neun häufige kognitive Blockierungen.

1. »Ich habe nicht das Recht, meinen Partner zu bitten, sich um meinetwillen zu ändern.«
2. »Wenn ich sage, was ich brauche, verletze oder verärgere ich meinen Partner und verschärfe den Konflikt. Es ist besser, meine Unzufriedenheit für mich zu behalten.«
3. »Mein Partner sollte erspüren, was ich brauche. Ich sollte es ihm nicht erklären müssen.«
4. »Ich kann nicht um Liebe bitten. Wenn ich das tun muß, will ich sie nicht.«
5. »Wenn mein Partner das, was ich will, nicht spontan tut, sondern nur aus dem bewußten Wunsch heraus, mein Vertrauen zu gewinnen, dann zählt es nicht.«
6. »Mein Partner geht nur auf meine Wünsche ein, um mich zu täuschen und mich zurückzubekommen. Sobald ich ihm wieder vertraue, sind wir wieder am Anfang.«
7. »Ich sollte das vertrauensbildende Verhalten meines Partners nicht anerkennen müssen.«
8. »Mein Partner hat mich verletzt/enttäuscht, also sollte er sich zuerst ändern.«
9. »Ich kann und sollte mich auch nicht vertrauensbildend verhalten, wenn ich so wütend bin.«

Kognitive Blockierung Nr. 1: »Ich habe nicht das Recht, meinen Partner zu bitten, sich um meinetwillen zu ändern.«

Diese verbreitete Einstellung ist hinderlich, weil sie Sie zum Schweigen verdammt und Sie sowohl von sich selbst als auch von Ihrem Partner abschottet. Sie nimmt Ihnen die Chance herauszufinden, ob Ihr Partner auf Ihre Beschwerden einzugehen bereit ist, und sie nimmt Ihrem Partner die Chance, seinen Fehltritt wiedergutzumachen.

Schauen Sie in sich selbst hinein und fragen Sie sich: »Warum fällt es mir so schwer, meinen Partner um etwas nur für mich zu bitten? Woher kommt dieses Gefühl, kein Recht dazu zu haben? Haben mich meine Eltern ignoriert oder bestraft, wenn ich versuchte, den Mund aufzumachen? Habe ich gelernt, andere nicht mit meinen Bedürfnissen zu behelligen? War ein Elternteil ein Vorbild für Selbstaufgabe?«

Ich empfehle Ihnen, gegen diese kognitive Blockierung zu handeln und eine Liste der Veränderungen vorzubereiten, die Sie sich von Ihrem Partner wünschen. Sie werden vielleicht merken, daß Sie in Ihrem eigenen Kopf gefangen waren, sich in eine unnötige Selbstisolierung trieben und das grundlegende Bedürfnis, geliebt zu werden, viel zu lange verleugneten.

Kognitive Blockierung Nr. 2: »Wenn ich sage, was ich brauche, verletze oder verärgere ich meinen Partner und verschärfe den Konflikt. Es ist besser, meine Unzufriedenheit für mich zu behalten.«

Dieser Wunsch nach Frieden um jeden Preis ist ein verbreitetes, aber sehr gefährliches Hindernis auf dem Weg zur Wiederherstellung von Vertrauen und Intimität. Er entsprach auch Teris Einstellung nach ihrer Affäre. Sie mußte ihrem alkoholkranken Mann eigentlich sagen, daß sie fremdgegangen war, weil er nicht für sie da war, und daß sie bis zu seiner Sucht in ihrer Ehe nie unzufrieden gewesen war. Doch sie schwieg und hoffte, daß der ganze Schlamassel von allein vergehen würde.

Mit der Zeit sah Teri ein, daß eine Bitte um Veränderung kein Angriff auf den Charakter ihres Partners war, sondern ein Geschenk zum Nutzen ihrer Partnerschaft. Sie fand heraus, daß ihre Konfliktangst auf ihren Vater zurückging, der sie gelehrt hatte, seiner Autorität zu gehorchen, und sie bestrafte, wenn sie den Mund auftat. »Ich muß ehrlich zu dir sein, wie ich es bei meinem Vater nie durfte«, sagte sie zu ihrem Mann. »Ich habe Angst, dich mir zu entfremden, aber ich habe dich noch weiter von mir weggestoßen, indem ich dich betrogen und dir nicht offen gesagt habe, daß ich finde, daß du dich verändern mußt.«

Daß sie so offen sprach, nahm ihm die Angst und zeigte Teri, daß es keine Nähe, keine Konfliktlösung geben kann, wenn niemand einen Konflikt riskiert.

Kognitive Blockierung Nr. 3: »Mein Partner sollte erspüren, was ich brauche. Ich sollte es ihm nicht erklären müssen.«

Diese Annahme ist ein Patentrezept für Mißverständnisse und Enttäuschungen wie im Fall einer Klientin namens Helen. Als ihr Mann Richard nach einem vierwöchigen Seitensprung zu ihr zurückkehrte, trug er keinen Ehering. Es war Helen klar, was das bedeutete: Er war immer noch unentschlossen, ob er bei ihr bleiben sollte, und wollte der Frauenwelt zeigen, daß er noch zu haben war. Sie sagte jedoch nichts, kochte nur innerlich. »Er weiß, daß mir das wichtig ist«, sagte sie zu mir. »Warum sollte ich darüber reden?«

Ich ermutigte Helen, ihrer Liste von kostengünstigen Verhaltensweisen hinzuzufügen, daß er den Ring tragen solle, und mit ihm darüber zu sprechen. Dabei erfuhr sie, daß er den

Ring verloren hatte und Angst hatte, es ihr zu sagen. Als das Problem heraus war, kaufte er einen neuen und trug ihn gerne.
Sie müssen erkennen, daß Ihr Partner keine Gedanken lesen kann und daß es Ihre Pflicht ist, Ihre Bedürfnisse auszusprechen, und falls Ihr Partner sie nicht immer vorausahnt, bedeutet das nicht, daß er Sie nicht liebt.

Kognitive Blockierung Nr. 4: »Ich kann nicht um Liebe bitten. Wenn ich das muß, will ich sie nicht.«

Es ist relativ leicht, Ihren Partner zu bitten, den Müll wegzubringen oder untertags anzurufen; viel schwerer ist es, darum zu bitten, daß Ihr Partner sagt: »Ich liebe dich.«
Die meisten Menschen nehmen Liebesbeteuerungen, die auf Anforderung gegeben werden, nicht ernst und fühlen sich gedemütigt, darum bitten zu müssen. Doch wenn es für Sie wichtig ist zu hören, daß Sie geliebt werden, dann fügen Sie diese Bitte Ihrer Liste unbedingt bei. Stellen Sie aber klar, daß Sie nur dann liebevolle Worte hören wollen, wenn sie ernst gemeint sind. Sie müssen sich die Freiheit nehmen, das zu verlangen, was Sie am meisten brauchen.

Kognitive Blockierung Nr. 5: »Wenn mein Partner das, was ich will, nicht spontan tut, sondern nur aus dem bewußten Wunsch heraus, mein Vertrauen zu gewinnen, dann zählt es nicht.«

Manche von Ihnen entwerten vielleicht die Bemühungen Ihres Partners zur Vertrauensbildung, wenn sie nicht unaufgeforderte Liebesbezeigungen, sondern willentliche Gesten sind, die die Partnerschaft wieder aufbauen sollen. »Ich will, daß sich mein Partner natürlich verhält und Dinge tut, die von Herzen kommen«, sagen Sie. Problematisch an dieser Stellung ist, daß Ihnen, je mehr sich Ihr Partner anstrengt, dies um so weniger ernsthaft vorkommt. Wenn Sie Liebes*gefühle* mehr schätzen als *Taten,* die Liebe vermitteln, beschneiden Sie Ihrem Partner die Möglichkeit, auf die zur Zeit vielleicht einzig mögliche Weise den Kontakt zu Ihnen aufzunehmen.

Ich erinnere mich an einen Zwischenfall mit meinem Sohn Max, als er sechs war. Wir waren an diesem Tag in Vermont Skilaufen gegangen. Als ich ihn vorübersausen sah, hörte ich, wie eine Gruppe Erwachsener seine Leistung bewunderte, und spürte Liebe zu ihm aufwallen. Acht Stunden später fuhren wir zu Hause erschöpft und durchnäßt in die Garage. Ich konnte kaum den Gedanken ertragen, Max aus seinem tiefen Schlaf zu wecken, ihn nach oben zu tragen und zu Bett zu bringen, und erwog einen Augenblick, ihn die Nacht im Auto verbringen zu lassen. Ehrlich gesagt fühlte ich mehr Müdigkeit als Liebe. Aber ich zwang mich dazu, zu handeln, *als ob* ich Liebe empfände, und brachte ein sehr mißgelauntes Kind ins Bett. Im nachhinein weiß ich, daß diese selbstbefohlene Art der Liebe tiefer und stärker war als die spontanen Empfindungen, die mich zuvor an diesem Tag erfaßt hatten. Diese waren real, aber billig; sie verlangten nichts von mir.

Dann, wenn wir uns selbst anweisen, zum Nutzen unserer Partnerschaft liebevoll zu handeln (selbst wenn uns in diesem Augenblick gerade nicht danach zumute ist), absolvieren wir die wahre Liebesprüfung. Es kostet mehr, liebevoll zu handeln, wenn wir nichts Derartiges fühlen. Dann müssen wir tief in uns selbst hineingehen, von unseren Reserven zehren und geben, was uns wirklich etwas bedeutet. Aus dem Gefühl einer echten Bindung und Hingabe an einen anderen Menschen zu handeln, kann in der Tat etwas sehr Liebevolles sein.

Kognitive Blockierung Nr. 6: »Mein Partner geht nur auf meine Wünsche ein, um mich zu täuschen und mich zurückzubekommen. Sobald ich ihm wieder vertraue, sind wir dann wieder da, wo wir angefangen haben.«

Einige von Ihnen bezweifeln wahrscheinlich, daß Ihr Partner es mit seinen Bemühungen wirklich ernst meint, und tun sie als Täuschungsmanöver ab. »Meine Partnerin versucht sich nur bei mir einzuschmeicheln und mich damit zurückzulokken«, erklärte mir ein untreuer Partner. »Sie ist auf mein Einkommen angewiesen.« – »Mein Partner verändert sich nur, damit ich ihn zurücknehme«, erklärte eine verletzte Partnerin. »Er hat Angst, daß er bei einer Scheidung zuviel verliert. Er ändert sich jetzt, das hält aber nicht lange an.« Problematisch an dieser Einstellung ist, daß sie eine Weiterentwicklung unmöglich macht. Wenn Sie Ihrem Partner keine Gelegenheit geben, alles wiedergutzumachen, sich zu verändern, Vertrauen zurückzugewinnen, wie sollen Sie dann je erfahren, was möglich ist? Wenn Sie aus den Verhaltensweisen Ihres Partners immer Doppelbödigkeit herauslesen, wie sollen Sie dann je Trost oder Vergewisserung daraus ziehen? Sie sollen nicht Ihre Skepsis über Bord werfen – das wäre unrealistisch –, sondern sie so lange hintanstellen, bis der Prozeß greifen kann.

Kognitive Blockierung Nr. 7: »Ich sollte das vertrauensbildende Verhalten meines Partners nicht anerkennen müssen.«

Einige von Ihnen wollen das Verhalten Ihres Partners auf der Tabelle vertrauensbildender Verhaltensweisen vielleicht nicht registrieren, weil Sie finden, daß reife Erwachsene nicht verhätschelt werden sollten. »Warum sollte ich meiner Frau Anerkennung zollen, wenn sie etwas Nettes für mich tut?« fragte mich ein verletzter Partner namens Tom. »Warum sollte ich ihr auf die Schulter klopfen, wenn sie versucht, den Schlamassel zu beseitigen, den sie selbst angerichtet hat? Sie ist doch kein Kind mehr. Wenn sie beschließt, sich liebevoll zu benehmen, dann soll sie es doch tun, aber nicht erwarten, daß ich ihr sage, wie toll sie ist.«

Was Tom und auch Sie akzeptieren müssen, ist, daß jeder Mensch Lob und Anerkennung braucht; jeder muß erfahren, daß Liebeswerke bemerkt werden und etwas ändern. Wenn Sie Ihrem Partner die Anerkennung für das, was er für die Partnerschaft tut, verweigern, blockieren Sie genau das Engagement, das Sie hervorrufen möchten.

Kognitive Blockierung Nr. 8: »Mein Partner hat mich enttäuscht, also sollte er sich zuerst ändern.«

Diese Du-zuerst-Haltung zerstört den natürlichen Fluß einer reifen Partnerschaft, in der ein Partner in einem bestimmten Augenblick gewöhnlich mehr für den anderen tut, ohne daß gegeneinander aufgerechnet würde. Sie schränkt Sie auch auf engstirnige, rachsüchtige, stark konkurrenzbetonte Verhaltensweisen ein, die Ihre Bereitschaft zu den Vertrauens- und Zuwendungsübungen zunichte machen. Wenn Sie sich weigern, die Initiative zu ergreifen, ist vielleicht Ihrer Empörung Genüge getan, aber Ihre Wunden werden so nicht heilen. Versuchen Sie es daher mit folgender Einstellung: »Der beste Weg, daß mein Partner sein Verhalten ändert, ist, zuerst mein eigenes Verhalten zu ändern.« Im Prinzip rate ich Ihnen also, eine Umgebung zu schaffen, in der Ihr Partner Ihre Wünsche höchstwahrscheinlich erfüllt. Wenn das nicht funktioniert, wissen Sie wenigstens, daß Sie Ihren Teil getan haben.

Kognitive Blockierung Nr. 9: »Ich kann und sollte mich auch nicht vertrauensbildend verhalten, wenn ich so wütend bin.«

Manchmal sind Sie vielleicht zu sehr beherrscht von Ihrer Wut, als daß Sie konstruktiv sein könnten, und Sie weigern sich, das Spiel der Vergebung oder der Versöhnung mitzuspielen.

»Ich fühle mich weder geliebt, noch liebe ich: Wie können Sie da von mir erwarten, daß ich so tue als ob?« fragte mich ein untreuer Partner. »Ich kann mir nicht mal vorstellen, die Hand meiner Frau zu ergreifen.«

»Ich bin zu wütend, um meinen Mann auch nur anzuschauen, geschweige denn irgendwlche Übungen mit ihm zu machen«, sagte eine verletzte Partnerin.

Diese Trotzhaltungen sind verständlich, aber kontraproduktiv. Vielleicht fühlen Sie sich damit weniger verletzlich und ausgesetzt und voller selbstgerechtem Zorn, doch letztlich hindern Sie sich daran, auszuprobieren, was Sie und Ihr Partner zusammen zuwege bringen können. Ich bitte Sie daher, sich zu fragen, ob hinter Ihrer Weigerung nicht *emotionales Denken* steckt. Es ist ein Denkfehler zu glauben, daß ein sehr starkes Gefühl deshalb auch wahr sein muß, daß Sie, weil Sie vor Wut auf Ihren Partner rasen, auch dazu berechtigt sind.

Da Sie niemals Wut empfinden, ohne sich im Recht zu fühlen – das ist ein Grundmerkmal von Wut –, schlage ich Ihnen vor, keine Zeit mit der Diskussion zu verschwenden, ob Ihre Wut berechtigt ist, sondern sich statt dessen zu fragen: »Ist sie sinnvoll? Wie kann sie mir nützen?« In solchen Augenblicken kann es Sinn machen, nicht aus Ihren Gefühlen heraus, sondern im Interesse Ihres gemeinsamen Lebens zu handeln, in dem Wissen, daß sich mehr liebevolle Gefühle einstellen können, wenn Sie sich liebevoller verhalten.

Nach vorne blicken

Das Wiederherstellen von Vertrauen kann ein Leben lang dauern, doch das bedeutet nicht, daß Sie sich tagtäglich mit Vertrauensproblemen werden herumschlagen müssen. Ihre Partnerschaft wird Ihnen noch mehrere Jahre nach der Affäre zerbrechlich und vorläufig vorkommen, doch Sie dürfen in dieser Zeit auch viele bestärkende, freudige Augenblicke erwarten.

Vertrauen ist ein empfindliches, flüchtiges Geschenk, das man sich nur mit der Zeit, durch Engagement und fortgesetztes Bemühen verdienen kann. Ich forderte Sie auf, mutig und veränderungsbereit zu sein. Sie haben vielleicht nur eine Chance, Ihren Partner in den Heilungsprozeß miteinzubeziehen; nutzen Sie sie also, und bringen Sie Ihre ganze Zuversicht ein, damit Sie auf die Beschwerden Ihres Partners eingehen und so handeln können, *als ob* Sie fest überzeugt seien, daß Sie beide zu einer tragfähigeren und liebevolleren Partnerschaft als je zuvor fähig sind.

Eine Klientin sagte einmal zu mir: »Man kann Vertrauen ohne Intimität haben, aber keine Intimität ohne Vertrauen.« Mit dem Vertrauen kommt auch das Wissen: »Ich kann mich dir geben, weil ich weiß, daß du mich nicht verletzt, daß du mich und das, was mir wichtig ist, unterstützt. Ich kann mich öffnen und dich lieben, weil ich mich bei dir sicher und von dir geschätzt fühle.« Die Übungen dieses Kapitels sollten Ihnen helfen, dieses grundlegende Geborgenheitsgefühl wiederzugewinnen. Doch Sie müssen noch mehr lernen – beispielsweise, konstruktiver miteinander zu kommunizieren, die sexuelle Intimität wiederherzustellen, zu verzeihen. Der Rest dieses Buches begleitet Sie auf dieser weiten Reise.

Kapitel 7
Über das Geschehene reden

Viele Paare begehen den Fehler zu glauben, sie könnten ihre Partnerschaft nach einer Affäre einfach dadurch wieder aufbauen, daß sie gemeinsam erfreuliche, positive Erfahrungen machen. Zwar sind schöne Zeiten entscheidend für den Heilungsprozeß – Sie brauchen Raum für Spaß und Entspannung –, doch sie sind kein Ersatz dafür, Ihren Schmerz und Ihre Unzufriedenheit offen auszusprechen und ein offenes Ohr und Verständnis zu finden. Wenn Sie sich nicht für die Gefühle Ihres Partners öffnen und Ihre eigenen verschweigen, ist Ihr positiver Umgang miteinander nichts als Zuckerguß auf einem altbackenen Kuchen. Wenden wir uns also dem Thema dieses Kapitels zu: Wie können Sie vertraulich miteinander reden und einander zuhören – so reden, daß Ihr Partner erkennt, wer Sie sind und was Sie brauchen, und so zuhören, daß sich Ihr Partner Ihnen gegenüber offen und ungeschützt geben kann.

Konstruktive Kommunikationstechniken zu *lernen* ist der einfache Teil dabei (ich führe am Kapitelende einige davon auf); sie *benutzen wollen,* ist die eigentliche Herausforderung. »Ich weiß genau, was ich zu meinem Partner sagen sollte, um das Steuer herumzuwerfen«, sagen Sie vielleicht, »aber ich will verdammt sein, wenn ich es tue.« Hinter Ihrem Widerstand stecken wahrscheinlich alte, hinderliche Überzeugungen, was Reden und Zuhören angeht – etwa: »Wenn ich dir sage, wie du mich verletzt hast, schiebe ich dich noch weiter weg« oder »Wenn ich zuhöre, denkst du, daß ich dir recht gebe«. Wenn Sie diese Überzeugungen nicht in Frage stellen und nur neue Techniken lernen, tun Sie nichts anderes, als Deckstühle auf der *Titanic* hin- und herzuschieben.

Reden in Intimität

Jetzt ist es an der Zeit, ehrlich, persönlich und ganz offen über die Affäre zu reden, nicht nur wenn sie erst vor kurzem ans Licht kam, sondern auch wenn das Trauma schon lange zurückliegt und nie eingehender angesprochen wurde. Wenn Sie es nicht unter dem Teppich – und aus der Kluft zwischen Ihnen – hervorholen, können Sie es niemals richtig begraben. Es ist auch an der Zeit, über alte Klagen zu reden. Das bedeutet für einige von Ihnen, über die Depression hinauszugehen und Ihre unerkannte Wut zuzulassen. Für andere heißt es, über die Wut hinauszugehen und Ihre unerkannte Trauer, Angst oder Scham zu offenbaren. Sie müssen beide Ihren Anteil an dem, was schiefgelaufen ist, eingestehen.

Zwei hinderliche Redeweisen: Stillschweigen und Toben

Es gibt zwei verbreitete hinderliche Weisen, mit Ihren Gedanken und Gefühlen umzugehen. Die eine ist, sich selbst zum Schweigen zu bringen – alles zu schlucken und in sich aufzustauen. Die andere ist zu toben – hemmungslosen Gefühlsausbrüchen nachzugeben. Untersuchen wir sie und die Überzeugungen, die dahinterstehen.

Stillschweigen

Wenn in Ihrem Kopf zu viele Gespräche ablaufen, sprechen Sie wahrscheinlich zu wenig mit dem Menschen, den sie angehen – Ihrem Partner. Stillschweigen scheint Sie vor weiterem Schaden oder Enttäuschung zu bewahren, doch in Wirklichkeit raubt es Ihnen nur die Chance auf Verständnis, auf Erfüllung Ihrer Bedürfnisse, auf Eingeständnis Ihrer Fehler und auf Versöhnung. Wenn Sie preisgeben, was Sie fühlen und brauchen, dann ist das ein Akt der Liebe, ein Vorspiel zur Intimität. Offen, »mit dem Herz auf der Zunge« zu reden, ist nicht nur ein Zeichen für Mut, sondern eine grundlegende Voraussetzung für die Rückkehr Ihres Partners in Ihr Leben.

Betrachten wir zwei häufige Annahmen, die Sie vielleicht daran hindern, kein Blatt vor den Mund zu nehmen:

1. »Wenn ich dir sage, was mich stört, bringt uns das nur weiter auseinander.«
2. »Wenn ich meinen Anteil an unseren Problemen zugebe, denkst du schlecht von mir oder hältst ihn mir vor.«

Annahme Nr. 1: »Wenn ich dir sage, was mich stört, bringt uns das nur weiter auseinander.«

Der verletzte Partner

Sie sind vielleicht so froh, daß Sie Ihren Partner wiederhaben, daß Sie jedes Risiko vermeiden, wieder verlassen zu werden, selbst wenn das heißt, Ihre Wut und Verwirrung herunterzuschlucken. Doch was unter Verschluß gehalten wird, gärt und vergiftet die Atmosphäre zwischen Ihnen.

»Damit ich mich Howard wieder nahe fühle«, sagte eine verletzte Partnerin, »muß sich unsere Ehe ändern. Ich muß mich absolut sicher fühlen. Ich muß ich selbst sein können, und das heißt, offen über meine Gefühle reden können. Aber Howard will nicht reden, und ich habe Angst, ich falle ihm auf die Nerven. Er sagt mir: ›Damals war damals, und heute ist heut; ich will einfach, daß es weitergeht.‹ Deshalb erzwinge ich es nicht. Aber es geht auch nicht weiter.«

»Ein Jahr, nachdem Joe mit seiner Freundin Schluß gemacht

hatte, hörte ich, daß sie ein Baby hat«, berichtete mir eine andere verletzte Partnerin. »Seitdem sammle ich heimlich Informationen über sie durch meine Tochter, die in derselben Abteilung arbeitet. Ist Joe der Vater? Unausgesetzt muß ich das denken. Jedesmal wenn ich ihn anschaue, brennt mir die Frage auf den Lippen, aber ich stelle sie nicht. Ich kann es nicht. Also steht es zwischen uns – das Kind, das er mit mir nicht haben wollte, das Kind, das er ihr vielleicht gegeben hat.«

Damit Sie über die Affäre hinwegkommen und verzeihen können, müssen Sie überzeugt sein, daß Ihr Partner begreift, wie tief Sie verletzt wurden. Dazu müssen Sie über die Affäre und ihre ganz persönlichen Auswirkungen auf Sie reden. Vielleicht hilft Ihnen dabei die Liste der neun Verlusterlebnisse in Kapitel 1. Drangsalieren Sie Ihren Partner nicht mit Ihrer Wut, um sich für Ihre Verluste zu rächen oder von Ihrer Mittäterschaft abzulenken; zeigen Sie Ihrem Partner aber, was auf dem Weg zur Versöhnung in Ihnen vorgeht. *Wenn Sie Ihren Partner Ihren Schmerz mittragen lassen, können Sie anfangen, ihn loszulassen.*

Der untreue Partner

Sie schweigen vielleicht, um Konflikte zu vermeiden, aber Sie verwechseln Frieden mit Vertrauen. Wenn Sie Ihre Unzufriedenheit für sich behalten, hat das nichts mit Liebe oder Beschützen zu tun; es macht Sie beide nur anfällig für einen weiteren Betrug. Falls Sie auf eine beständigere Zeit warten, um offen zu reden – vergessen Sie es; die Zeit erleichtert Ihnen Ihre Aufgabe keineswegs. Machen Sie Ihren Sorgen jetzt Luft, oder das Geschwür wächst.

Vanessa wußte Monate, bevor sie sich einen Liebhaber nahm, daß es ihr schlechtging; sie sagte aber nichts. Vielmehr kam sie ihrem Mann mit halbherzigen Bitten, mit ihr Einkäufe oder Besorgungen zu erledigen. Ihr Mann merkte nichts von der drohenden Krise und wies sie höflich ab.

Was ihm Vanessa nicht sagte, war: »Sieh mal, ich fühle mich einsam. Ich möchte mehr von dir haben. Du gehst ganz in deinem Beruf auf, und ich habe das Gefühl, nicht wichtig für dich zu sein. Das ist etwas Ernsthaftes. Hör mir zu.« Wenn er das noch nicht begriffen hätte, hätte sie sagen können: »Ich spiele mit dem Gedanken an eine Affäre. Ich fühle mich zu anderen Männern hingezogen« oder »Ich spiele mit dem Gedanken, dich zu verlassen. Ich sage dir das nicht, um dir zu drohen, sondern um uns zusammenzuhalten.«

Wenn sich Vanessa früher und offener erklärt hätte, hätte sie sich vielleicht nicht woanders Kameradschaft suchen müssen. Doch es fiel ihr schwer, offen zu sprechen, weil sie ihr Leben lang gelernt hatte, ihre Unzufriedenheit herunterzuschlucken. »Schweigen ist Gold«, »Wecke keine schlafenden Hunde«, »Der Klügere gibt nach«, »Das wird sich mit der Zeit von selbst geben« – mit diesen Botschaften war sie aufgewachsen. Was ihr aber niemand gesagt hatte, war: »Ohne Konflikt keine Nähe; stehe zu deinen Klagen, oder dir wird nichts bleiben als die Illusion von Frieden.«

Annahme Nr. 2: »Wenn ich meinen Anteil an unseren Problemen zugebe, denkst du schlecht von mir oder hältst ihn mir vor.«

Der verletzte Partner

Es fällt Ihnen wahrscheinlich sehr schwer, eine Beteiligung einzugestehen, wo Sie sich doch so betrogen und verletzt fühlen, doch wenn Sie einen angemessenen Teil an Verantwortung akzeptieren, befreit Sie das von der Opferrolle. Das Wissen, daß Sie nicht nur passiv auf eine Veränderung Ihres Partners warten müssen, sondern selbst aktiv etwas anders machen können, kann Sie stärken.

Der untreue Partner
Sie sträuben sich vielleicht genauso, Verantwortung zu übernehmen, doch Ihr Partner muß wissen, daß Sie ihn verstehen und bereuen, was Sie ihm angetan haben. Wenn Sie selbstsüchtig oder unsensibel waren oder sich von unrealistischen Erwartungen leiten ließen und übermäßige Bedürfnisse hatten, die Ihr Partner (oder sonst jemand) zu erfüllen nicht verpflichtet oder fähig war, dann ist jetzt der Zeitpunkt, dies zuzugeben und sich zu entschuldigen. Denken Sie daran, *das wertvollste Geschenk, das Sie Ihrem Partner als Garantie, daß Sie nicht wieder fremdgehen werden, machen können, ist Ihre Bereitschaft, sich selbst zu ergründen, sich mit Ihren persönlichen Problemen, die zu der Affäre führten, auseinanderzusetzen und sie offen und verantwortlich einzugestehen.*
Hier sind einige Aussagen, mit denen einige meiner Klienten diesen Prozeß in Angriff nahmen; bitte suchen Sie nach Ihren eigenen Erklärungen:

- »Ich war am Boden zerstört, als mein Geschäft in die Knie ging. Ich fühlte mich so gedemütigt.«
- »Als Mutter starb, wußte ich nicht, wie ich an dich rankommen und dir sagen sollte, wie elend und einsam ich war, wie sehr ich dich brauchte.«
- »Ich habe mich nie gegen deine Wut gewehrt, genausowenig wie bei meinem Vater. Ich war die Niete, und ich habe zugelassen, daß du mich trittst. Ich habe dich dafür gehaßt, weil das einfacher war, als mich selbst zu hassen.«
- »Ich habe mich nie attraktiv, sexy oder klug gefühlt. Ich glaubte den Schmeicheleien anderer Frauen, damit ich mich begehrenswert fühlen konnte.«
- »Ehrlich gesagt, ich weiß nicht, warum ich fremdgegangen bin, aber ich werde eine Therapie machen und es herausfinden und es dir dann mitteilen. Es ist teilweise deine Aufgabe, mich glücklich zu machen, aber es ist nicht deine Aufgabe, für meine Treue zu sorgen. Darum kümmere ich mich selbst – ich verspreche es.«

Sie beide gestehen wahrscheinlich nur widerwillig ein, worüber Sie so tiefe Reue oder Scham empfinden – es könnte Sie weniger liebenswert, leichter angreifbar machen. Doch gewöhnlich trifft das Gegenteil zu.

Ich weiß noch, wie schmerzlich diese Lektion für mich selbst war. Damals in der fünften Klasse glaubte ich, daß Untreue bedeute, kein Baby machen zu können. Ich hatte gerade meine erste Brille bekommen. Als ich bei Freundinnen übernachten ging, ermahnten mich meine Eltern, gut auf die Brille aufzupassen. Ich versuchte es. Doch als wir schlafen gehen sollten, fand ich keinen sicheren Ort in unserem Matratzenlager. Ich legte sie daher unter mein Kopfkissen, in dem Glauben, so würde niemand drauftreten. Ich irrte mich. Als ich am nächsten Tag nach Hause kam, hatte ich Angst, daß meine Eltern mir böse sein würden, und fürchtete mich dafür, meine Dummheit zuzugeben. So bagatellisierte ich meinen Fehler. »Ihr werdet nicht glauben, was passiert ist«, krähte ich, als ich zur Tür hereinkam. »Ihr habt's gewußt!« Und ich hielt meine zerbrochene Brille hoch. Natürlich waren meine Eltern wütend – nicht weil die Brille kaputt war, sondern weil ich es ihnen in dieser lässigen, nonchalanten, arroganten Manier mitgeteilt hatte. Wäre ich ehrlich gewesen, hätte ich zu ihnen gesagt: »Das mit der Brille tut mir schrecklich leid. Ich habe wirklich versucht, auf sie aufzupassen, habe es aber nicht geschafft. Ich weiß, daß sie teuer war, und es tut mir leid, daß das passiert ist.« Sie hätten mir verziehen, da bin ich sicher.

Aufrichtigkeit und Selbstkritik können genauso entwaffnend wirken und Sie in den Augen Ihres Partners sympathischer und menschlicher machen. Ihr Partner wehrt dann vielleicht auch weniger ab und ist statt dessen eher bereit, sich mit seinem Beitrag zu der Affäre auseinanderzusetzen. Je mehr Schuld Sie Ihrem Partner zuschieben, desto weniger Verantwortung wird er übernehmen. Wenn Sie sich verletzlich zeigen, kann Ihr Partner das auch bei sich zulassen.

Toben

Wenn Sie schweigen, knebeln Sie Ihre Unzufriedenheit; wenn Sie toben, blasen Sie damit zum Angriff auf Ihren Partner. Genau wie hinter dem Stillschweigen können hinter dem Toben bestimmte fehlangepaßte Annahmen stecken, die Ihnen die Erlaubnis geben, sich unbeherrscht abzureagieren und praktisch eine Garantie dafür sind, daß Ihr Partner sie ignoriert oder zurückschlägt. Betrachten wir einige dieser Annahmen:

1. »Ich muß meinen Gefühlen Luft machen – es ist ungesund, sie zu zensieren.«
2. »Ich muß erst toben, damit du mir zuhörst oder meinen Schmerz verstehst.«
3. »Ich bin, wie ich bin.«
4. »Ich muß erst zufrieden sein, bevor ich aufhöre.«

Annahme Nr. 1: »Ich muß meinen Gefühlen Luft machen – es ist ungesund, sie zu zensieren.«

Manche Therapeuten stehen immer noch auf dem Standpunkt, der ungehemmte Ausdruck von Gefühlen sei kathartisch – eine Art verbaler Aderlaß, der Sie von aufgestauten giftigen Gefühlen reinigt. Die meisten Fachleute glauben heute jedoch, daß unnachsichtiges, unkontrolliertes Wüten nur mehr Wut hervorruft, sowohl bei dem tobenden Partner als auch bei dem angegriffenen.

Ich will damit nicht sagen, daß Sie immer die Stimme dämpfen sollten oder daß Toben schlecht sei. Ihr Partner kann Ihre Empfindungen nicht verstehen, wenn Sie sie in ein Lächeln verpacken. Unablässige Wut jedoch ist abstoßend, und wenn Sie Ihren Tonfall und Ihre Worte sorgfältig wählen, liefern Sie Ihrem Partner keinen Vorwand, *nicht* zuzuhören. Sie müssen Ihre Erbitterung vielleicht erst abreagieren, bevor Sie liebevollere Gefühle pflegen können, aber es gibt Methoden dafür, die nicht noch mehr Bitterkeit entstehen lassen. (Ich nenne einige davon unter »Vorschläge« am Kapitelende).

Annahme 2: »Ich muß erst toben, damit du mir zuhörst oder meinen Schmerz verstehst.«

Sie gehen vielleicht automatisch davon aus, daß das quietschende Rad geölt wird, daß Sie, um gehört zu werden, eine dramatische Szene machen müssen. Sie haben möglicherweise recht; Ihr Partner verweigert Ihnen unter Umständen die Aufmerksamkeit, wenn Sie nicht erst toben – und tut Sie dann als verrückt oder unvernünftig ab. Wenn das passiert, funktioniert Ihr Ventil nicht, und Sie werden noch wütender.

Aber Sie können sich auch irren – Ihr Toben, selbst wenn es Aufmerksamkeit weckt, stößt Ihren Partner vielleicht ab und macht Sie so noch einsamer und hilfloser als zuvor. Wenn Sie ruhig und offen sprechen, kann Ihnen Ihr Partner besser zuhören und Ihren Schmerz oder Ihre Verärgerung greifbarer nachfühlen, als wenn Sie laut werden.

Martha hätte ihrem untreuen Mann sagen können: »Du hast mich mit einer lebensbedrohlichen Krankheit allein gelassen, weil du ein egoistisches Schwein bist. Du hast dich noch nie um jemanden gekümmert, außer um dich selbst.« Statt dessen sagte sie: »Ich fühle mich in meinem eigenen Körper nicht mehr sicher. Verstehst du, was für ein verrücktes Gefühl das ist? Du hättest mich mit Aids anstecken können. Ich kann mir nicht vorstellen, was für dich so wichtig war, daß du mein Leben aufs Spiel gesetzt hast.«

Annahme 3: »Ich bin, wie ich bin.«

Sie meinen vielleicht, daß Sie ein »emotionaler Mensch« seien, der sich nur so hitzig, wie Sie es tun, mit anderen auseinandersetzen kann. Solche Etiketten sind jedoch nur ein Vorwand, um fehlangepaßtes Verhalten zu rechtfertigen und Ihnen die Lizenz zum Toben zu geben. Wenn Sie Ihr Anliegen rüberbringen wollen, müssen Sie aufhören, sich hinter der falschen und bequemen Ausrede zu verstecken, daß Sie sich nicht ändern können.

Annahme 4: »Ich muß erst zufrieden sein, bevor ich aufhöre.«

Viele von Ihnen werden in den Streit hineingezogen und können dann prinzipiell nicht davon ablassen, weil Sie glauben, daß Sie Genugtuung empfinden müssen, bevor Sie aufhören. Diese Vorstellung zwingt Sie, im Kriegszustand zu verharren, obwohl die Truppen längst wieder zu Hause sein sollten. Problematisch an dieser Strategie ist, daß Ihr Partner sich geschlagen und in der Defensive fühlt und daher nicht bereit ist, auf Sie einzugehen oder weiter mit Ihnen zu diskutieren. Wenn Sie gehört werden wollen, müssen Sie dann aufhören, sobald Sie verstanden worden sind, ob Sie nun befriedigt sind oder nicht. Glauben Sie nicht, daß Sie den Punkt nach Hause bringen, wenn Sie die Sache in die Länge ziehen und eine weitere Runde einläuten. Sie kriegen höchstens einen Treffer zurück, oder Ihr Partner flüchtet aus dem Ring.

Noch eine Warnung: Die Wut, die die Affäre ausgelöst hat, kann zu Gewalt gegen Ihren Partner oder Sie selbst führen. Es ist möglich, daß Sie, auch wenn Sie noch nie zuvor gewalttätig waren, sich nicht mehr beherrschen können und etwas tun, das Sie schwer trifft und in Gefahr bringt.

Torben und Kathy konnten nicht vernünftig über seine Affäre reden. Eines Abends wurde sie hysterisch und drohte sich umzubringen. Torben, überwältigt von Schuldgefühlen, hielt sich ein Messer an die Kehle und sagte: »Mach mich alle. Ich bin schlecht.« Während Kathy ins Bad stolzierte, um die Beruhigungspillen zu holen, schmetterte Torben einen Teller zu Boden. Ein Scherben flog ihm ins Gesicht und riß ihm die Lippe auf. Sie hielten beide inne und blickten sich an, sprachlos. »Mein Gott«, dachten sie. »Was tun wir da? Was ist los mit uns?«

Diese Ausbrüche, so extrem und unnatürlich sie scheinen mögen, passieren in den Nachwehen einer Affäre häufig. In einer Zeit, in der Ihre Gefühle aufgewühlt sind, Ihr Selbstgefühl traumatisiert und Ihre Partnerschaft zerbrochen ist, müssen Sie die Frühzeichen eskalierender Gewalt erkennen lernen und aufhören, bevor Ihre Konfrontation außer Kontrolle gerät. Trinken und streiten Sie nicht gleichzeitig: Alkohol verstärkt nur Ihre Feindseligkeit. Drohen Sie nicht mit der Scheidung; Ihre Partnerschaft ist zu zerbrechlich, als daß sie diese Einschüchterung aushalten könnte. Wenn Sie merken, daß Ihre Gefühle hochkochen, denken Sie daran, daß Sie vielleicht nicht genügend Kommunikationsfähigkeiten oder Selbstbeherrschung haben, um über ein so heißes Thema wie Untreue zu diskutieren, und nehmen Sie von allem Abstand, was Sie wütend machen könnte. Erklären Sie einen zeitweisen Waffenstillstand, etwa so: »Ich merke, wie die Spannung zwischen uns steigt. Vereinbaren wir doch, hier Schluß zu machen und um fünf Uhr heute abend weiterzureden. Ich will wirklich wissen, was du zu sagen hast.«

Es ist wichtig, übereinstimmend aufzuhören und zu einem neuen Zeitpunkt weiterzumachen, damit der Partner, der sich abreagiert, sich nicht abgewürgt fühlt.

Wie Ihre Vergangenheit Ihre heutige Redeweise beeinflußt

Wenn Sie verstehen wollen, warum Sie schweigen oder toben, dann untersuchen Sie die Kommunikationskultur Ihrer Herkunftsfamilie. In diesem Zusammenleben haben Sie gelernt, sich selbst auszudrücken. Es folgen einige Beispiele:

- Ihre Eltern schrien sich immer an, und Sie lernten, Konfrontationen zu fürchten.
- Sie hatten mehrere lebhafte Geschwister, die Ihnen beibrachten, daß die einzige Möglichkeit, sich Gehör zu verschaffen, in Schreien bestand.
- Sie lernten von einer stets zurücksteckenden Mutter, Ihre Bedürfnisse zu unterdrücken.
- Sie lernten von einem cholerischen, herrischen Vater, zurückzuschimpfen.
- Sie lernten von einer kritischen Mutter, daß Sie nur dann Anerkennung erringen können, wenn Sie das sagen, was andere hören wollen, und Ihre eigene Stimme überhören.
- Sie lernten von einem abwesenden Vater, daß Sie nur dann Aufmerksamkeit bekommen, wenn Sie quengeln, nörgeln, schreien oder weinen.

Wenn Sie heute mit Ihrem Partner kommunizieren, wiederholen Sie wahrscheinlich Szenen aus Ihrer Kindheit, die diese frühen Lektionen bestätigen. Wenn Sie sich beispielsweise als Kind mißverstanden fühlten, unterdrücken Sie nun Ihre Bedürfnisse und sorgen so dafür, daß Ihr Partner Sie nicht versteht. Wenn Sie keine Unterstützung erfahren haben, schreien Sie und stellen sicher, daß Ihr Partner nicht zuhört.

Diese eingefahrenen Muster zu durchbrechen, mag Ihnen so riskant erscheinen wie ein Sprung ins tiefe Wasser. Doch wenn Sie springen, befreien Sie sich, können vertrauter miteinander umgehen und geben Ihrem Partner die Chance,

Ihnen zuzuhören und Ihre Bedürfnisse ernst zu nehmen, vielleicht zum erstenmal.
Es folgen zwei entgegengesetzte Szenarien. Im einen hat sich Curtis im Stillschweigen festgefahren. Im anderen wehrt sich Sarah gegen ihr Stillschweigen und versucht, es zu überwinden.

Szenario Nr. 1: Curtis und Alice
Curtis und Alice brachten beide einen fehlangepaßten Kommunikationsstil in ihre Ehe mit. Wie bei einem Schlüssel-Schloß-Phänomen konnten beide eine gut gelernte Rolle spielen, bis Curtis' Affäre den Vorhang fallen ließ.
Curtis' dominanter Vater sorgte für seine Familie und für eine scheinbar konfliktfreie häusliche Umgebung. Falls Curtis einmal wütend war, gestand er das keinem, auch nicht sich selbst ein. Als er Alice heiratete, trug er dieselbe liebe, zurückhaltende Fassade zur Schau, die er der Welt in seiner Jugend gezeigt hatte. Er unterwarf sich ihren Wünschen, wie er sich denen seines Vaters unterworfen hatte, und brachte ihr bei, seine Bedürfnisse zu ignorieren. Sein Eheleben schien konfliktfrei.
Auch Alice hatte einen dominanten Vater, doch statt zu kuschen lernte sie, Beleidigungen so rasch zurückzugeben, wie sie auf sie niederprasselten. Sie stritt sich oft und heftig mit ihrem Vater. In ihrer Ehe trat sie in dessen Fußstapfen und stritt oft mit Curtis, weil er so weich und selbstunsicher sei. Schließlich sah sie auf ihn herab, weil er ihr nicht Paroli bot.
Als Curtis nach 20 Ehejahren eine größere geschäftliche Investition in den Sand setzte, empfand Alice nur noch Verachtung für ihn. Curtis sagte nichts, drückte dann aber seine aufgestaute Wut dadurch aus, daß er sie verließ und zu seiner Buchhalterin zog. Als ich ihn zwei Monate später traf, war er immer noch wütend auf Alice, weil sie ihn nicht unterstützt hatte. »Ich habe immer allen ihren Launen nachgegeben«,

sagte er, »und das *eine* Mal, wo ich im Gegenzug um etwas bat, hatte sie mir nichts zu geben.« Ich wies darauf hin, daß er sie in ihren gemeinsamen Jahren niemals gewarnt hatte, ihr nie die korrigierende Rückmeldung gegeben hatte, daß er unglücklich war, sie nie gebeten hatte, ihm eine Stütze zu sein. Nie hatte er gesagt: »Hör mal, ich brauche dich jetzt. Ich war immer für dich da, und wenn du nicht das Mitgefühl und die Menschlichkeit aufbringen kannst, für mich da zu sein, dann verlasse ich dich.« Ich fragte ihn, wieso er denn erwartet habe, daß sie sich anders verhalten würde, nachdem er ihr so viele Jahre beigebracht habe, *nicht* für ihn da zu sein.

Curtis hätte immer noch ein offenes Wort mit Alice reden können – sie bereute tief, wie sie ihn behandelt hatte, und wollte, daß er zurückkam –, aber er schwieg wie gewöhnlich und sorgte allein für seine Bedürfnisse, außerhalb der Partnerschaft.

Szenario Nr. 2: Sarah und John

Sarahs Geschichte endet befriedigender. Ihre Mutter hatte Diabetes, und sie übernahm die Rolle des unsichtbaren Kindes, das nie jemandem seine Bedürfnisse aufdrängte. Gelegentlich brach die Wut in ihr durch, doch am Ende fühlte sie sich immer schuldig und zog sich in sich selbst zurück. In ihrer Ehe mit John behielt sie dieses Muster abwechselnden Stillschweigens und Tobens bei.

Fast ein Jahr, nachdem er seine Affäre mit seiner Sekretärin gestanden hatte, verkündete John, er werde wegen einer Weihnachtsfeier länger im Büro bleiben, und lud Sarah dazu ein. Sie wurde fuchsteufelswild. »Du triffst dich offenbar immer noch mit diesem Mädchen«, tobte sie. »Wenn du auf mich stolz wärest und mich wirklich dabeihaben wolltest, hättest du nicht bis zur letzten Minute mit der Einladung gewartet, wo du wußtest, daß es für mich zu spät sein würde hinzugehen.«

John bestand erschüttert darauf, daß er die Feier nur deswegen vergessen hatte, weil sie ihm nichts bedeutete und er mit Arbeit eingedeckt war. Sarah wollte ihm glauben, machte ihn aber weiter schlecht.

An diesem Abend, nachdem John früh von der Feier nach Hause zurückgekehrt war, wollte Sarah mit ihm Frieden schließen, doch das Stillschweigen kam ihr dazwischen. »Johns Art, mit dem Konflikt umzugehen, war, wie immer sofort ins Bett zu gehen«, berichtete sie mir am nächsten Tag. »Ich wußte, daß er sofort schlafen und ich die ganze Nacht grübelnd wach liegen würde. Morgens würde ich mich dann schlecht fühlen und noch wütender auf ihn sein. Wir würden den ganzen Tag nicht miteinander reden, und wenn er von der Arbeit nach Hause kam, wäre ich eine rasende Furie. Ich mußte mich ihm einfach nahe fühlen, sonst konnte ich nicht schlafen, aber ich lag nur wie immer schweigend da und hatte Angst, mich zu rühren. ›Du Idiot‹, sagte ich zu mir, ›warum kannst du nicht einfach sagen, daß es dir leid tut, und ihn bitten, dich in den Arm zu nehmen? Immer hast du Probleme, um etwas zu bitten – warum ist das so schwer? Rede mit ihm.‹

Und ich tat es. Ich drehte mich zu ihm um und sagte kläglich – kaum zu fassen –: ›Ich kann nicht schlafen. Hast du was dagegen, wenn ich die Nachttischlampe anmache und lese?‹ – ›Nein, mach nur‹, sagte er und schloß die Augen.

Ich lag da und dachte: ›Ich kann es nicht glauben! Lesen ist das letzte, was du willst. Raff dich auf. Sage ihm, was du willst.‹ Ich rüttelte ihn also wach und sagte: ›John, das ist idiotisch. Mir geht es miserabel wegen unseres Streits heute abend – ich bin unsicher wegen uns, wütend auf mich, weil ich den Streit mit dir vom Zaun gebrochen habe. Bitte schlafe nicht ein und laß mich hier auf dem Trockenen liegen. Halt mich einfach fest.‹ John öffnete die Augen, lächelte und rückte ein wenig. Diesmal nahm ich seine Einladung an.

Es ist kaum zu glauben, wie schwer das war, einfach zu sagen, was ich dachte. Ich mußte etwas tief in mir überwinden, das mir die Sprache verschlug. Mein Leben lang hatte ich es so gemacht, schweigen oder explodieren. Als ich endlich meine eigene Stimme fand, gab ich John eine Chance, für mich da zu sein, und erlebte mich auf neue Weise – mit besserem Kontakt, mehr Unterstützung.«

Von der/m Geliebten Abschied nehmen

Viele untreue Partner beschließen, ihre/n Geliebte/n nicht mehr wiederzusehen, ohne sich formell von ihr/m zu verabschieden. Was auch immer der Grund dafür ist – Schuldgefühle, Angst vor Versuchung oder Streit –, Ihr Partner wird in dem Glauben gelassen, daß Sie sich nicht wirklich für die Rückkehr entscheiden können und sich ein Hintertürchen offen lassen wollen. Das ist nicht gerade das beste Klima für vertrauensbildende Maßnahmen. Sollte Ihr/e Geliebte/r schreiben oder anrufen, blüht Ihnen und Ihrem Partner jedesmal garantiert neuer Streit.

Es gibt drei gute Methoden, Ihrem Partner klarzumachen, daß Sie zu ihm stehen. Erstens müssen Sie Ihrer/m Geliebten unmißverständlich den Laufpaß geben. Versuchen Sie nicht, diese Person durch wachsweiche Worte zu schützen; lassen Sie keine Zweifel aufkommen. Machen Sie deutlich, daß Sie möchten, daß Ihr/e Geliebte/r eine andere, befriedigendere Beziehung eingeht. Zweitens müssen Sie Ihrem Partner versprechen, daß Sie nie wieder Kontakt zu Ihrer/m Geliebten aufnehmen oder falls das nicht möglich ist, daß Sie die Begegnungen auf ein Mindestmaß beschränken und so unpersönlich wie möglich halten. Drittens müssen Sie einwilligen, wenn Ihr Partner genau wissen will, wo und wann sich Ihre Pfade mit denen Ihrer/s Geliebten kreuzen; sonst könnte die Wahrheit zufällig herauskommen, und dann sieht es so aus, als wollten Sie ein Geheimnis verbergen.

Über die Affäre reden

Wenn Sie über die Affäre reden, muß der verletzte Partner entscheiden, was er wissen will, und der untreue Partner, wie er es aufklären will. Das sind brisante Probleme, die durchdacht werden sollten, bevor ein Gespräch stattfindet.

Der verletzte Partner
Das Wissen, daß die/der Geliebte mit Ihrem Partner Geheimnisse hat – daß die beiden Dinge wissen, die Sie nicht wissen –, mag Ihnen so unerträglich erscheinen, daß Sie darauf bestehen, jede quälende Einzelheit zu erfahren.
Problematisch an einem zu deutlich ausgemalten Bild ist, daß es Sie wahrscheinlich peinigt und Ihre Phantasie eher anregt als besänftigt. Ihr Wissensdurst ist verständlich, aber ich rate Ihnen, bevor Sie das Verhör beginnen, Ihre Fragen aufzuschreiben und sich selbst zu fragen: »Werden die Antworten mir helfen – *uns* helfen –, darüber hinwegzukommen? Werden sie reinen Tisch machen oder alles nur neu aufrühren? Was sollen meine Fragen erreichen?«
»Die Schublade voller Pornohefte störte mich nicht so sehr«, berichtete eine Klientin namens Tracey. »Aber als ich Photos von Leuten fand, die aufeinander urinierten und defäzierten, begann ich mich zu fragen, ob Jack das wohl mit seiner abartigen Freundin machte. Ich beschloß, ihn nicht zu fragen, weil ich nichts mit der Antwort hätte anfangen können – ein Mensch kann nur eine bestimmte Menge Aufklärung ertragen. Aber ich mußte herausfinden, ob es ihn überhaupt befriedigte, mit mir zu schlafen, weil ich nicht zu allem bereit war, nur um ihn glücklich zu machen.«
Die meisten verletzten Partner haben anders als Tracey ein besonderes Talent dafür, Informationen nachzujagen, die sie nur quälen. »Denkst du immer noch an sie?« – »Hast du lieber mit ihm geschlafen als mit mir?« – »Hast du Zweifel an unserer gemeinsamen Zukunft?« – solche selbstzerstöre-

rischen Fragen treiben das Messer nur tiefer in die Wunde. Welchen Nutzen hat das?

Wenn der verletzte Partner zum Experten im Fallenstellen wird, verlieren alle. Eine 36jährige Herstellerin namens Jill war da keine Ausnahme. »Howards Affäre [mit seiner Verkaufsrepräsentantin] lag zwei Jahre zurück«, erzählte sie mir, »aber ich fühlte mich immer noch genötigt, ihn zu prüfen. Er hatte versprochen, seine Besprechungen mit ihr oberflächlich zu halten. Nach einer Verkaufsbesprechung versuchte ich, ihm ein Bein zu stellen. Ich fing ganz langsam an, als ob ich Witterung aufnähme. Ich fragte ihn: ›Hast du Janet in letzter Zeit gesehen?‹ Ich wußte, daß es so war, und er gab es zu. Dann legte ich meinen Köder aus: ›Geht sie noch mit diesem Jungen aus Arizona?‹ Konnte er das beantworten, wußte ich, daß ihre Unterhaltung die Grenze überschritten hatte. Aber Howard versuchte, das Gespräch auf sicheren Boden zu ziehen. ›Ich fühle mich geschmeichelt, daß du glaubst, so ein junges Mädchen könnte sich noch für mich interessieren‹, sagte er. Ich wollte ihn nicht so leicht davonkommen lassen und schoß zurück: ›Es scheint dir eher zu schmeicheln, daß sich ein so junges Ding für dich interessieren könnte!‹ Ich ließ nicht ab von ihm, bis er resignierend die Schultern zuckte und das Haus verließ. Ich merkte, daß er nichts hätte sagen können, was mich beruhigt hätte. Ich würde ihn erwischen, ob er schuldig war oder nicht.«

Ich kann Ihnen nur den Rat geben, sich auf Ihre Partnerschaft zu konzentrieren und nicht auf die/den Geliebte/n. Versuchen Sie, Fragen zu stellen wie »Was brauchst du von mir, um dich geliebt und umsorgt zu fühlen?« – »Was fehlt dir in unserer Partnerschaft?« – »Welche Berührungen magst du?« – Fragen, die Ihnen helfen, die Affäre und Ihre zwanghaften Gedanken an die/den Geliebte/n hinter sich zu lassen.

Eine Klientin namens Ann fand auch zu dieser Einsicht. »Als ich von Franks Affäre erfuhr«, erzählte sie mir, »wollte ich in das Büro dieser Schlampe marschieren und sie demütigen, wie sie mich gedemütigt hatte. Ich wollte ihr vor allen Kunden ins Gesicht schreien, daß sie eine verdammte Hure ist. Aber ich beschloß, mich nicht so zu erniedrigen, und schrieb ihr statt dessen einen Brief. Ich wollte ihr sagen, daß ich eine reale Person mit realen Gefühlen bin und daß das, was sie getan hatte, falsch war. Aber ich schickte ihn dann nicht ab, denn in Wahrheit ist nicht sie das Problem, und sie ist nicht die Lösung. Ob sie jemals erfahren wird, was sie mir angetan hat, oder überhaupt auch nur von meiner Existenz, hilft mir nicht in meiner Ehe.«

Der untreue Partner

Wenn es um Fragen nach der/dem Geliebten geht, dann glaube ich, daß dem Menschen, den Sie betrogen haben, und nicht Ihnen das Recht zusteht zu entscheiden, was Sie preisgeben. Sie sollten mit jeder Einzelheit herauskommen, die Ihr Partner wissen will. Wenn Sie versuchen, die Wahrheit zu verbergen oder zu beschönigen, um die Gefühle Ihres Partners zu schonen, wird er sie wahrscheinlich als manipulierend, ausweichend oder betrügerisch wahrnehmen. Weisen Sie darauf hin, daß die Wahrheit eher schmerzlich als heilsam sein kann, aber erwarten Sie nicht, daß Ihr Partner Ihren Rat befolgt oder Ihrem Urteil vertraut.

Den Wünschen Ihres Partners nachzugeben, gibt Ihnen natürlich kein Recht zur Grausamkeit. Wählen Sie Ihre Worte mit Einfühlungsvermögen, und versuchen Sie, so zu antworten, daß Ihre Partnerschaft eine positive Richtung erhält. Wenn Ihre Frau fragt »Bin ich genauso gut im Bett?« wäre es sinnlos und gefühllos, einfach »nein« zu sagen. Sehr erhellend wäre dagegen eine Antwort wie: »Das sexuelle Verhältnis zu ihr war besser, als es in den letzten Jahren bei uns gewesen ist, aber das lag daran, daß es etwas Verbotenes war und weil ich manchmal den Eindruck habe, daß du nicht mit mir zusammensein willst.«

Zuhören in Intimität

Zuhören in Intimität bedeutet, daß Sie Ihre Gefühle und Überzeugungen hintanstellen, sich in die Welt Ihres Partners hineinversetzen und sich und die Affäre von seinem Standpunkt aus betrachten. Es bedeutet, sich selbst ohne Abwehr und Rivalität zu fragen: »Was will mir mein Partner mitteilen? Was soll ich seiner Meinung nach verstehen?«

Damit Sie vertrauensvoll zuhören können, dürfen Sie Ihren Partner nicht als Feind betrachten, sondern als einen Menschen, der ebenfalls leidet und der Ihnen nicht sagt »Du bist schrecklich«, sondern »Mir liegt an dir. Mir liegt daran, daß du mich verstehst.« Sie sollten sich vor Augen halten, daß Sie nicht über die Wahrheit als solche diskutieren, sondern über zwei unterschiedliche Betrachtungsweisen. Die Auffassung Ihres Partners kann sich von der Ihrigen unterscheiden, aber wenn Sie sich je näherkommen wollen, müssen Sie lernen, sie anzuhören.

Einer untreuen Partnerin namens Marsha fiel es nicht leicht, sich in ihren Partner hineinzuversetzen, doch sie strengte sich bewußt an. Als ihr Mann Bob zu ihr sagte: »Du gibst mir nicht das Gefühl, daß du mich liebst«, war ihr erster Impuls zurückzublaffen: »Was! Nach all dem, was ich für dich getan habe!« Statt dessen versuchte sie, sich in seine Trauer einzufühlen und auf ihn einzugehen. »Es regt mich auf, wenn du das sagst«, sagte sie. »Was tue ich, das dir diesen Eindruck gibt?« Zu sich selbst sagte sie: »Laß ihn reden. Er verrät dir etwas Wichtiges über sich selbst – und vielleicht über dich. Es spielt keine Rolle, ob du glaubst, daß er sich irrt oder unfair ist. Wenn du näher an ihn herankommen willst, mußt du zuhören und anerkennen, was er sagt.«

Sie können Ihrem Partner auf viele unterschiedliche Weisen zeigen, daß Sie ihm zuhören, aber ich möchte Ihnen zwei besonders ans Herz legen. Ich nenne sie die Tauschtechnik und die Entwaffnungstechnik.

Die Tauschtechnik

Oft streiten Paare, ohne zu wissen worum, oder argumentieren sofort gegen den Standpunkt ihres Partners, bevor sie ihn verstanden haben. Die Tauschtechnik soll Ihnen in der Zuhörerrolle helfen, wirklich zu hören, was Ihr Partner sagt, und Ihnen in der Sprecherrolle das Gefühl vermitteln, daß Sie gehört werden.

So funktioniert sie: Wenn Sie über ein Thema diskutieren und einer von Ihnen ärgerlich oder böse wird, »tauschen« Sie beide die Rollen. Das heißt, Sie versuchen beide nicht weiter, Ihre Ansicht durchzusetzen und einander aufzuzwingen, sondern sich in die subjektive Welt des jeweils anderen hineinzuversetzen. »*Du* willst also, daß *ich* das und das verstehe«, sagen Sie, wenn Sie die wichtigsten Aspekte dessen, was Ihr Partner Ihnen mitteilen will, dem Sinn und dem Inhalt nach zusammenfassen oder spiegeln. Dann beurteilt Ihr Partner auf einer Skala von eins bis zehn, wie gut Sie ihn verstanden haben. Wenn Sie es nicht getroffen haben, wiederholt Ihr Partner den Teil, den Sie mißverstanden haben, so oft, bis Ihr Partner zufrieden ist. Seien Sie nicht beleidigt oder frustriert, wenn Sie anfangs keine guten Noten bekommen. Oft merkt Ihr Partner erst, nachdem Sie ihm seine Botschaft zurückgespiegelt haben, was er da gesagt hat; Sie konnten vielleicht nichts verstehen, weil es gar nicht angesprochen wurde. Auch wenn Ihr Partner aufgeregt ist, müssen Sie die Botschaft vielleicht mehrmals wiederholen, bevor er sich verstanden fühlt.

Roberta und Neil fiel es schwer, gemeinsam etwas mit ihrer Freizeit anzufangen; jedesmal, wenn sie versuchten, darüber zu sprechen, sprachen sie schließlich überhaupt nicht mehr miteinander. Neil (der verletzte Partner) wollte mehr Zeit zusammen verbringen, Roberta oft weniger. Für ihn wirkte sie kalt und abweisend; für Roberta war er unsicher und bedürftig. Als sie eines Tages darauf bestand, allein Besorgungen machen zu gehen, gerieten sie aneinander. Neil wandte die Tauschtechnik an, hörte ihr gut zu und versuchte dann zu spiegeln, was sie sagte. »Du möchtest, daß ich dich ab und zu alleine losgehen lasse und das nicht als persönliche Zurückweisung auffasse«, sagte er. »Du glaubst, daß ich mit dir zusammensein will, um ein Auge auf dich zu haben und mich zu versichern, daß du mich nicht wieder betrügst. Dahinter steckt für dich keine Liebe, sondern der Wunsch, dich gefangenzuhalten.«

Nun hörte Roberta Neil genau zu und spiegelte seine Empfindungen: »Du willst, daß ich verstehe, daß ich einen Großteil deiner Unsicherheit bewirke, weil ich dich ständig wegschiebe und dir nie das Gefühl gebe, wichtig für dich zu sein. Dir wäre wohler, wenn du mich allein gehen läßt, wenn ich manchmal gemeinsam mit dir etwas unternehmen würde.«

Beide Partner hörten gut zu, und beide fühlten sich verstanden.

Die Entwaffnungstechnik

Diese andere Zuhörtechnik verringert die Polarisierung und hilft Ihnen, eine gemeinsame Diskussionsgrundlage zu finden. Wie die Tauschtechnik deeskaliert sie den Konflikt, indem sie Sie zwingt, sich auf das zu konzentrieren, was Ihr Partner Ihnen sagt, statt auf das, was Sie zu Ihrer Verteidigung vorzubringen gedenken.

Bei dieser Übung versuchen Sie abwechselnd, die Wahrheit im Standpunkt Ihres Partners – den Teil, mit dem Sie wirklich übereinstimmen – herauszufinden und wohlwollend und überzeugend zuzugestehen.

Ed und Miriam bekamen Streit, weil Eds Ex-Geliebte Sandy in derselben Firma arbeitete. Eines Tages bat ich sie während einer Paartherapiesitzung in meiner Praxis, die Entwaffnungstechnik auszuprobieren. Statt sich zu verteidigen oder der Konfrontation auszuweichen, gab Ed zu, was er an Miriams Standpunkt für wahr hielt. »Meine Arbeitssituation muß dich zum Wahnsinn treiben«, sagte er zu ihr. »Es muß für dich ja noch schwerer sein, mir zu vertrauen und nicht mehr über Sandy nachzugrübeln, wenn du weißt, daß ich ihr jeden Tag begegnen kann. Ich kann verstehen, daß du gerne hättest, daß ich mir eine andere Arbeit suche, selbst wenn ich dann weniger verdienen würde.«

Als Miriam hörte, daß Ed ihren Standpunkt ernst nahm, fiel es ihr leichter, dasselbe bei ihm zu machen. »Ich verstehe, daß du in einer Zwickmühle steckst«, sagte sie, »daß du mich zufriedenstellen willst, aber dir Sorgen machst, ob du woanders eine gute Stelle bekommst. Ich weiß, ich sage, das Geld ist mir egal, aber ich gebe doch viel aus. Es muß schwer sein, eine gute, sichere Stelle aufzugeben. Da braucht es mehr Energie und Zuversicht, als du im Moment zu haben glaubst.«

Das war für sie beide ein Wendepunkt. Keiner hatte bisher etwas Vernünftiges am Standpunkt des anderen zugestanden. Dieses Eingeständnis machte sie verletzlich, doch es verkleinerte ihren Konflikt und machte sie zu Verbündeten, die an einem gemeinsamen Problem arbeiteten.

Auch Sie sollten einsehen – worüber Sie sich auch streiten –, daß oft etwas Wahres an dem ist, was Ihr Partner sagt. Sie haben die Aufgabe, es zu finden und zu bestätigen. Fürchten Sie nicht, daß Ihr Partner sich gegen Sie verschanzt; im Gegenteil, Ihr Zugeständnis wird Sie beide aus Ihrer selbstgerechten Extremhaltung herausholen und Sie einander näher bringen.

Letztlich müssen Sie beide lernen, gute Zuhörer zu werden und die Beschwerden Ihres Partners als Geschenke für Ihre Partnerschaft zu betrachten. Wenn Sie Ihre Bindungen erneuern wollen, müssen Sie einander besser kennenlernen, und das heißt, als gültig anerkennen, was Ihr Partner empfindet, und das ernst nehmen, was er von Ihnen möchte. Wenn Sie beide offen miteinander sprechen können, ohne immer übereinander herzufallen, entwickeln Sie einen Mechanismus der Konfliktbewältigung, der Ihnen in der ganzen Partnerschaft Achtung und Verständnis vermitteln kann.

Gründe, warum Sie nicht zuhören wollen

Betrachten wir drei verbreitete Annahmen, die Sie daran hindern können, sich die Beschwerden Ihres Partners anzuhören. (Ich spreche immer vom Zuhören in *Intimität;* das bedeutet nicht einfach die Bereitschaft, den Worten Ihres Partners zu lauschen, sondern die Bereitschaft, seinen Standpunkt anzuerkennen.)

1. »Wenn ich mir deine Beschwerden anhöre, ist das dasselbe, wie wenn ich sage: ›Du hast recht.‹«
2. »Wenn ich mir deine Beschwerden anhöre, gebe ich dir einen Freibrief zum Toben.«
3. »Wenn ich mir deine Beschwerden anhöre, ist das dasselbe, wie wenn ich sage: ›Ich verzeihe dir.‹«

Annahme Nr. 1: »Wenn ich mir deine Beschwerden anhöre, ist das dasselbe, wie wenn ich sage: ›Du hast recht.‹«

Zuhören heißt nicht zustimmen: Es bedeutet nur, daß Ihnen soviel an Ihrem Partner liegt, daß Sie verstehen wollen, was er sagt. Wenn Sie Zuhören mit Zustimmen verwechseln, hören Sie nicht zu und wissen nicht, daß sie streiten. Wenn Sie sich die Klagen Ihres Partners nicht anhören, können Sie sie weder verstehen noch darauf eingehen.

Annahme Nr. 2: »Wenn ich mir deine Beschwerden anhöre, gebe ich dir einen Freibrief zum Toben.«

Manche von Ihnen fürchten vielleicht, daß Zuhören Ihren Partner noch aggressiver macht; wenn Sie sich durch Konflikte bedroht fühlen, wollen Sie sicher das Feuer nicht noch weiter anheizen. Aber Zuhören kann entwaffnend sein. Einfühlungsvermögen – ein anderes Wort für Zuhören in Intimität – verstärkt den Konflikt nicht, sondern dämpft ihn. Wenn sich Ihr Partner anerkannt und verstanden fühlt, entspannt er sich eher, vertraut Ihnen mehr und reagiert liebevoller auf Sie. Probieren Sie es aus. Sie werden merken, daß Zuhören eines der mächtigsten Hilfsmittel ist, über die Sie verfügen.

Annahme Nr. 3: »Wenn ich mir deine Beschwerden anhöre, ist das dasselbe, wie wenn ich sage: ›Ich verzeihe dir.‹«

Einigen von Ihnen fällt das Zuhören schwer, weil Sie es mit Vergeben gleichsetzen. Doch bringen Sie das nicht durcheinander. Zuhören bedeutet wie gesagt nur, daß Sie bereit sind, sich der Sicht der Wahrheit Ihres Partners zu öffnen, nicht sie zu akzeptieren oder Ihrem Partner sein Verhalten zu verzeihen oder ihn davon freizusprechen. Zuhören kann ein Weg zum Verzeihen sein, aber es ist nur ein Anfang.

Der Einfluß Ihrer Vergangenheit darauf, wie Sie heute zuhören

Als Kind haben Sie gelernt, in der Kommunikation Ihrer Familie bestimmte explizite oder implizite Botschaften zu hören. Manche haben Sie als Person gestärkt (»Ich respektiere deine Meinung«, »Ich bin immer für dich da«, »Du bist gut so wie du bist«). Andere, wie die folgenden, haben Sie geschwächt:

- »Paß bloß auf.«
- »Jetzt hast du mich ganz schön böse gemacht.«
- »Du bist ein Idiot.«
- »Du kannst einfach keine Entscheidungen treffen.«
- »Ich bin mit dir fertig.«
- »Du bist nicht liebenswert.«
- »Du weißt nicht, wovon du redest.«
- »Du solltest dich schämen.«

- »Du schaffst es nicht allein.«
- »Es ist deine Schuld.«
- »Was stimmt bloß nicht mit dir?«

Wenn heute Ihr Partner mit Ihnen spricht, neigen Sie dazu – sind Sie in gewissem Sinn programmiert darauf –, das, was Sie hören, in einer vertrauten, manchmal falschen Weise zu interpretieren, so daß Sie die Botschaft Ihres Partners verzerrt wahrnehmen und nicht mehr objektiv und konstruktiv reagieren können.

Josh, ein 58jähriger Anwalt, ist so ein Fall. Sein Vater war ein Tyrann, der ihm jede seiner Bewegungen vorschrieb. Wenn heute seine Frau Amy mit ihm spricht, hört er häufig »Einmischung«, »Kontrolle« und »Unterwerfung«. Amy betont, daß sie nur für sich selbst spricht und zu helfen versucht. Obwohl die Anlässe variieren – ob sie ihn nun bittet, eine halbe Stunde vor einer Party auf Zwiebeln auf seinem Sandwich zu verzichten oder den Fernseher im Hotelzimmer leiser zu stellen –, ist die Bedeutung, die Josh ihren Worten unterstellt, immer dieselbe. Er kann seiner Reaktion keinen Ausdruck geben, weil ihm nicht bewußt ist, inwiefern er selbst dazu beiträgt; er weiß nur, daß Amy ihm das Gefühl gibt, genauso manipuliert und bevormundet zu werden wie von seinem Vater, und daß er von ihr wegkommen muß, um sein emotionales Gleichgewicht wiederzugewinnen. Natürlich wird diese Lösung weder ihnen als Paar noch ihm als Person etwas bringen.

Sie müssen sich wie Josh Ihrer wunden Punkte, Empfindlichkeiten, Scheuklappen – wie immer Sie es nennen – bewußt werden, weil sie Sie in Mißverständnisse treiben. Sie müssen sich vor Augen halten, daß das, was Sie zu hören meinen, etwas ganz anderes sein kann als das, was Ihr Partner mitteilen möchte. Wenn Sie Ihren Partner falsch interpretieren (beispielsweise hören »Ich mag dich nicht, und ich verlasse dich«, wenn Ihr Partner ärgerlich oder wütend ist), reagieren Sie wahrscheinlich unangemessen (drohen etwa mit der Scheidung) und verleiten Ihren Partner dazu, so zu reagieren, daß er Ihre ursprüngliche Annahme bestätigt (daß Ihr Partner Sie nicht mag und Sie verläßt).

Wenn Sie wissen, daß Sie dazu neigen, die Worte Ihres Partners nach Ihren eigenen persönlichen Problemen zu interpretieren, müssen Sie einen Schritt zurücktreten und sich fragen: »Läßt sich das, was mein Partner zu mir sagt, auch anders verstehen? Kann ich es auch anders deuten? Provoziere ich meinen Partner dazu, daß er so mit mir umgeht wie meine Eltern und daß sich meine Kindheitserfahrungen bestätigen?«

Sie können überprüfen, ob Sie eine Botschaft richtig interpretieren, indem Sie zu Ihrem Partner sagen: »Was du gesagt hast, gibt mir das Gefühl, *X* (allein gelassen, herabgesetzt, bevormundet) zu werden, aber ich weiß, daß ich leicht zu solchen Empfindungen neige. Verstehe ich dich richtig?« Das gibt Ihrem Partner eine neue Chance, zu erklären, was er meint, und Ihnen eine neue Chance, mit offenen Ohren zuzuhören.

Geschlechtsunterschiede bei Auseinandersetzungen

Männer und Frauen diskutieren tendenziell unterschiedlich über Streitfragen. Zwar finden sich diese Geschlechtsunterschiede nicht bei jedem, aber wenn Sie sie kennen, können Sie konstruktiver miteinander reden und Reaktionen hinnehmen, die Sie ansonsten ärgern oder aufbringen würden.[1]

Es folgen einige häufige Beispiele:

1. Männer geben oft Ratschläge, wenn Frauen emotionale Unterstützung wollen. Männer sehen ihr Eingreifen als liebevoll oder hilfreich. Frauen erleben es gewöhnlich als herablassend oder uneinfühlsam.
2. Wenn Männer einfühlsam sein sollen, empfinden sie sich oft als Idiot oder Betrüger. Es fällt ihnen schwer zu glauben,

daß jemand etwas davon haben könnte, wenn sie einfach nur zuhören oder Gefühle bestätigen. Frauen können sich leichter einfühlen und kennen dessen Wert.

3. Männer fühlen sich in emotionalen Auseinandersetzungen aus physiologischen Gründen leichter überfordert und ziehen sich zurück. Wenn die Spannung steigt, steigen auch Pulsfrequenz und Blutdruck (ein physiologisch unangenehmer Zustand), und sie spüren ein quasi biologisches Bedürfnis zu fliehen. Frauen dagegen fühlen Nähe, wenn sie ihre Klagen artikulieren, und geraten in einen höchst unangenehmen vegetativen Erregungszustand, wenn sich ihr männlicher Partner zurückzieht. Eine Frau, deren männlicher Partner flieht, wenn sie versucht, Wut oder Schmerz auszudrücken, ist zu einer Wahl zwischen Pest und Cholera gezwungen: entweder den Mund aufzumachen und ihren Partner von sich zu entfremden oder stillzuschweigen und sich von sich selbst zu entfremden. »Wenn eine Frau ... wütend auf ihren Partner ist, weil er Affären hat, emotional unzugänglich ist oder droht, sie zu verlassen, dann kann sie Angst davor haben, daß er es ihr mit noch größerer Wut heimzahlt oder daß er seine Drohung, sie zu verlassen, wahr macht, wenn sie ihre Gefühle deutlich zeigt.«[2] Das Schweigen einer Frau führt nur allzu oft in Depression und Selbstverlust.

Diese geschlechtsbezogenen Kommunikationsunterschiede verschärfen sich oft, wenn der verletzte Partner eine Frau ist und der untreue ein Mann. Eine Frau möchte eher über ihren Schmerz reden, hat als verletzter Partner aber auch mehr Probleme, dies zu tun. Ein Mann möchte dem Konflikt lieber aus dem Weg gehen, möchte als untreuer Partner lieber einfach weitermachen. Jeder Partner bezieht sich so auf den anderen, daß beide frustriert und einander entfremdet sind.

Wenn Männer und Frauen diese Schwierigkeiten überwinden wollen, sollten sie einen Handel abschließen: Die Männer dürfen den Konflikt nicht vermeiden; die Frauen dürfen ihren Partner nicht damit überschütten.

Als Mann müssen Sie in die Auseinandersetzung eintreten und versuchen, sich in Ihre Partnerin einzufühlen. Sie müssen ihr beweisen, daß Sie sich bemühen werden, bei der Sache zu bleiben und ihren Standpunkt zu verstehen, wenn sie ruhiger und nicht so lange mit Ihnen redet.

Als Frau müssen Sie die Bemühungen Ihres Partners belohnen, indem Sie zulassen, daß sein Einfühlungsvermögen Sie erreicht und beschwichtigt – und indem Sie die Diskussion kurz halten. Wenn er Ihnen Ratschläge gibt, sollten Sie das nicht als Herabsetzung oder Bevormundung werten, sondern als Versuch, hilfreich und liebevoll zu sein.

»Jedesmal, wenn zwischen mir und Janet gerade alles gut läuft«, beklagte sich Bill, ein untreuer Partner, in der Therapiesitzung, »bringt sie meine Affäre aufs Tapet und macht alles wieder kaputt. Ich versuche zuzuhören, aber es nützt offenbar nichts. Der Schmerz vergeht nie. Sollen wir denn ewig so weitermachen?«

»Sie wollen gern weiterkommen«, sagte ich zu ihm, »aber wenn Sie Optimismus an den Tag legen, bekommt Janet Angst. Sie fürchtet, wieder verletzt zu werden. Sie fürchtet, daß Sie das, was passiert ist, nur unter den Teppich kehren wollen und nichts daraus gelernt haben. Ihr Optimismus wirkt auf sie selbstsüchtig und manipulativ – wie ein billiger, schmerzloser Weg, Verzeihung zu erlangen. Ich empfehle Ihnen folgendes: Sie müssen Janet jedesmal, wenn sie das Bedürfnis hat, über ihren Kummer zu sprechen, zuhören – und wenn das 5000mal ist. Sind Sie nicht froh, daß Sie gefragt haben?« Sie lachten. »Ihre Bereitschaft zuzuhören kann ihren Schmerz und ihr Bedürfnis, darüber zu sprechen, verringern. Sie, Janet, sollten nicht nur über Ihren Kummer reden, sondern auch über Ihre positiven Gefühle – alle warmen, liebevollen, hoffnungsvollen Empfindungen, die Sie verspüren –, damit Bill sich ermutigt fühlt und weiß, daß seine Bemühungen, für Sie da zu sein, zu etwas führen. Wenn Sie, Bill, sich Janets Schmerz und Wut öffnen, und Sie, Janet, darüber hinwegkommen wollen, steigen Ihre Chancen auf eine gemeinsame Zukunft.«

Vorschläge

Hier einige allgemeine Ratschläge, die Sie sich bei Ihren Gesprächen ins Gedächtnis rufen sollten:

- Gehen Sie nicht davon aus, daß das, was Sie hören, dem entspricht, was Ihr Partner sagen will. Sie hören vielleicht nur, was Sie wissen oder zu hören erwarten.
- Lernen Sie, ein guter Choreograph zu werden. Denken Sie darüber nach, wohin sich Ihre Partnerschaft bewegen soll, bevor Sie zu reden beginnen, und fragen Sie sich: »Was muß ich sagen, um dorthin zu kommen?« Versuchen Sie, entgegen alten, vertrauten Kommunikationsmustern zu handeln, die Ihren Interessen nicht länger dienlich sind. Trainieren Sie sich beispielsweise darauf, Ihrem Partner nicht mit Sarkasmus die Lust zu nehmen (»Du hast vermutlich kein Interesse an dem, was ich zu sagen habe«), sondern ihn entwaffnend direkt anzusprechen (»Ich möchte dir gerne sagen, wie ich mich dabei fühle; es ist mir wirklich wichtig, daß du genau zuhörst«).
- Was Sie besprechen, ist oft weniger wichtig, als wie Sie es besprechen. Vergessen Sie nicht, bei Ihrem Gespräch folgendes zu vermitteln: »Ich mag dich, ich glaube an dich, ich bin stolz auf dich, mir liegt an dir. Ich interessiere mich für das, was du zu sagen hast und wie es dir geht.«
- Haken Sie nicht bei jedem Wort Ihres Partners ein; lassen Sie Raum für fehlerhafte Antworten. Seien Sie geduldig und aufmerksam, wenn Sie wissen, daß Ihr Partner versucht, an Sie heranzukommen. Blicken Sie über die Worte hinaus, und versuchen Sie, die Botschaft dahinter zu hören.

Zahlreiche Kommunikationstechniken können Ihnen helfen, konstruktiver miteinander zu reden und einander zuzuhören. Hier sind einige:

- Hören Sie sich an, was Ihr Partner zu sagen hat, ohne sich zu *verteidigen* (»Ja, aber...«), zu *bagatellisieren* (»Du machst wirklich zuviel aus dieser Sache«) oder *abzublokken* (»Ich weigere mich, darüber zu reden«).
- Überschütten Sie Ihren Partner nicht mit Schmähreden; sprechen und hören Sie abwechselnd.
- Lassen Sie Ihren Partner ausreden; unterbrechen Sie ihn nicht.
- Nachdem Sie Ihr Argument vorgebracht haben und Ihr Partner es mit seinen Worten wiedergegeben hat, lassen Sie es fallen, zumindest eine Zeitlang.
- Bleiben Sie beim Thema.
- Seien Sie konkret. Sagen Sie nicht »Du machst immer das und das« oder »Du machst nie das und das«.
- Kritisieren Sie, was Ihr Partner sagt oder tut; greifen Sie nicht den Charakter Ihres Partners an (sagen Sie »Ich kann dir nicht trauen, wenn du mich anlügst, ob du deine Freundin getroffen hast« statt »Du bist ein notorischer Lügner«).
- Unterstellen Sie dem Verhalten Ihres Partners keine Motive. (Sagen Sie besser »Ich glaube, daß...« oder »Nach meiner Meinung...« statt »Ich bin sicher, daß der Grund dafür, daß du *X* getan hast, *Y* ist.«) Räumen Sie ein, daß Ihre Annahmen persönlich sind und nicht zutreffen müssen. Das gibt Ihrem Partner die Chance, sie zu bestätigen oder zu berichtigen.
- Wenn der Ton Ihres Partners Sie abstößt, dann sagen Sie das, und bitten Sie ihn, daß er ruhiger oder respektvoller mit Ihnen spricht. Gehen Sie nicht einfach weg, und treiben Sie den Konflikt nicht auf die Spitze.
- Schauen Sie Ihrem Partner ins Gesicht, wenn er mit Ihnen spricht; widmen Sie Ihrem Partner Ihre volle Aufmerksamkeit.

- Wenn Sie Ihrem Partner nicht Ihre ungeteilte Aufmerksamkeit zuwenden können – Sie sind zu beschäftigt, müde, erregt –, dann sagen Sie es, und vereinbaren Sie einen anderen Zeitpunkt. Ziehen Sie es aber dann durch.

Lassen Sie Ihren Partner unbedingt wissen, was Sie hören wollen. Es folgen einige häufige Bitten meiner Klienten; fügen Sie Ihre eigenen hinzu:

- »Sage mir, wenn du Vergewisserung brauchst. Drohe mir nicht mit Scheidung, um meine Aufmerksamkeit zu bekommen.«
- »Sage es mir, wenn du dich mir nahe fühlst oder Hoffnung für uns als Paar hast.«
- »Sage mir, wenn du beunruhigt bist; verschweige deinen Kummer nicht.«
- »Statt wütend zu werden, sage mir ruhig und direkt, was dich stört oder was du willst.«
- »Sage mir, was dich wütend oder unruhig macht, in respektvoller Weise; setze mich nicht herab.« (Sagen Sie besser »Du hast deinen Eltern gegenüber die Wahrheit über mich verfälscht und es mir dadurch unglaublich erschwert, eine Beziehung zu ihnen aufzubauen« statt »Du bist ein Baby, das Papi und Mami braucht.«)
- »Sprich mit mir über dich und uns; zieh die/den Geliebte/n nicht mit hinein.«
- »Sei ehrlich, wenn ich dich nach deiner/m Geliebten frage; versuche nicht, meine Gefühle zu schonen.«
- »Sage mir, wie in deiner Familie mit dir umgegangen wird und inwiefern es das beeinflußt, wie du heute mit mir sprichst.«
- »Sage es mir, wenn du meine Ansichten teilst.«
- »Nimm nicht an, daß ich will, du sollst meine Probleme lösen, bis ich dich um Hilfe bitte.«
- »Entschuldige dich offen dafür, daß du mich verletzt oder enttäuscht hast.«

- »Gib zu, was du zu unseren Problemen beigetragen hast.«
- »Sage mir, wer von der Affäre weiß, und überlege mit mir gemeinsam, wie wir die Ausbreitung dieser Neuigkeit begrenzen und damit umgehen.«
- »Habe keine Angst davor, in meiner Gegenwart zu weinen. Habe keine Angst davor, mir die Bedeutung deiner Tränen zu erklären.«

Nach einer Affäre gibt es viel zu besprechen – die Konflikte, die dazu führten, die Gefühle, die ihr folgen, wieviel es über die/den Geliebte/n zu fragen oder zu erzählen gibt, wie und warum es Ihnen nicht gelingt, einander fürsorglich zuzuhören und miteinander zu reden.
Ohne offene und ehrliche Kommunikation läßt sich Intimität nicht wiederherstellen, ebensowenig körperliche Nähe. Das nächste Kapitel hilft Ihnen, (wieder) sexuell intim zu werden und darüber hinaus eine Intimität zu erreichen, die über den Liebesakt hinausgeht. Mir ist klar, wie sehr Sie der Gedanke erschrecken kann, einander wieder zu berühren – zuzulassen, daß Ihr Partner Sie kennenlernt und befriedigt und dasselbe für ihn zu tun. Doch mit Ihren Kommunikationsfähigkeiten, mit denen Sie jetzt Ihren Wünschen und Ängsten Ausdruck geben können, und Ihren kognitiven Fähigkeiten, mit denen Sie den Prozeß zwischen Ihnen genau verfolgen und steuern können, sind Sie gut gerüstet für das Schlafzimmer.

Kapitel 8
Sexuelle Intimität wiederherstellen

Sigmund Freud sagte einmal, daß, wenn zwei Menschen miteinander schlafen, sechs Personen im Bett liegen – das Paar und seine Eltern. Nach einer Affäre kommt eine siebte hinzu: der Geist der/s Geliebten. Dieses Kapitel hilft Ihnen, Ihre Eltern und die/den Geliebte/n unter der Decke hervorzuziehen, den Raum zwischen Ihnen zu erwärmen und wieder sexuell intim zu werden. Sexuelle Intimität besteht, wenn es Ihnen in Anwesenheit Ihres Partners gelingt:

- sich bei körperlicher Nacktheit emotional sicher und geborgen zu fühlen.
- ganz Sie selbst zu sein und sich dennoch verbunden zu fühlen.
- Leidenschaft und Spielerei im Bett zu schätzen, doch darauf zu vertrauen, daß Ihnen beiden Nähe mehr bedeutet als Leistung.
- sich Ihrer sexuellen Ängste und Frustrationen bewußt zu sein und sich dennoch akzeptiert und respektiert zu fühlen.
- offen um das zu bitten, was Ihnen sexuell behagt, doch dem Grenzen zu setzen, was Sie nicht mögen.
- Mitgefühl füreinander aufzubringen, in dem Bewußtsein, daß das, was Sie schwach und unvollkommen macht, Sie zugleich menschlich macht.

Im Augenblick mag Ihnen eine solche Nähe Lichtjahre entfernt erscheinen.

Als verletzter Partner hungern Sie wahrscheinlich nach der

Bestätigung durch körperliche Nähe und stoßen gleichzeitig Ihren Partner von sich weg, um Ihr verletzliches Selbst zu schützen. Nirgends fühlen Sie sich unsicherer und weniger begehrenswert als im Schlafzimmer, wo Sie Vergleiche mit der/m Geliebten Ihres Partners anstellen, deren/dessen körperliche Anziehungskraft übertreiben und Ihre eigene herabsetzen.

Als untreuer Partner vermissen Sie wahrscheinlich das Element des Verbotenen, die Dramatik, das Neue der Affäre. Nach einem solchen Gefühlsüberschwang fällt es Ihnen schwer, bei einem Partner, der zögernd, gehemmt oder abweisend ist, sexuelle Erregung zu spüren. Auch der Druck, Ihre Liebe im Bett zu beweisen, den Ihr Partner auf Sie ausübt oder den Sie sich selbst auferlegen, ist nicht gerade förderlich.

Dem Wiederaufbau Ihrer intimen Bindungen können zwei kognitive Blockierungen im Wege stehen. Dies ist einmal Ihre Neigung, dem Sexualverhalten Ihres Partners ungeprüft Bedeutungen zuzuschreiben (eine Frau glaubt beispielsweise, daß ihr Mann sie betrügen muß, wenn er keine Erektion bekommt). Zum andern ist es Ihre Tendenz, sich und Ihrem Partner strenge oder unrealistisch hohe sexuelle Maßstäbe zu setzen, die Ihre körperliche Beziehung mangelhaft erscheinen lassen (ein Mann glaubt beispielsweise, daß seine Frau immer wissen sollte, was ihm gefällt).

Für den verletzten Partner typische Annahmen sind:

1. »Wenn du nicht an Sex interessiert bist oder die Erregung nicht aufrechterhalten kannst, liegt das daran, daß du mich nicht sexy oder begehrenswert findest.«
2. »Wenn du nicht an Sex interessiert bist oder die Erregung nicht aufrechterhalten kannst, liegt das daran, daß du mich immer noch betrügst.«
3. »Ich werde dich nie so befriedigen können wie dein/e Geliebte/r. Ich kann nicht mithalten.«

Für den untreuen Partner typische Annahmen sind:

1. »Wenn ich dir im Bett nicht genüge, denkst du, daß ich das Interesse an dir verloren habe und dich immer noch betrüge.«
2. »Sex mit meiner/m Geliebten war toll. Weil unser Sexualleben damit nicht vergleichbar ist, muß das Problem bei dir liegen.«

Sie beide glauben wahrscheinlich:

1. »Sex sollte ganz von selbst kommen. Wir sollten uns nicht berühren oder intim werden, bis wir wieder besser miteinander klarkommen.«
2. »Wenn ich zulasse, daß du mich berührst, willst du bestimmt mehr.«
3. »Wenn du masturbierst, heißt das, daß du mich nicht liebst und unsere Partnerschaft in Gefahr ist.«
4. »Sex muß immer leidenschaftlich sein.«
5. »Du mußt wissen, was ich sexuell mag.«
6. »Wenn ich dich bitte, im Bett etwas anders zu machen, verletze ich deine Gefühle. Wenn ich das tue, um was du mich bittest, verletze ich meine. Das ist die Veränderung nicht wert.«
7. »Wir müssen gleichzeitig zum Orgasmus kommen.«
8. »Wir müssen multiple Orgasmen haben.«
9. »Wir müssen den Orgasmus durch Verkehr erreichen.«
10. »Wir müssen jedesmal den Orgasmus erreichen.«
11. »Wir müssen gleich oft und zur gleichen Zeit miteinander schlafen wollen.«
12. »Wenn unsere Beziehung tragfähig genug und wir normal wären, bräuchten wir keine Phantasien oder sexuellen Hilfsmittel.«
13. »Das Thema eines Tests auf Aids oder andere Geschlechtskrankheiten ist zu brisant, um es anzusprechen.«
14. »Ich schäme mich meines Körpers und meiner Sexualität und werde das nie überwinden.«

Setzen wir uns nun mit diesen fragwürdigen Überzeugungen auseinander. Sie können dazu Übungen durchführen, die Ihnen zu mehr Intimität in Denken und Handeln verhelfen.

Die Annahmen des verletzten Partners

Annahme Nr. 1: »Wenn du nicht an Sex interessiert bist oder die Erregung nicht aufrechterhalten kannst, liegt das daran, daß du mich nicht sexy oder begehrenswert findest.«

Wenn Ihr Partner sich alles andere als sexuell erregt von Ihnen zeigt, nehmen Sie wahrscheinlich an, daß Sie die Ursache sind, und übersehen den Anteil Ihres Partners an dem Problem. Da Sie unter dem Trauma der Affäre leiden, betrachten Sie das geringste Zögern Ihres Partners als Beweis Ihrer eigenen sexuellen Mangelhaftigkeit.

Nach Marks Affäre gab sich seine Frau Wendy die Schuld für ihre Probleme im Bett. Ihre Reaktion ist typisch.

»Ich stelle mich immerzu in Frage«, sagte sie. »Vielleicht bin ich nicht die Richtige für Mark. Ich brauche zu lange, bis ich komme. Ich werde nicht mehr so feucht wie früher. Ich habe Angst loszulassen. Ich habe nie geglaubt, daß ich sexy oder attraktiv genug für ihn sei, und jetzt bin ich wütend auf ihn, weil er mir das Gefühl gibt, daß ich recht gehabt habe.«

Vor lauter Selbstzweifel kam Wendy nie auf die Idee, daß Mark vielleicht selbst sexuelle Ängste hatte, die für ihre Probleme genauso entscheidend waren wie alles, was an ihr liegen mochte. Einige dieser Ängste stammten denn auch tatsächlich aus der Zeit vor ihrer Partnerschaft. Erst als Wendy »aus sich herausging« – nach außen schaute und nicht mehr ausschließlich sich selbst in den Mittelpunkt stellte –, erkannte sie:

- Mark schlug sich voller Scham mit dem Gedanken herum, daß sein Penis zu klein sei, und zwar schon lange bevor er sie kennenlernte. Er hatte sich immer für einen sexuell nicht leistungsfähigen, unattraktiven Mann gehalten, der zu schnell ejakulierte und sie nicht befriedigen konnte.
- Die Affäre setzte Mark unter enormen Leistungsdruck, seine Liebe zu ihr zu beweisen – er wußte, wie verletzt und unattraktiv sie sich nach seiner Affäre fühlte –, und diese Spannung hatte wohl seinem Begehren den Garaus gemacht.
- Mark erwartete nun, von ihr abgewiesen zu werden, und da er zur Konfliktvermeidung neigte, verzichtete er darauf, die sexuelle Initiative zu ergreifen, um nicht zurückgewiesen zu werden.

Sie müssen sich wie Wendy davor hüten, die sexuelle Reaktion Ihres Partner falsch zu interpretieren. Problematisch ist vielleicht nicht, daß Ihr Partner negativ über Sie denkt, sondern daß *Sie* negativ über *sich* denken. Ihr Partner wünscht sich vielleicht nichts so sehr wie eine einfühlsame Reaktion auf peinliche Probleme und Beistand bei deren Überwindung.

Wenn jeder von Ihnen ganz an seine Bettkante rückt, sollten Sie nicht automatisch davon ausgehen, daß Ihr Partner Sie nicht liebt oder nicht mit Ihnen zusammensein möchte. Sex ist nur eine Form, eine Beziehung herzustellen, und im Augenblick zudem eine der belastendsten. Wendy merkte, daß ihr Mann ihr zwar sexuell auswich, sich aber bemühte, regelmäßig früh von der Arbeit nach Hause zu kommen und Pläne für das Wochenende zu schmieden. Auch Sie sollten Notiz davon nehmen, wenn Ihr Partner Zeit mit Ihnen verbringen möchte und Ihre – nichtsexuelle – Gesellschaft zu genießen scheint. Wichtig ist für Sie, daß Sie positiv miteinander umgehen. Es muß nicht alles mit Sexualität zu tun haben.

Vorschläge
1. Versuchen Sie, eine Liste zu erstellen, die Erklärungen für die Probleme Ihres Partners mit Begehren und Erregung nennt, in der Sie aber nicht vorkommen. Wendy kam auf drei:

- Tiefsitzende sexuelle Minderwertigkeitsgefühle.
- Leistungsdruck.
- Angst vor Zurückweisung oder Konfrontation.

Andere mögliche Erklärungen sind:

- Bedürfnis, Macht zurückzugewinnen oder zu sichern.
- Wunsch, Sie zu verletzen oder zu bestrafen.
- Menstruation.
- Körperliche Erkrankungen.
- Erschöpfung oder andere Formen von Streß.
- Wirkungen von Medikamenten, Alkohol oder Drogen.
- Zwanghafter Drang, alles zu erledigen, bevor Zeit für Entspannung oder Intimität zugestanden wird.
- Angst, sich zu öffnen und verletzlich zu sein oder sich lächerlich zu machen.
- Angst vor Schwangerschaft.
- Hemmungen aufgrund mangelnder Privatsphäre (Kinder oder im Haushalt lebende Verwandte).
- Puritanische Einstellungen zu Sex (sich schmutzig oder sündig vorkommen).
- Homosexuelle Neigungen.

2. Geben Sie Ihrem Partner zu verstehen, daß Sie sich bemühen, sein sexuelles Desinteresse weniger persönlich zu nehmen. Bitten Sie freundlich und ohne zu verurteilen um Hilfe bei der Suche nach anderen Erklärungen, die ebenso plausibel sind.
3. Als verletzter Partner müssen Sie Ihrem Gefährten versichern, daß es Ihnen nicht um phantastischen Sex geht,

sondern um den Wiederaufbau Ihrer Beziehung. Fragen Sie auf Ihre eigene Weise: »Was kann ich tun, um dich davon zu überzeugen, daß ich uns nur näher zusammenbringen will?« Lassen Sie Ihren Partner wissen, daß Leistung unwichtig ist, daß Erektionen oder Orgasmen unwichtig sind, daß nur eine Atmosphäre der Akzeptanz, Offenheit und Wärme zählt.

4. Lernen Sie, gemeinsam verbrachte Zeit, die intim, aber nicht unbedingt in sexuellem Sinne ist, zu schätzen – gemeinsam die Sonntagszeitung lesen, ein Lieblingsessen kochen, eine Radtour oder einen Spaziergang unternehmen.

Annahme Nr. 2: »Wenn du nicht an Sex interessiert bist oder die Erregung nicht aufrechterhalten kannst, liegt das daran, daß du mich immer noch betrügst.«

Praktisch alle von Ihnen dürften voreilig diesen Schluß ziehen, obwohl ihm keine Beweise zugrunde liegen, sondern nur vage Verdachtsmomente und verstärkte Verletzlichkeit und gesteigertes Mißtrauen. Ganz gleich wie viele Indizien für das Gegenteil Sie zusammentragen, diese unbegründeten Ängste nagen monate- oder sogar jahrelang an Ihnen und machen es Ihnen unmöglich, Intimität zu riskieren.

Eine 46jährige Buchhalterin namens Jackie beobachtete jede Bewegung ihres Mannes mit Argusaugen, weil sie stets nach der Bestätigung suchte, daß er immer noch fremdging. Ihre Anschuldigungen setzten ihn unter Druck, seine Liebe im Bett zu beweisen. Das reduzierte natürlich sein Verlangen und bestätigte so ihren Verdacht, daß er mit einer anderen schlief. Das Schaubild auf S. 262 verdeutlicht die Interaktion dieses Paares.

Sie sollten nicht wie Jackie automatisch annehmen, daß Ihr Verdacht richtig ist, bloß weil Sie ihn haben. Wenn Sie sich irren, vergiften Sie Ihre Partnerschaft genauso, wie wenn Ihr Partner Sie immer noch hinterginge.

Jackies Annahme
»Jim meidet mich sexuell, weil er immer noch mit diesem Mädchen schläft.«

Jims Gefühls- und Verhaltensreaktion
Er fühlt sich zu einer Leistung gedrängt, die er nicht zustande bringt. Er ist frustriert und grollt.

Jackies Gefühls- und Verhaltensreaktion
Sie ist wütend, fühlt sich bedroht und betrogen und verhält sich kalt und distanziert. Sie greift Jim mit ihren Verdächtigungen an.

Jims Annahme
»Wenn ich nicht gleich eine Erektion kriege, glaubt sie, daß ich sie wieder betrüge, und ich muß es wieder ausbaden.«

Vorschläge
1. Versuchen Sie, Fakten und Ängste zu unterscheiden. Fragen Sie sich: »Wieviel weiß ich, und wieviel argwöhne ich im Gegensatz dazu, und zwar aus keinem anderen Grund, als daß ich schon einmal betrogen wurde?« Wenn Sie handfeste Beweise dafür haben, daß Ihr Partner untreu ist, müssen Sie ernsthaft überlegen, ob es in Ihrem Interesse ist, die Partnerschaft aufrechtzuerhalten. Wenn Sie aber nur vage Verdachtsmomente haben, dann stellen Sie sie den Indizien gegenüber, daß Ihr Partner auf Sie zugehen und die Beziehung wieder anknüpfen will – mit Ihnen wichtige Gespräche führt, Sie auf Geschäftsreisen mitnimmt, vielleicht tagsüber anruft und nach Ihrem Befinden fragt. Diese Gesten verbessern zwar weder als solche Ihr Sexualleben, noch geben sie Ihnen das Gefühl, sexuell begehrenswert zu sein, aber sie dürften Ihnen helfen, Ihre Zweifel und Grübeleien in die Schranken zu weisen und den Treuebeteuerungen Ihres Partners allmählich Glauben zu schenken.

Es könnte viele Gründe für die sexuellen Probleme Ihres Partners geben, die nichts mit Betrug zu tun haben. Einige werden auf Seite 260 aufgeführt. Es kann hilfreich sein, diese Alternativerklärungen nochmals durchzusehen und sie gegen Ihre unbestätigten Ängste abzuwägen.

2. Es gelingt Ihnen vielleicht nicht, Ihren Verdacht auszuräumen, aber Sie können verhindern, daß er Ihr Leben vergiftet. Dabei helfen Ihnen zwei Techniken.

Ein einfacher, aber wirksamer Trick ist der *Gedankenstop*. Sobald Sie anfangen, sich Ihren Partner mit einer/m anderen vorzustellen, unterbrechen Sie sich dabei, indem Sie laut oder leise für sich sagen (die genaue Wortwahl liegt bei Ihnen): »Stop. Ich fange schon wieder an, mich durch den Schmutz zu wühlen. Laß das sein.« Dann richten Sie Ihre Aufmerksamkeit nach außen, auf etwas in Ihrer Umgebung, das Ihnen Auftrieb gibt oder Sie interessiert, oder Sie rufen sich in Erinnerung zurück, wann sie das letzte Mal mit einem lieben Menschen etwas Nettes oder Lustiges erlebt haben. Sie können sich auch nach innen wenden, tief durchatmen und sich körperlich entspannen.

Vielleicht gelingt es Ihnen nicht, sich bestimmte Gedanken zu verbieten, doch Sie können sich sanft, bestimmt davon ablenken.

Die andere Technik – nennen wir sie *Annahmen hinterfragen* – benutzt eine Liste störender Gedanken. Sie notieren jedes Ereignis so objektiv wie möglich, ebenso Ihre spontanen Gefühle und Gedanken. Dann hinterfragen Sie diese systematisch und suchen nach Denkfehlern.

Im folgenden Beispiel ging eine Frau ihre Verdächtigungen im Geiste durch und vermied eine häßliche Szene mit ihrem Mann Jim, die sie nur noch mehr entzweit hätte. Ihr Mann hatte mehrere Abenteuer auf früheren Reisen zugegeben, doch geschworen, seither treu gewesen zu sein.

Objektives Ereignis: »Als Jim aus Zürich zurückkam, ging er sofort schlafen. Er hatte keine Lust auf Sex.«

Emotionale Reaktion: »Verängstigt, zurückgewiesen, mißtrauisch.«
Automatische Gedanken: »Ich wette, er hat mit einer Frau geschlafen, während er weg war. Wir hatten über eine Woche keinen Sex – so lange hält er es sonst nie aus. Er war zu nett zu mir, seit er zurück ist – ein weiterer Beweis, daß er sich schuldig fühlt.«
Rationale Reaktion: »Du nimmst sein Verhalten zu persönlich und ziehst voreilige Schlüsse. Vielleicht gibt es andere Gründe, daß er dich heute abend nicht will. Was zum Beispiel? Er ist müde – er hat einen achtstündigen Flug hinter sich. Er hat morgen einen Berg Arbeit, und es ist spät. Er hat Angst, daß er es nicht bringt und du ärgerlich wirst.
Bleib bei den Tatsachen. Er hat dich eingeladen mitzukommen, und als du nicht konntest, hat er sich ein Zimmer mit einem seiner männlichen Kollegen geteilt. Er hat jeden Tag angerufen. Er schien sich wirklich zu freuen, als du ihn vom Flughafen abgeholt hast, und er hat dir dein Lieblingsparfum mitgebracht. Klar, es kommt vielleicht nicht alles aus tiefstem Herzen – vielleicht versucht er einfach, dich in Sicherheit zu wiegen. Aber was ist daran verkehrt? Das Vertrauen wiederherzustellen braucht Zeit. Er bemüht sich eindeutig um dich und will alles wiedergutmachen. Daß du mißtrauisch bist, bedeutet noch lange nicht, daß er etwas Falsches macht. Laß es gut sein. In Wahrheit bist du ja auch zu müde. Wenn du nicht so unsicher wärest, hättest du auch keine große Lust auf Sex.«

Annahme Nr. 3: »Ich werde dich nie so befriedigen können wie dein/e Geliebte/r. Ich kann nicht mithalten.«

Es ist ganz normal, wenn Sie sich mit der/m Geliebten Ihres Partners auf wenig schmeichelhafte und selbstabwertende Weise vergleichen. Was auch immer Sie an Ihrem Körper oder Ihrer sexuellen Leistung ablehnen, bewundern Sie wahrscheinlich an der/m Geliebten, insbesondere wenn Sie ihr/m nie begegnet sind. Sie finden Ihre Brüste zu klein? Die Geliebte muß enorme haben. Ihr Penis scheint Ihnen zu schlaff? Der des Geliebten muß aus Stahl sein. Sie sind im Bett ganz durchschnittlich? Ihr Partner und die/der Geliebte müssen den wildesten, schärfsten, ungehemmtesten Sex genossen und tausend multiple Orgasmen erreicht haben.

Phantasievorstellungen wie diese führen dazu, daß Sie sich derart wenig begehrenswert und unterlegen vorkommen, so felsenfest überzeugt sind, daß Ihnen alles Nötige abgeht, daß Sie gar nicht mehr in der Lage sind, ein aktiver Sexualpartner zu sein. Wenn Ihr Sexualleben je wieder auf die Reihe kommen soll, müssen Sie diese Phantasien als das betrachten, was sie wahrscheinlich sind: Ausdruck Ihrer sexuellen Unsicherheit nach dem Trauma der Affäre.

In Wirklichkeit beginnen Männer oft selbst dann eine Affäre, wenn sie zu Hause sexuell befriedigt sind, und Frauen gehen oft nicht aus sexuellen Gründen fremd, sondern weil sie sich mehr Liebe, Anerkennung und Respekt wünschen. In meiner eigenen Praxis berichten sowohl männliche als auch weibliche untreue Partner, daß Sex mit ihrer/m Geliebten häufig sowohl unbeholfen ist als auch selten stattfindet, und daß sie sich wünschten, die Wirklichkeit entspräche den wilden Vorstellungen ihres Partners. In einer großangelegten Untersuchung der sexuellen Gewohnheiten der Amerikaner Anfang der 90er Jahre stellte sich heraus, daß die Personen, die die höchste körperliche und emotionale Befriedigung hatten, verheiratete Paare waren. Die geringste Befriedigung nannten Männer und Frauen, die weder verheiratet waren noch mit jemandem zusammenlebten – genau die Gruppe, der man gemeinhin das heißeste Sexualleben unterstellt.

Das soll nicht heißen, daß Sex mit der/m Geliebten nicht manchmal heißer war als mit Ihnen; wie soll die Leidenschaft auflodern, wenn Sie ein Auge auf die Uhr haben und das andere auf die Kinder. Gewürzt mit einem Schuß Herausforderung und Heimlichkeit muß Ihnen unerlaubter Sex einfach toller vorkommen. Aber versuchen Sie, sich nicht demoralisieren zu lassen. Die romantische Liebe ist eine verzerrende und vergängliche Erfahrung, und die heiße Leidenschaft Ihres Partners und seiner/s Geliebten wäre mit der Zeit ebenso abgekühlt, wie es vielleicht mit Ihnen der Fall war. Die Leidenschaft verliert oft ihren Schwung, wenn der Reiz des Neuen oder Verbotenen vergeht.

Denken Sie daran, daß sich Ihr Partner wahrscheinlich deswegen für Sie entschieden hat, weil Sie etwas Tieferes, Dauerhafteres als romantische Liebe zu bieten haben. Sie müssen an diese Aspekte, die Ihr Partner an Ihnen schätzt – und Sie selbst auch –, glauben und sich wieder darauf verlassen. Sie müssen darauf vertrauen, daß Sie liebenswert sind, und daran arbeiten, das Selbstgefühl wiederzugewinnen, das Ihnen sagt, daß Sie ein wunderbarer Partner sind, der Ihren Partner auf unzählige Weisen glücklich gemacht hat und das auch weiter kann.

Lassen Sie nicht zu, daß Ihre zwanghaft um die/den Geliebte/n kreisenden Gedanken Sie von dem ablenken, was jetzt das eigentliche Problem sein sollte: die Intimität zwischen Ihnen und Ihrem Partner wiederherzustellen, im Bett und außerhalb. Statt nutzlose Vergleiche anzustellen, sollten Sie neue Möglichkeiten suchen, um Kreativität, Energie und Romantik in Ihr *eigenes* sexuelles Verhalten hineinzubringen; statt mit der/m Geliebten zu konkurrieren, sollten Sie die Boxhandschuhe ausziehen, sich wieder auf Ihre Partnerschaft konzentrieren und die Probleme angehen, die die/den Geliebte/n erst zwischen Sie gelassen haben.

Wenn ich von *Ihnen* spreche, meine ich Sie beide; es ist nicht allein Ihre Aufgabe, Ihren Partner zu befriedigen oder für ein erfülltes Sexualleben zu sorgen. Sexuelle Intimität können nur zwei Menschen zusammen schaffen.

Vorschläge

1. Wenn Sie glauben, sexuell ungeschickt oder unwissend zu sein, dann informieren Sie sich doch einfach. Aus Selbsthilfebüchern wie Lonnie Barbachs *For Yourself: die Erfüllung weiblicher Sexualität*[1] und *Für einander: das gemeinsame Erleben der Liebe*[2] können Sie viel über Ihren Körper und Ihre sexuellen Reaktionen erfahren und so mehr Kompetenz erwerben. Sie können sich Pornofilme ansehen (manche sind aufschlußreich; andere beuten Frauen als Sexualobjekte aus) oder sich mit einer/m Freund/in oder einem Sexualtherapeuten besprechen. Auch voneinander können Sie erfahren, was Ihnen Lust verschafft (siehe Übung auf Seite 288).

2. Manchmal, wenn Sie sich unsicher fühlen, hilft es, die Probleme im eigenen Kopf durchzuarbeiten. Doch Sie sollten auch mit Ihrem Partner über Ihre Empfindlichkeiten sprechen und ihn um Beistand und Bestätigung bitten. Versuchen Sie, auf sich konzentriert zu bleiben – auf Ihre Unsicherheiten, Ängste, Grübeleien – und nicht auf die/den Geliebte/n oder die Einzelheiten der Affäre. Statt zu fragen: »Hast du diese Frau wieder getroffen?« können Sie sagen: »Ich muß immer wieder über dich und diese Frau nachdenken. Ich fühle mich heute furchtbar bedroht, und ich glaube nicht, daß es wegen etwas ist, was du getan hast, aber du wirkst so gedankenverloren. Kannst du mich beruhigen?«

Sie dürfen durchaus erwarten, daß Ihr Partner sich Ihnen zuwendet und Sie zu trösten versucht. Wenn dem nicht so ist, sollten Sie sich fragen, ob Sie wirklich mit diesem Menschen Ihr Leben verbringen wollen.

Die Annahmen des untreuen Partners

Annahme Nr. 1: »Wenn ich dir im Bett nicht genüge, denkst du, daß ich das Interesse an dir verloren habe oder dich immer noch betrüge.«

Sie haben vielleicht recht: Wenn es Ihnen an Interesse mangelt, glaubt Ihr Partner vielleicht, daß Sie am liebsten woanders wären. Doch der sexuelle Erwartungsdruck kann durchaus aus Ihnen selbst kommen – von Ihren Schuldgefühlen, Ihren Zweifeln an der Fortsetzung der Partnerschaft, Ihren übertriebenen Vorstellungen von den Erwartungen Ihres Partners an Sie. Woran Ihrem Partner aber vielleicht am meisten liegt, ist nicht Ihre Leistung, sondern Ihr Engagement.

Was Sie auch empfinden, versuchen Sie es auszusprechen – das kann den auf Ihnen lastenden Leistungsdruck verringern und auch die Gefahr, daß Ihr Partner Ihre Reaktion fehlinterpretiert.

Ein untreuer Partner, ein 39jähriger Kieferchirurg namens Phil, sagte zu seiner Frau: »Ich habe das Gefühl, ich müßte jetzt ein Wahnsinnssexbolzen sein, um zu beweisen, daß ich bei dir bleiben will, und dieser Druck bringt mich fast um. Ich wollte, wir könnten einfach ins Bett gehen und uns festhalten, und dann soll passieren was will.«

Es kann Ihnen wie Phil helfen, wenn Sie erklären, daß Ihre sexuellen Probleme nichts damit zu tun haben, daß Sie Ihren Partner unattraktiv fänden oder ständig an jemand anderes dächten, sondern daß Sie Angst haben, Ihren Partner zu enttäuschen. Seien Sie jedoch nicht überrascht oder verwirrt, wenn Ihr Partner Ihnen immer noch vorwirft, Sie würden ihn betrügen oder zurückweisen; es kann Jahre, sogar ein ganzes Leben lang dauern, das Vertrauen wiederherzustellen, das Sie mißbraucht haben.

Vorschläge

Nur Sie können die Bestätigung geben, die Ihr Partner braucht, um über die Affäre hinwegzukommen. Was Sie tun können, ist zum Beispiel folgendes:

1. Zeigen Sie sich als umsichtige/r, fürsorgliche/r Liebhaber/in. Im Bett tolle Leistungen zu vollbringen, ist nur ein Weg, Intimität zu erreichen; ein/e verständnisvolle/r Geliebte/r zu sein, ein anderer. Mit verständnisvoll meine ich, daß Sie Ihre eigenen Annahmen, was im Bett liebevoll wirkt, zurückstellen und »umsichtig« und »fürsorglich« in die Sprache Ihres Partners übersetzen.

Als ein untreuer Partner namens Jack in der Hoffnung, seinem Sexualleben neuen Schwung zu geben, eine neue Stellung vorschlug, nahm er an, daß seine Frau sich sicherer fühlen würde, wenn sie wußte, was ihm gefiel. Doch sie war überzeugt, daß er nur ausprobieren wollte, was er von seiner Geliebten gelernt hatte und fühlte sich manipuliert und erniedrigt. Was für Sie wie für Jack ein sexuelles Verhalten angenehm oder widerwärtig macht, ist oft nicht der Akt selbst, sondern dessen persönliche Bedeutung für Ihren Partner. Mit anderen Worten, das, was Sie tun, spielt unter Umständen eine geringere Rolle als wie Ihr Partner es interpretiert. Sie können die Reaktion Ihres Partners vielleicht nicht vorausahnen oder lenken, aber Sie können versuchen, sie zu verstehen.

2. Sagen Sie es Ihrem Partner, wenn Sie liebevolle Gefühle hegen und Ihr Zusammensein genießen. Sagen Sie es, wenn Sie Ihre gemeinsame Zukunft hoffnungsvoller oder positiver sehen; gehen Sie nicht davon aus, daß Ihr Partner es schon weiß, wenn Sie glücklich sind. »Heute bei der Arbeit fiel mir ein, wie schön du gestern abend aussahst«; »Als wir heute morgen noch liegenblieben und miteinander redeten, fühlte ich mich dir wirklich nahe« – der Wortlaut spielt keine Rolle, die Bestätigung darin sehr wohl.

3. Schildern Sie, was Ihnen am Körper und dem sexuellen Verhalten Ihres Partners gefällt. Die meisten Menschen hö-

ren gerne Komplimente und möchten gerne wissen, was ihr Partner an ihnen attraktiv findet. Worüber Sie auch etwas sagen – »Mir gefällt dieses Kleid an dir«, »Wenn ich in dein Gesicht sehe, muß ich lächeln«, »Wie du mich streichelst, das ist toll« –, lügen Sie nicht, fabulieren Sie nichts zusammen, aber halten Sie auch nicht mit positiver Rückmeldung hinterm Berg. Seien Sie großzügig.

4. Erzählen Sie es, wenn Sie sexuelle Probleme mit Ihrer/m Geliebten hatten. Möglicherweise kann Ihr Partner dann leichter die Vorstellung über Bord werfen, daß für Sie mit Ihrer/m Geliebten alles absolut großartig war. Wenn Sie einschlägige Schwierigkeiten schildern, holen Sie damit die Affäre auf den Boden herunter und erleichtern es Ihrem Partner, darüber hinwegzukommen.

5. Sprechen Sie über sexuelle Probleme, die Sie vielleicht schon vor Ihrer Partnerschaft hatten oder die nicht mit ihr zusammenhängen. Wenn sich Ihr Partner fälschlicherweise die Verantwortung für Ihre sexuellen Schwierigkeiten zuschreibt, müssen Sie das unbedingt zurechtrücken. Wenn Ihr Partner sich schuldlos fühlt, muß er nicht mehr soviel Leistungsdruck auf Sie ausüben und wird vielleicht sogar zu Ihrem Verbündeten im Kampf gegen Ihre sexuellen Probleme oder Hemmungen.

Ein 27jähriger Anwalt namens Arnold hatte schon zeit seines Erwachsenenlebens Erektionsprobleme, doch als er seine Frau June nach einer Affäre mied, nahm sie an, er fände sie nicht mehr attraktiv. »Ich hatte dieses Problem seit dem College immer wieder«, erinnerte er sie, »sogar bei dieser atemberaubenden Studentin im ersten Semester. Das Problem ist nicht, daß ich mich von dir nicht angezogen fühlen würde, sondern daß ich mich bewertet fühle, wie bei ihr auch, und daß ich es dir zu sehr recht machen möchte.«

6. Trainieren Sie, sexuell engagiert zu bleiben und sich nicht entmutigen zu lassen, wenn Sie Probleme mit Verlangen oder Erregung haben. Benutzen Sie eine Liste störender Gedan-

ken, um Ihren Widerstand zu kontrollieren, sich Ihrer Vermeidungstaktik entgegenzustemmen und sexuellen Kontakt zu halten.

Folgendes trug Arnold in die Liste ein, um sein Muster aus Angst, Scham und Rückzug zu überwinden.
Objektives Ereignis: »Samstag morgen. Ich liege mit June im Bett und überlege, wie ich mich ihr sexuell nähern soll.«
Emotionale Reaktion: »Ängstlich, wütend, gelähmt, entmutigt.«
Automatische Gedanken: »Es ist lächerlich, daß ich nach 15 Ehejahren Angst habe, mich June zu nähern. Aber sie ist so sensibel und nimmt alles so persönlich, daß ich fürchte, nicht steif zu werden, und dann glaubt sie, ich hole mir anderswo Sex oder ich hätte das Interesse an ihr verloren. Sie schreibt sogar auf, wann wir zuletzt miteinander geschlafen haben.
Enthaltsamkeit wäre leichter.«
Objektive Reaktion: »Natürlich ist dir unbehaglich. Das alles braucht Zeit. Das Problem, das du verursacht hast, verschwindet nicht über Nacht. Sie muß einfach wissen, daß du dich für sie entschieden hast. Wenn du sie meidest, fühlt sie sich noch mehr abgelehnt und ungeliebt, und du vergiftest die Partnerschaft noch mehr. Vielleicht wirst du nicht hart, aber was macht das? Deine Erektionen bedeuten dir zuviel – ihr vielleicht auch. Sage ihr, daß du liebevoller zu ihr und ihr näher sein willst, aber daß sie aufhören muß, deine Leistung zu beurteilen (das gilt auch für dich). Kann sie das akzeptieren? Mach schon, tu den ersten Schritt. Geh auf sie zu.«

Wenn Sie wie Arnold Sex meiden, können auch Sie mit Hilfe einer Liste störender Gedanken Ihre Ängste und Frustrationen überwinden. Vor allem aber seien Sie geduldig und beständig, und vermitteln Sie immer wieder die Botschaft, daß Sie sich festgelegt haben und daß Sie Ihre sexuellen Probleme gemeinsam lösen wollen.

Annahme Nr. 2: »Sex mit meiner/m Geliebten war toll. Weil unser Sexualleben damit nicht vergleichbar ist, muß das Problem bei dir liegen.«

Wenn Ihnen Sex mit Ihrem Partner weniger befriedigend erscheint als mit Ihrer/m Geliebten, liegt die Vermutung nahe, Ihr Partner sei daran schuld. Sie können recht haben; Ihr Partner ist vielleicht zu gehemmt oder zu ablehnend, um Ihnen zu geben, was Sie brauchen. Doch das Problem kann auch an Ihnen liegen.

Es gibt verschiedene Möglichkeiten, wie Sie Ihr häusliches Liebesleben untergraben. Betrachten wir vier davon.

1. *Sie stellen weiterhin unfaire und unnütze Vergleiche zwischen Ihrem Partner und Ihrer/m Geliebten an.* Diesen Wettbewerb müssen Sie abstellen. Solange Sie erwarten, daß der verordnete Sex mit Ihrem Partner mit dem verbotenen Sex mit Ihrer/m Geliebten mithalten kann, werden Sie mit Sicherheit enttäuscht und drücken sich vor Ihrer eigentlichen Aufgabe: Ihr häusliches Liebesleben neu zu beleben. Natürlich ist Sex in einem fremden Bett gewöhnlich heißer und schärfer, aber was macht das schon? Die Leidenschaft kühlt ab, es folgt Enttäuschung; wenn Sie bei Ihrer/m Geliebten geblieben wären, hätten Sie schließlich vor denselben Intimitätsproblemen gestanden wie jetzt mit Ihrem Partner. Vertrautheit kann zu Langeweile, sogar in die Versuchung führen. Dieser Tatsache müssen Sie ins Auge sehen, ganz gleich, wer Ihr Partner ist.

2. *Es gelingt Ihnen nicht, außerhalb des Schlafzimmers Intimität herzustellen.* Wenn Sie Ihrem Partner außerhalb des Schlafzimmers nicht zeigen, daß Sie ihn schätzen und lieben, wie können Sie dann erwarten, daß er sich im Schlafzimmer für Sie erwärmt? Bevor Sie über Ihr Sexualleben klagen, soll-

ten Sie Ihrem Partner mindestens ebensoviel Zärtlichkeit und Beachtung schenken wie Ihrer/m Geliebten.

Niemand konnte Chuck ein solches Zartgefühl vorwerfen. Sobald er von der Arbeit nach Hause kam, überließ er es in der Regel seiner Frau, die beiden Kinder zu baden, ihnen vorzulesen und sie ins Bett zu stecken, während er am Telefon mit seiner Geschäftsführerin schäkerte. Wenn seine Frau dann endlich unter die Decke kroch, erwartete er sie, gebadet und bereit zum Sex. »Zu dem Zeitpunkt war ich dann so wütend auf ihn«, sagte sie, »daß ich alles wollte, nur nicht, daß er mich anfaßte. Er warf mir vor, frigide zu sein – und ich war es –, aber er kapierte nie, daß seine Selbstbezogenheit mich so eisig machte.«

3. *Sie wissen nicht, was Ihren Partner erregt.* Sie können sich für die/den tollste/n Liebhaber/in halten und keine Ahnung haben, welche Stimulation Ihren Partner wirklich erregt. Sie halten Ihrem Partner zwar vielleicht vor, zu wenig zu reagieren, doch das Problem könnte sein, daß Sie auf die falschen Knöpfe drücken und Ihr Partner in dem Wissen, wie empfindlich Sie für Kritik sind, Angst hat, Sie über Ihren Irrtum aufzuklären. Wenn Sie ein/e bessere/r Liebhaber/in werden und Ihr Liebesleben verbessern wollen, müssen Sie den wahren Experten – Ihren Partner – zu Rate ziehen und um Nachhilfeunterricht bitten.

4. *Sie geben Ihrem Partner die Schuld für Ihre eigenen Sexual- oder Intimitätsprobleme, die länger als Ihre Partnerschaft bestehen.* Es ist natürlich viel einfacher, mit dem Finger auf Ihren Partner zu zeigen, als in den Spiegel zu sehen und sich zu fragen, wie Sie selbst zu Ihrer sexuellen Unzufriedenheit beitragen. Sie können Ihrem Partner doch nicht vorwerfen, er gebe Ihnen das Gefühl, Sie seien nicht geschätzt, nicht sexy oder mangelhaft, wenn es Ihnen schon solange Sie denken können so geht.

Vorschläge

1. Wenn Sie sich mit Gedanken an die/den Geliebte/n quälen, probieren Sie die Gedankenstop-Technik aus, die ich oben empfohlen habe. Sobald Sie merken, daß Sie grübeln, rufen Sie »Stop« oder etwas Ähnliches und richten Ihre Aufmerksamkeit auf etwas anderes.

2. Viele meiner Vorschläge für den verletzten Partner eignen sich auch für Sie:

- Verwenden Sie eine Liste störender Gedanken, um Ihre unrealistischen Vorstellungen über Liebe und Romantik zu hinterfragen.
- Setzen Sie sich mit Ihren persönlichen sexuellen und nichtsexuellen Problemen, die Ihr Liebesleben stören, auseinander.
- Erweitern Sie Ihren Begriff von Intimität über die Sexualität hinaus.

Die Überzeugungen von Paaren

Annahme Nr. 1: »Sex sollte ganz von selbst kommen. Wir sollten uns nicht berühren oder intim werden, bis wir wieder besser miteinander klarkommen.«

Diese Sätze mit »sollen« sind so unrealistisch und kontraproduktiv, daß sie Ihr Sexualleben todsicher auf Eis legen; wenn es taut, ist einer von Ihnen wahrscheinlich verschwunden. Wenn Sie erwarten, sich jetzt im Bett entspannen zu können, dann phantasieren Sie. Viel wahrscheinlicher ist, daß Sie sich nackt gehemmt fühlen – bar jeder Verteidigung und peinlich berührt in Anwesenheit des jeweils anderen.

»Was soll ich denn machen?« fragen Sie. »Mich zu etwas zwingen, für das ich nicht bereit bin, das mir vielleicht mehr Unbehagen als Lust bereitet?«

Ja, genau das. Intimität schaffen ist ein aktiver Vorgang. Es erfordert eine bewußte Einstellung, eine willentliche Wahl, eine kognitive Entscheidung, eine engere Bindung herzustellen. Der Prozeß setzt ein, wenn Sie beschließen anzufangen, nicht unbedingt, wenn Sie motiviert, zuversichtlich oder sicher sind. Sie können nicht einfach abwarten und sich fragen: »Wie soll ich mich jemandem öffnen, für den ich derart widerstreitende Gefühle empfinde? Wie soll ich mit jemandem intim werden, der mir soviel Kummer bereitet hat?« Sie müssen über diese Empfindungen hinwegkommen, es riskieren, sich körperlich aufeinander einzulassen. Mehr Intimität außerhalb des Schlafzimmers trägt dazu bei, das Vertrauen zu stärken, doch es schafft nicht automatisch größere sexuelle Intimität. *Sie müssen beginnen, so zu handeln, nicht wie Sie empfinden, sondern wie Sie empfinden möchten.*

Wenn Sie aufeinander zugehen, fühlen Sie sich vielleicht verletzlich; wenn Sie sich abschotten, fühlen Sie sich sicher. Ich rate Ihnen jedoch dringend, mit der körperlichen Berührung nicht zu warten, bis Sie sich wieder besser verstehen; nicht die Zeit heilt die Wunden, sondern die Menge tröstender Erfahrungen. Körperlich intim zu werden ist Ihnen anfangs wahrscheinlich unangenehm und peinlich, aber das ist genau das Gefühl, das man hat, wenn man sich emotional fordert und Risiken eingeht. Es mag angenehm sein, wieder altvertraute Muster zu inszenieren – Intimität meiden, eine Mauer des Mißtrauens aufrechtzuerhalten –, doch es ist oft höchst kontraproduktiv.

»Die einzige Möglichkeit für Sie, Vertrauen und Ihre Intimität zu stärken«, meint der Sexualtherapeut Warwick Williams, »besteht darin, Erfahrungen zu machen, die diese Qualitäten fördern und lehren. Sie sind keine automatische Folge des Verliebtseins.«[3]

Vorschläge

1. Ich kann diesen Punkt nicht stark genug betonen: Sie müssen wieder Körperkontakt miteinander aufnehmen. Sie können sich zuerst einmal genau mitteilen, mündlich oder schriftlich, wie Sie berührt werden möchten. Sie haben wahrscheinlich ganz spezielle Vorlieben; erwarten Sie also nicht, daß das, was Ihnen gefällt, automatisch auch Ihrem Partner angenehm ist. Versuchen Sie, täglich wenigstens einen Wunsch Ihres Partners zu erfüllen. Häufig genannt werden folgende:

- »Wenn du nach Hause kommst, küsse mich auf den Mund.«
- »Nimm meine Hand, wenn wir spazierengehen.«
- »Creme mir die Füße ein.«
- »Massiere mich.«
- »Umarme mich, halte mich ein paar Augenblicke lang.«
- »Schlafe oder liege bei mir und lege dabei einen Arm um mich.«
- »Streichle im Bett sanft mit deinen Fingerspitzen über meine Augenlider und Augenbrauen.«
- »Bürste mir das Haar.«
- »Bleibe, wenn der Wecker geklingelt hat, noch ein paar Minuten mit mir im Bett; bleibe Wange an Wange in meinen Armen liegen.«
- »Faß mich an der Schulter oder Taille, wenn du neben mir gehst.«

2. Williams empfiehlt den Partnern, eine »körperliche Vertrauensstellung« im Bett zu entwickeln. Sie einigen sich auf eine oder zwei Stellungen, in denen Sie beide sich sicher fühlen, und experimentieren dann. Auf diese Weise sollen körperliche Nähe und Vertrauen verknüpft werden. Williams empfiehlt die folgenden Positionen:

- Einer von Ihnen rollt sich auf der Seite zusammen, während der Partner ihn von hinten hält (die »Löffelchenstellung«).

- Sie liegen beide auf der Seite, schauen sich an und halten sich an den Händen (vielleicht umarmen Sie sich und schließen die Augen).
- Einer von Ihnen sitzt in bequemer Haltung, hält den Kopf des Partners in seinem Schoß und streicht ihm durchs Haar.[4]

Sie können reden oder nicht, Kleider anhaben oder nicht, miteinander schlafen oder nicht. Wichtig ist an dieser Stelle nur, den Körperkontakt wieder aufzunehmen und Vertrauen zu schaffen.

Annahme Nr. 2: »Wenn ich zulasse, daß du mich berührst, willst du bestimmt mehr.«

Sie fürchten vielleicht, daß Ihr Partner die von Ihnen gesetzten Grenzen ignoriert, die Flamme hochdreht und ein Simmern zum Kochen zu bringen versucht. Weil Sie nicht weiter gehen wollen, als es Ihnen angenehm ist, bauen Sie Mauern und versäumen eine Gelegenheit für Nähe.

»Als ich hinter Jeffs Affäre gekommen war, wollte er weiter mit mir schlafen, aber ich ließ ihn nicht an mich heran«, berichtete Leah. »Ich ließ ihn sogar im Gästezimmer schlafen. In Wahrheit wollte ich ihn neben mir spüren, in seinen Armen einschlafen, aber ich traute ihm nicht, daß er da aufhören würde, und war auch nicht bereit dafür. Miteinander schlafen bedeutete ›Ich vergebe dir. Zwischen uns stimmt wieder alles.‹ Und das war nicht so. Ich glaube, ich habe ihn getestet. Wenn ich mich weigerte, mit ihm zu schlafen, und er ging woanders hin, wußte ich, daß er es nicht wirklich bereute und mich nicht um meiner selbst willen liebte. Nach dem, was er getan hatte, besaß ich das Recht, Beweise von ihm zu verlangen.«

Jeff sah Leahs Verhalten in einem anderen Licht. In seinen Augen manipulierte sie ihn – sie stieß ihn weg, um ihn zu beherrschen und zu bestrafen, obwohl er sich bemühte, sie von seinem Engagement zu überzeugen. Seine Frustration schlug in Wut um. Um seine Selbstachtung zu schützen, ergriff er keinerlei sexuelle Initiative mehr. Beide fühlten sich allein und gefangen. (Im nächsten Abschnitt sehen wir, wie sie dieses Dilemma lösten.)

Sie mögen zwar wie Leah nicht bereit sein zum Liebesakt, aber Sie müssen sich entscheiden, zu *was* sie bereit sind. Sex und Enthaltsamkeit sind nicht die einzigen Alternativen. Denken Sie daran, daß Sie Körperkontakt aufnehmen müssen, um Intimität wieder herzustellen. Wenn Sie sich sexuell zurückhalten, gewinnen Sie vielleicht die Macht oder die Oberhand zurück, die Ihnen die Affäre genommen hat, doch dies sind schlechte Bettgenossen. Eine Waage, die sich zu Ihren Gunsten neigt, ist immer noch aus dem Gleichgewicht.

Sie mögen zwar wie Jeff mit Ihrem Partner schlafen wollen, doch Sie müssen sich dem Tempo Ihres Partners anpassen und Vertrauen und Intimität einstweilen anderweitig aufbauen.

Vorschläge

1. Teilen Sie einander mit, was Ihnen sexuell angenehm ist, und beweisen Sie dann, daß Sie die Grenzen des jeweils anderen respektieren. Vereinbaren Sie konkrete Signale, ob Sie nur zärtlich sein wollen oder mehr möchten. Ein Paar fand seine ganz eigene spielerische Lösung: Der Partner, der Lust hatte, nahm einen Keramikfrosch, den das Paar in den Flitterwochen gekauft hatte, und setzte ihn auf den Nachttisch des anderen; der »eingeladene« Partner konnte den Sprung machen oder nicht. Ein anderes Paar einigte sich darauf, daß fürs erste immer der verletzte Partner die Initiative zum Geschlechtsverkehr ergreifen sollte, weil er die zwiespältigeren Gefühle hatte und sich verletzlicher fühlte.
2. Mit einer beliebten Übung namens »sensorische Fokussie-

rung«[5] können Sie lernen, wieder Körperkontakt aufzunehmen und zu genießen, ohne sich unter sexuellen Leistungsdruck zu setzen, solange Sie beide dazu bereit sind. Reservieren Sie eine bestimmte Zeitspanne – ich empfehle nicht mehr als 15 bis 20 Minuten –, in der einer von Ihnen den anderen überall außer im Genitalbereich massiert oder streichelt. Sie sollten beide voll bekleidet sein. Das nächste Mal tauschen Sie die Rollen; immer gibt einer etwas Angenehmes, und der andere nimmt es. Die nehmende Person braucht nichts zu sagen, sie muß nur gelegentlich zu erkennen geben – einen Finger heben, »hmmm« brummen –, wenn die Berührung angenehm ist.
Wenn Sie diese Übung entspannt machen können, probieren Sie es unbekleidet, doch wiederum unter Aussparung des Genitalbereichs. Das kommt als nächstes, immer unter der Voraussetzung, daß bei Ihnen beiden die Ampel auf Grün springt – daß Sie beide zum Geschlechtsverkehr bereit sind.

Annahme Nr. 3: »Wenn du masturbierst, heißt das, daß du mich nicht liebst und unsere Partnerschaft in Gefahr ist.«

Jetzt ist ein geeigneter Zeitpunkt, um über Ihre Einstellungen zur Masturbation zu sprechen. Kein Thema ist mit mehr Mythen befrachtet; das reicht von dem Glauben, von Onanie bekäme man Pickel, bis zu der Vorstellung, sie würde die Größe, Form und Farbe der Genitalien dauerhaft verändern und die Fähigkeit zum Geschlechtsverkehr beeinträchtigen. Obwohl die Selbstbefriedigung von verschiedenen religiösen und kulturellen Gruppen immer noch verdammt wird, masturbieren die meisten Menschen irgendwann in ihrem Leben, auch wenn sie es nicht zugeben. In einer Untersuchung an 24 Paaren stellte das Kinsey-Institut fest, daß 92 Prozent der Männer und acht Prozent der Frauen glaubten, daß ihr Ehepartner nie masturbiere, obwohl es in Wirklichkeit alle taten. Von den Tausenden Menschen, die Kinsey in den 40er und 50er Jahren befragte, gaben 94 Prozent der Männer und 40 Prozent der Frauen an, bis zum Orgasmus zu masturbieren. Neuere Studien bestätigten die Zahlen für Männer, ergaben jedoch, daß die Zahl masturbierender Frauen auf 70 Prozent gestiegen war. Den meisten Paaren zufolge verringert die Masturbation nicht die liebevollen Gefühle gegenüber dem Partner und schmälert auch nicht die Qualität ihres Sexuallebens, sondern dient als Ergänzung eines sexuell aktiven Lebensstils. Bei einer anderen neueren Untersuchung der sexuellen Gewohnheiten in Amerika gaben 85 Prozent der Männer und 45 Prozent der Frauen im Alter von 24 bis 49 Jahren, die mit einem Partner zusammenlebten, an, im vergangenen Jahr masturbiert zu haben. Von diesen Menschen mit dauerhaften Sexualpartnern gaben jeder vierte Mann und jede zehnte Frau an, mindestens einmal pro Woche zu masturbieren. Dieselbe Studie stellte fest, daß Verheiratete mit größerer Wahrscheinlichkeit masturbierten als Alleinlebende.

Kehren wir zurück zu unserem Paar Leah und Jeff, das Schwierigkeiten hatte, die Grenzen des Körperkontakts abzustecken. Eines Abends kam Leah zu Jeff herein und überraschte ihn beim Masturbieren. Sie regte sich furchtbar auf und warf ihm vor, er benehme sich wie ein Tier. Jeff war ebenso peinlich berührt wie verärgert. »Das ist doch besser, als mit einer anderen zu schlafen«, sagte er zu ihr. »Mit dir darf ich ja offenbar nicht schlafen.«

Leah überdachte Jeffs Reaktion und sagte ihm später in einer Paartherapiesitzung, daß sie wütend war, weil er sie jedesmal, wenn sie sich berührten, unter den Druck setze, mit ihm zu schlafen.

»Gut«, sagte er, »aber du mußt mir ein Ventil lassen.«

»Wenn du masturbierst, kriege ich Angst«, erklärte sie. »Das ist wieder ein Geheimnis, wieder etwas, wo du dich mir vorenthältst und mir zeigst, daß du mich nicht brauchst.«

»Für mich ist es etwas anderes«, sagte Jeff. »Ich sehe es als gesunde Alternative dazu, dich zu zwingen oder mir woanders Befriedigung zu holen. Was schlägst du noch vor?«
Sie gelangten schließlich zu der Lösung, im selben Bett zu schlafen, doch Jeff respektierte Leahs Wunsch, den Geschlechtsverkehr aufzuschieben. Leah wiederum stimmte zu, Jeff zu halten und zu küssen, wenn er sich selbst befriedigte. Der Kompromiß schien zu funktionieren. In der nächsten Sitzung berichtete mir Leah: »Wenn wir zusammen sind, fühle ich mich nicht mehr so bedroht, und ich bin froh, ihn wieder bei mir im Bett zu haben. Es ist nicht ideal so, aber besser als vorher.«

Vorschläge
Als Paar müssen Sie sich auf wechselseitig annehmbare sexuelle Möglichkeiten einigen. Stellen Sie einander keine Fallen und Ultimaten; entwickeln Sie Alternativen. Versuchen Sie, offen für Ihre sexuellen Entwicklungsmöglichkeiten zu sein und bei der Befriedigung Ihrer Bedürfnisse nach Nähe und sexueller Entspannung Kreativität zu entfalten. Wichtig ist nicht, daß Sie bestimmte sexuelle Handlungen vollziehen, sondern daß Sie Ihre Probleme freundschaftlich lösen und eine echte Partnerschaft aufbauen.

Annahme Nr. 4: »Sex muß immer leidenschaftlich sein.«

In dieser Vorstellung schlägt sich eine idealisierte romantische Norm nieder, die unmöglich dauerhaft zu erreichen ist. Wenn Sie sie einer bereits belasteten Partnerschaft aufbürden, blühen Ihnen unweigerlich Enttäuschung, Unsicherheit und Kritik an sich selbst und Ihrem Partner. In Wirklichkeit dürfte Sex nach einer Affäre nicht leidenschaftlich, sondern unbeholfen und bemüht sein. Der verletzte Partner läßt sich wohl kaum los, wenn er Angst hat, verlassen zu werden. Der untreue Partner ist wie gesagt gehemmt durch Leistungsdruck und abgelenkt durch Erinnerungen an die/den Geliebte/n.

Sie sollten sich aber immer vor Augen halten, daß angesichts dessen, was Sie durchgemacht haben, jede Art Körperkontakt, ob mit Verkehr oder ohne, intim und ermutigend sein kann. Häufen Sie nicht zuviel auf ein Feuer, das gerade erst glimmt. Sie sollten jetzt keine hohe Flamme anfachen wollen, sondern zärtliche Gefühle wiederaufleben lassen.

Nachdem ihr Mann gestanden hatte, mit der Frau seines Freundes geschlafen zu haben, verlangte Carol wahre Raserei im Bett. Als sie ihre Erwartungen enttäuscht sah, fühlte sie sich verängstigt und allein gelassen. »Es funkt nicht«, sagte sie. »Wir machen nur die Bewegungen durch. Da stimmt etwas ganz und gar nicht.«

Was nicht stimmte, war nicht der Sex, sondern Carols verstiegene Vorstellung, sie und ihr Mann müßten immerzu eine starke erotische Bindung verspüren. Diese unvernünftige Erwartung machte es ihr unmöglich, die Lust, die er ihr gab, zu genießen oder auch nur Trost darin zu finden.

Noch schwerer machte es Carol die persönliche Bedeutung, die sie leidenschaftlicher Liebe beimaß: Sie sollte ihr ihre Attraktivität für ihren Mann beweisen. Leidenschaft wurde ihr übermäßig wichtig, weil sie darin die Bestätigung sah, daß ihrem Mann etwas an ihr lag. Sex war für sie keine Möglichkeit, eine Beziehung herzustellen, sondern eine schwierige Aufgabe, eine Leistung, ein Test. Wie hätte sie da nicht enttäuscht sein sollen?

Wenn Sie wie Carol im Bett immer die Note »zehn« bekommen wollen, reicht es wahrscheinlich gerade mal für eine »drei«. Sex wird in Illustrierten und Filmen oft als glühender Hochofen dargestellt, während er in Wirklichkeit eher einer Zentralheizung mit einem schlecht eingestellten Thermostat gleicht. Wenn Sie Ihre sexuelle Beziehung warm und liebevoll gestalten wollen, müssen Sie mehr als die Kleider ablegen – Sie müssen Ihre hohen Erwartungen abschütteln.

Vorschläge
1. Fragen Sie sich: »Warum ist mir Leidenschaft so ungeheuer wichtig? Welche Bedeutung unterstelle ich ihr? Bedeutet sie, daß mein Partner wirklich froh ist, mit mir zusammenzusein? Findet er mich attraktiv? Geht er nicht mehr fremd? Hat er mir verziehen?«
Vielleicht weicht der Druck von Ihnen, wenn Sie erkennen, daß diese und andere Beziehungen subjektiv sind – daß ein passiver Partner vielleicht glücklich, treu und nachsichtig ist und ein sexuell aggressiver Partner unglücklich, untreu und verurteilend. Wenn Sie die Bedeutung von Leidenschaft neu definieren, können Sie vielleicht ein Liebesleben akzeptieren und genießen, das weniger heiß ist, als Sie es sich träumen, aber genauso liebevoll.
2. Arbeiten Sie an einer umfassenderen, nützlicheren und realistischeren Definition von Intimität, die über Gefühlswallungen hinausgeht und Zärtlichkeit, Fürsorge, Verständnis und Achtung einschließt.
3. Kaum etwas macht sexuell so an wie ein erregter Partner. Umgekehrt nimmt kaum etwas so sehr die Lust wie ein Partner, der sexuell abgestorben ist. Folglich müssen Sie selbst leidenschaftlicher werden, wenn Sie sich mehr Leidenschaft von Ihrem Partner wünschen.

Annahme Nr. 5: »Du mußt wissen, was ich sexuell mag.«

Diese Vorstellung ist bequem, weil Sie damit die Last der Verantwortung für Ihre sexuelle Befriedigung in den Schoß ihres Partners fallen lassen und ihm dann die Schuld zuschieben, wenn Ihre Bedürfnisse nicht erfüllt werden. Nichts könnte schädlicher sein, denn diese Bedürfnisse bleiben unbefriedigt, wenn Sie sie nicht offen aussprechen.
Mein Rezept lautet daher wie folgt: Wenn Sie im Bett zufriedener werden wollen, müssen Sie dabei eine aktivere Rolle spielen – das ist nicht Sache Ihres Partners allein.

Versuchen Sie es so:

- Werden Sie zum Experten für Ihre körperlichen Bedürfnisse.
- Teilen Sie Ihre Wünsche einfühlsam und freimütig mit.
- Gehen Sie auf die Bemühungen Ihres Partners, Sie zufriedenzustellen, wohlwollend und ermutigend ein, mögen sie auch noch so unbeholfen sein.

Phil, ein 43jähriger Antiquitätenhändler, erwartete von seiner Frau, daß sie seine Bedürfnisse erahnte, und begegnete ihr dann mit schweigender Verachtung, wenn sie unbefriedigt blieben. »Letzte Nacht nahm Susan mein Gesicht in beide Hände, und ich merkte, wie sehr ich es hasse, wenn sie das tut«, berichtete er. »Es erinnert mich an meine Mutter. Sie muß doch wissen, daß es mich wahnsinnig macht, aber sie tut es seit dem Tag, da wir uns kennenlernten.«

Phil hinterfragte seine Reaktion mit Hilfe einer Liste störender Gedanken. »Warum muß sie es wissen?« schrieb er. »Du hast es ihr nie gesagt. Du hast es niemandem gesagt. Du behältst alles für dich und beklagst dich dann, daß keiner dich versteht. Du machst das schon dein ganzes Leben, zuerst bei deiner Mutter und jetzt mit Susan. Sag ihr, was du magst. Gib ihr eine Chance, es dir recht zu machen. Tief in deinem Innern weißt du, daß sie es will.«

Vielen von Ihnen fällt es schwer, Ihrem Partner zu sagen, was Ihnen körperlich angenehm ist – Sie glauben, daß Sie das nicht wert sind, Sie fürchten, zurückgewiesen oder getadelt zu werden, Sie haben Angst, Ihrem Partner zu nahe zu treten, Sie sind der Überzeugung, »wenn ich darum bitten muß, ist es nichts wert«. Es wäre natürlich wundervoll, wenn Ihr Partner immer erspüren könnte, was Sie sich wünschen, und es Ihnen bereitwillig gäbe. Das Problem ist nur, daß niemand Ihre Gedanken lesen kann. In Zeiten wie dieser, wo Sie sich einander so entfremdet haben, müssen Sie lernen, direkt und selbstsicher zu sein, mehr auf sich selbst zu achten.

Vorschläge

1. Manchmal vermitteln Sie Ihre Wünsche am besten mit Taten statt mit Worten – *zeigen* Sie Ihrem Partner genau, was Ihnen gefällt. Männer können beispielsweise zeigen, daß sie oralen Sex wollen, indem sie an einem Finger ihrer Partnerin saugen, und Frauen, indem sie den Mund ihres Partners küssen. Gehen Sie über die Sprache hinaus, berühren Sie Ihren Partner erotisch oder spielerisch, und geben Sie ihm die Chance zu spüren, was Sie gerne spüren möchten.
2. Benennen Sie zwei lästige Dinge, die Ihr Partner im Bett tut und über die Sie sich schon früher beschwert haben. Eine meiner Klientinnen sagte zu ihrem Mann: »Du steckst deinen Finger in meine zurückgezogene Brustwarze, obwohl ich dir schon gesagt habe, daß mir das weh tut, und du drückst dein Kinn in meinen Hals, wenn du oben liegst.« Ihr Mann erklärte, daß er alles vergäße, wenn er mit ihr schlafe, und nicht merke, daß er ihr weh tue. Er war nur zu bereit, sich zu ändern.
3. Halten Sie fest, wenn Sie Ihren Partner bitten möchten, Ihnen etwas Gutes zu tun, aber es nicht tun. Schreiben Sie auf, ob sich Ihr Schweigen lohnt, wie Sie sich dabei fühlen, was es bewirkt. Verfahren Sie genauso, wenn Sie den Mund aufmachen. Versuchen Sie, Ihrem Partner Ihre Schwierigkeiten bewußtzumachen, und bitten Sie ihn, Sie zu ermutigen, Ihre Anliegen auszusprechen.

Annahme Nr. 6: »Wenn ich dich bitte, im Bett etwas anders zu machen, verletze ich deine Gefühle. Wenn ich tue, um was du mich bittest, verletze ich meine. Das ist die Veränderung nicht wert.«

Was könnte heikler sein, als um neue sexuelle Verhaltensweisen – etwa um andere Berührungen oder eine neue Stellung oder Technik – zu bitten oder sich darauf einzulassen? Wer Veränderungen will, schweigt vielleicht aus Angst, seinen

Partner aufzuregen und einen weiteren Bruch in der Partnerschaft herbeizuführen. Wer um Veränderungen gebeten wird, weigert sich vielleicht, weil er sich verletzt oder manipuliert fühlt, wenn er etwas tun soll, das ihm zuwider ist. Ist es da ein Wunder, wenn beide der Vergangenheit verhaftet bleiben und den alten, unschönen Tanz weitertanzen?

Ihren Partner um sexuelle Veränderungen bitten

»Ich möchte, daß Tim erfährt, daß ich beim Verkehr nie zum Höhepunkt gekommen bin, daß ich lieber oralen Sex hätte«, sagte Carol. »Aber ich habe Angst, wenn ich es ihm sage, glaubt er, er sei ein schlechter Liebhaber, und will sich wieder woanders beweisen. Da täusche ich lieber einen Orgasmus vor, damit er bei mir bleibt.«

Tim bewahrte selbst ein Geheimnis. »Lisa [die Geliebte] tat etwas Unglaubliches, und ich wünschte, Carol würde das auch machen«, gestand er mir. »Sie hob ihr Becken meinem entgegen, als ob sie mir auf halbem Wege entgegenkommen wollte. Das gab mir das Gefühl, begehrt zu werden. Carol liegt einfach nur da, als ob sie sich opferte. Ob sie wütend auf mich ist, ob es ihr peinlich ist, selbst aktiv zu sein, oder ob es sie einfach langweilt – ich habe keine Ahnung. Ich würde ihr gerne sagen, was ich will, aber dann wüßte sie, daß ich es von Lisa gelernt habe. Das ist es nicht wert, daß sie sich dann noch unsicherer fühlt, als sie es ohnehin ist.«

Sie können wie Tim und Carol beschließen, Ihre sexuellen Wünsche für sich zu behalten und keine häßliche Konfrontation zu riskieren. Doch Ihr Schweigen wird die emotionale Kluft zwischen Ihnen wahrscheinlich vertiefen, noch mehr als Ihr glanzloses Sexualleben.

Eine friedliche Fassade ist kein Ersatz für Intimität. Wenn Sie Ihre Wünsche verhehlen, schonen Sie vielleicht die Gefühle Ihres Partners, doch wenn Sie einander näher und nicht einfach nur zurechtkommen wollen, müssen Sie Ihren Wünschen eine Stimme geben, auch wenn die Wahrheit weh tut. Am Ende merken Sie vielleicht, daß es Ihrem Partner lieber gewesen wäre, Sie hätten früher gesprochen, und daß er die Gelegenheit, Sie zufriedenzustellen, gern beim Schopfe packt.

Die Bitten Ihres Partners um sexuelle Veränderungen erwägen

Um sexuelle Veränderungen zu bitten, bringt Sie einander nicht näher, wenn Sie sie nicht auch ernsthaft in Betracht ziehen. Ich meine damit nicht, daß Sie die Bitten Ihres Partners in jedem Fall erfüllen sollten; Sie sollten sie aber unvoreingenommen prüfen.

Genau dem verweigerte sich eine meiner Klientinnen namens Marilyn. Als ihr untreuer Mann sie zu duschen bat, damit er Cunnilingus mit ihr genießen könne, brauste sie auf: »Meine Vagina ist so was wie ein selbstreinigender Backofen. Wenn du sie nicht riechen kannst, dann steck deine Nase nicht rein.«

Widerstand wie der von Marilyn kann verständlich sein; Sie enthalten sich damit jedoch eine Erfahrung vor, die für Sie beide lustvoll sein und Sie einander näher bringen könnte. Wenn Ihr Partner sich wirklich um größere sexuelle Intimität bemüht und das durch liebevolle Gesten außerhalb des Schlafzimmers unterstreicht, sollten Sie Bitten um Veränderung nicht als Kritik, Demütigung oder wenig schmeichelhaften Vergleich mit einer/m Geliebten auffassen, sondern als *Geschenk*, das Ihrer Partnerschaft nützt.

Andererseits sollten Sie sich nicht zu rasch mit Änderungen einverstanden erklären, wenn sie Ihnen abstoßend oder verfrüht vorkommen oder wenn sie Ihre Integrität oder Ihr Wohlbefinden anderweitig zu gefährden scheinen. »Die Vorstellung von oralem Sex bringt mich immer zum Würgen«, sagte eine untreue Partnerin. »Aber ich habe das Gefühl, es tun zu müssen, um meinen Mann zu überzeugen, daß ich für immer zurückgekommen bin.« – »Mein Mann wünschte sich sexuelle Überraschungen«, berichtete eine verletzte

Partnerin, »deshalb holte ich ihn am Flughafen ab und trug nichts als einen Regenmantel. Er war ganz hin und weg, aber ich habe mich so ordinär gefühlt wie noch nie. Ich bin zu weit gegangen.«

Es baut Sie als den Untreuen nicht auf, Ihrem Partner nur aus Schuldgefühlen heraus nachzugeben. Dem verletzten Partner geht es ebenso, wenn er nur aus Unsicherheit und dem verzweifelten Wunsch, dem Partner alles recht zu machen, heraus handelt.

Keiner von Ihnen sollte glauben, nur deswegen sexuell reagieren zu müssen, um seine Liebe oder sein Engagement zu beweisen. Sie müssen beide respektieren, daß jeder das Recht hat, nein zu sagen.

Vorschläge

Damit Sie einander Ihre sexuellen Vorlieben leichter mitteilen können, schlage ich vor, die folgende Liste angenehmer Verhaltensweisen zu verwenden. Bewerten Sie jede mit einer Skala von 1 bis 3: 1 = nicht angenehm, 2 = etwas angenehm, 3 = sehr angenehm. Nehmen Sie Ihre eigenen Wünsche in die Liste auf; formulieren Sie sie positiv und genau, nicht negativ und allgemein. Der Satz »Ich kann es nicht ausstehen, wie schnell du zum Verkehr kommst« ist weniger hilfreich als »Ich möchte, daß du mich eine Zeitlang streichelst und küßt, bevor wir weitergehen«. Denken Sie daran, daß Sie Ihren Partner nur informieren und leiten, wenn Sie Ihre Wünsche aussprechen, daß Ihr Partner nicht verpflichtet ist, sie zu erfüllen.

Ich möchte, daß du:

Partner A	Partner B	
__________	__________	gewaschen ins Bett kommst und sauber riechst.

________	________	mit mir duschst, bevor wir ins Bett gehen.
________	________	dir die Zähne putzt, bevor du ins Bett kommst.
________	________	einige Stunden, bevor wir ins Bett gehen, nicht mehr rauchst und Mundwasser benutzt.
________	________	deine Beine um mich schlingst, wenn ich in dich eindringe.
________	________	mein Ohr, meine Finger, meine Brustwarzen so ... (erklären) leckst.
________	________	mich bittest, dir zu zeigen, wie ich berührt werden möchte.
________	________	mit deinen Fingerspitzen sanft über meinen Körper gleitest.
________	________	mir versicherst, daß ich nicht zu lange brauche, um zum Orgasmus zu kommen.
________	________	geduldig mit mir bist und mir zeigst, daß du willst, daß ich komme, auch wenn du schon gekommen bist.
________	________	meine Hoden sanft streichelst.
________	________	Gleitmittel auf meine Klitoris streichst.
________	________	vorschlägst, an einer anderen Stelle miteinander zu schlafen.
________	________	romantische, entspannende Musik auflegst.
________	________	langsam mit mir tanzt, bevor wir ins Bett gehen.
________	________	mir ins Ohr flüsterst, wie sehr du mich liebst.
________	________	verruchtes Zeug zu mir sagst.

__________	__________	nackt ins Bett kommst.
__________	__________	mit scharfer Wäsche ins Bett kommst.
__________	__________	mich anmachst, wenn du Lust auf mich hast (und mich nicht einfach fragst, ob ich Lust habe).
__________	__________	mich fragst, wie mir ist, bevor du mich anmachst.
__________	__________	vor dem Kamin mit mir schläfst.
__________	__________	Pornos mit mir anschaust, während wir miteinander schlafen.
__________	__________	mich oral stimulierst, während ich dasselbe bei dir tue.
__________	__________	dich über mein Gesicht setzt und ich dich oral stimuliere.

Annahme Nr. 7–10: »Wir müssen gleichzeitig zum Orgasmus kommen.« – »Wir müssen multiple Orgasmen haben.« – »Wir müssen den Orgasmus durch Verkehr erreichen.« – »Wir müssen jedesmal den Orgasmus erreichen.«

Wenn ich meine Klienten frage: »Glauben Sie eine dieser Aussagen?« sagen viele: »Sie machen wohl Witze.« Doch wenn sich diese Erwartungen nicht erfüllen, sind dieselben Leute oft enttäuscht. Wenn ich frage warum, antworten Sie: »Nun, im Kopf glaube ich nicht an diese Ideen, aber im Bauch schon« oder »Für andere glaube ich sie nicht, aber für mich selbst schon.«

Tatsächlich legen viele von Ihnen unbarmherzig hohe sexuelle Maßstäbe an. Kein Wunder, daß der Mangel an sexuellem Begehren die Krux sexueller Störungen ist: Wer kann sich schon aufraffen, wenn die Ziellinie jenseits des Erreichbaren liegt?

Einer der verbreitetsten Irrtümer ist der, daß Frauen, die keine Hemmungen haben oder genügend erregt sind, nicht nur einen vaginalen Orgasmus erreichen können, sondern diesen auch der manuellen oder oralen Stimulation vorzögen.[6] In Wirklichkeit bekommen die meisten Frauen die klitorale Stimulation, die sie brauchen, nicht durch den Verkehr allein und können daher so nicht zum Orgasmus kommen.

Auch Männer finden oft, daß sie eine andersartige Stimulation als die durch den Verkehr brauchen oder vorziehen, schämen sich aber, dies zuzugeben. Diese Überbetonung des Orgasmus durch Verkehr setzt sie unter den Druck, ihn zu erreichen. Wenn das mißlingt, fürchten sie schließlich, daß sie mit ihrem Partner nie Befriedigung erreichen könnten oder daß etwas an ihnen oder ihrem Körper nicht stimmt.

Jerry machte sich Vorwürfe, weil er seine Frau nie zum Orgasmus bringen konnte. »Jahrelang glaubte ich, daß Ann wegen mir nicht kommen konnte«, berichtete er. »Er war nicht groß genug, ich kam zu schnell, zwischen uns stimmte es nicht. Meine eigene negative Meinung über meine Leistung – und über mich selbst – war einer der Gründe für meine Affäre mit Sally. Sie kam beim Verkehr so schnell zum Höhepunkt – da fühlte ich mich männlich und entlastet. Doch im Lauf der Zeit gab sie mir zu verstehen, daß sie andere Stimulation brauchte, und brachte mir Dinge über die weibliche Anatomie bei, von denen ich keine Ahnung hatte. Ich konnte kaum glauben, wie wenig meine Frau und ich von unseren Körpern wußten – darüber, wie man Lust gibt und empfängt. Ich erkannte, daß ich vor unseren sexuellen Schwierigkeiten davongelaufen war; vielleicht hätte ich das nicht gemacht, wenn ich sie als lösbare Probleme gesehen hätte.«

Einer anderen unrealistischen Vorstellung zufolge müssen Sie jedesmal, wenn Sie miteinander schlafen, den Orgasmus erreichen. Eine der neuesten Umfragen ergab, daß die meisten Menschen sich einbilden, die anderen hätten unglaublichen Sex, und daß sie übertriebene Vorstellungen von dem, was normal sei, haben. Die Studie kam zu dem Schluß, daß entgegen der landläufigen Meinung zwischen dem Erleben von Orgasmen und einem befriedigenden Sexualleben kein starker Zusammenhang besteht. Etwa 75 Prozent der Männer gaben an, daß sie beim Sex mit ihrem Partner immer zum Orgasmus kämen, dagegen nur 29 Prozent der Frauen. Dennoch war der Anteil von Männer und Frauen, die sich als körperlich und emotional überaus zufrieden bezeichneten, gleich – 40 Prozent. Die Forscher weisen darauf hin, daß der Orgasmus nicht der einzige Schlüssel zu sexueller Erfüllung sein könnte, sonst müßten Männer und Frauen sich im Grad ihrer Befriedigung unterscheiden.
Was oft genauso zählt wie der Orgasmus, sind Ihre *Vorstellungen* davon. Rigide, unrealistische Erwartungen führen schließlich zu Frustration, Unzufriedenheit und Minderwertigkeitsgefühlen. Sie dürften eher liebevolle, intimitätsfördernde Erfahrungen machen, wenn Sie mehr Wert auf den Prozeß als auf das Ergebnis legen. Der Weg ist das Ziel.

Vorschläge

Sagen Sie Ihrem Partner, wie Sie zum Orgasmus kommen möchten, und werfen Sie die Vorstellungen über Bord, es gebe nur den einen Königsweg – durch den prächtigen Penis.
Wenn Sie als Frau durch Verkehr zum Höhepunkt kommen möchten, es bisher aber nicht konnten, stimulieren Sie Ihre Klitoris, während Ihr Partner entweder von oben (indem er etwas über ihnen ist) oder von der Seite (hinter Ihnen liegend) in Sie eindringt. Speichel oder ein Gleitmittel können nützlich sein; daß es eine Schande sei, so etwas zu benötigen, ist ein weiterer beliebter Irrtum.

Wenn Sie als Mann Schwierigkeiten haben, durch Verkehr zum Orgasmus zu kommen, legen Sie sich auf den Rücken und lassen Sie sich von Ihrem Partner oral, manuell oder mit einem Vibrator stimulieren. Sie können auch masturbieren, während Ihr Partner Ihre Hoden streichelt oder Ihre Brustwarzen küßt. Hinter Ihrem Problem könnte Ihre Einstellung stecken, daß ein echter Mann nur durch Verkehr zum Orgasmus kommt.

Sie beide müssen herausfinden, was Sex für Sie lustvoll macht – was funktioniert und was nicht – und eine nicht bewertende Haltung einnehmen, die Ihnen sagt: »Jede Methode, um zum Orgasmus zu kommen, ist in Ordnung und völlig normal, solange sie uns beiden angenehm ist. Es gibt keine richtige oder bessere Methode.«

Hören Sie auf Ihren Körper. Er sagt Ihnen, was er mag.

Annahme Nr. 11: »Wir müssen gleich oft und zur gleichen Zeit miteinander schlafen wollen.«

Machen Sie sich nach einer Affäre auf ein plötzliches und scheinbar unerklärliches Umschlagen Ihres sexuellen Begehrens gefaßt. Der untreue Partner kann das Interesse an Sex vollständig verlieren, während der verletzte Partner ihn verstärkt braucht, um seine Zweifel an sich selbst als Liebhaber/in auszuräumen. Das Gegenteil kommt ebenso vor: Der untreue Partner ist begierig, die sexuelle Beziehung wiederaufzunehmen, während der verletzte Partner Angst hat, eine solche Gefühlsintensität zu riskieren.

Eine verletzte Partnerin, Barbara, stellte nach der Affäre ihres Mannes ein unstillbares Verlangen fest. »Ich will ihn erschöpfen, damit er keine Energie für eine andere mehr hat«, erklärte sie mir. »Ich will ihm beweisen, daß ich ihn glücklich machen kann, daß ich genauso heiß wie seine Geliebte sein kann.«

Ihr Mann wußte nicht, wie er sich verhalten sollte. »Ich versuche, ein Gleichgewicht zu halten«, sagte er. »Manchmal gebe ich ihr nach, selbst wenn ich keine Lust habe, nur um ihr Gewißheit zu geben; manchmal sage ich ihr, daß ich keine Lust auf Sex habe, versichere ihr aber auch, daß ich bei ihr bleibe und sie liebe. Doch wenn sie spürt, daß ich nicht so ganz interessiert bin, fängt sie an, nach dem Warum zu fragen. Wir hatten immer Spaß im Bett miteinander, aber daß sie es so sehr braucht, stößt mich ab.«

Ein anderer untreuer Partner, Bob, zog sich nach seiner Affäre in einen schützenden Panzer zurück und verlor jegliches Verlangen, nicht nur nach seiner Frau, sondern überhaupt. Er hörte auch zu masturbieren auf. »Ich habe sexuell einfach abgeschaltet«, erklärte er. »Vielleicht ist das meine Methode, mich zu bestrafen und meine Triebe so zu beherrschen, daß sie mir nicht wieder aus der Hand gleiten.«

Zuerst fürchtete seine Frau, er habe das Interesse an ihr verloren. Dann fürchtete sie, daß er sie wieder verlassen würde, wenn es zurückkam.

Wie bei diesen beiden Paaren kann Ihre Zufriedenheit mit Ihrem Partner weniger mit unterschiedlichem Verlangen als vielmehr mit Ihren Annahmen darüber zu tun haben. Wenn Sie glauben, daß zwei Menschen, die sexuell zusammenpassen, in 100 Prozent der Zeit mit derselben Häufigkeit miteinander schlafen wollen sollten, dann sind Sie natürlich wegen der Unterschiede zwischen Ihnen beunruhigt und machen sich eher auf die Suche nach anderweitiger Befriedigung. Wenn Sie glauben, daß keine zwei Menschen im selben Augenblick identische körperliche Bedürfnisse haben, dann tolerieren Sie die Unterschiede eher und kommen innerhalb Ihrer Partnerschaft damit zurecht.

Der Druck, parallele Bedürfnisse zu denen Ihres Partners zu haben, verschlimmert sich noch, wenn Sie eine Frau und der verletzte Partner sind. Die gesellschaftlichen Normen sagen Ihnen, daß Sie die Aufgabe haben, den Mann zufriedenzustellen, oder Sie werden ersetzt. Sogar in der Therapie wird das zu lösende Problem so definiert, daß die Frau den »Triebwünschen« des Mannes nicht entspricht. Wenn einer von Ihnen daher mit dem anderen schlafen will, sollten Sie sich fragen, ob Sie es nur Ihrem Partner zu Gefallen oder aus Angst, verlassen zu werden, oder aber aus eigenem Wunsch tun.

Es ist nicht verkehrt, sich dem Tempo Ihres Partners anzupassen, solange Sie sich dabei nicht bloßgestellt, gezwungen oder verstimmt fühlen und solange Sie nicht alleine am Wiederaufbau der Partnerschaft arbeiten. Ich sehe nichts Verwerfliches daran, wenn Sie als betrogene Ehefrau ab und zu mit Ihrem Mann schlafen, um ihm einen Gefallen zu tun, auch nicht, wenn Sie es aus Angst, ihn zu verlieren, tun, solange er sich bemüht, Ihnen mehr Sicherheit und Liebe zu vermitteln. Inakzeptabel ist dagegen, wenn einer von Ihnen ständig die Rechte und Ansprüche des anderen mißachtet oder nur einer ständig auf die Bedürfnisse des anderen eingeht. Partnerschaften gedeihen meist nur im Geist der Gleichheit und Wechselseitigkeit.

Halten Sie sich vor Augen, daß Ihr Verlangen Ihr ganzes Leben lang schwankt, unabhängig von Ihrem Geschlecht oder Ihrer Rolle bei der Affäre. Mit dem Alter erleben wir, bedingt durch hormonelle Veränderungen, ganz natürliche Schwankungen des Verlangens. Männer erreichen den Höhepunkt ihrer sexuellen Aktivität zwischen 18 und 25 Jahren; danach nimmt sie allmählich ab. Frauen erreichen ihren sexuellen Gipfel später – gewöhnlich zwischen 30 und 40. Danach folgt ein allmählicher Rückgang, der sich bis ins hohe Alter fortsetzt, wobei sich das Verlangen für einige Jahre nach der Menopause steigern kann.[7]

Auch vorübergehende Lebensereignisse beeinflussen Ihr sexuelles Verlangen. »Nach der Geburt meines Kindes fühlte ich mich wie ein nichtsexuelles Wesen«, erzählte mir eine Klientin namens Betty. »Ich wurde zur Milchkuh, stillte Tag und Nacht, ganz darauf versessen, meinem Kind einen guten

Start zu geben. Sex war das letzte, woran ich dachte. Eric machte mich fuchsteufelswild, weil er mich ständig drängte, mit ihm ins Bett zu gehen – er schien mich mehr zu brauchen als das Baby –, und ich haßte es, wenn er meine Brüste liebkoste. Jetzt, nach 18 Jahren, ist das Baby auf dem College, und das Blatt hat sich gewendet. Eric macht Überstunden, damit wir hinkommen, und ich bin schärfer als er.«
Nichts wirkt auf Sie entfremdender als mangelndes Verlangen Ihres Partners, doch Ihre Neigung, daraus das Schlimmste herauszulesen, bringt Sie noch weiter auseinander. Ich empfehle Ihnen, über das gegenwärtige Desinteresse Ihres Partners und Ihre eigenen unmittelbaren Bedürfnisse hinauszuschauen und eine Möglichkeit zu entwickeln, wie Sie trotz Ihrer zeitweisen Frustration oder Enttäuschung Intimität aufrechterhalten können. Dazu gehört, liebevollen Kontakt zu Ihrem Partner zu halten, auch wenn er nicht jedes Ihrer Bedürfnisse befriedigen kann oder will.

Vorschlag

Unglückliche Partner nehmen die sexuelle Erregbarkeit des anderen oft sehr extrem wahr; ein Partner gilt als ein Stein, der niemals Sex möchte, der andere als Hase, der nichts als rammeln will. Die folgende Übung – ich nenne sie »Hase und Stein« – hilft Ihnen, Ihr wechselseitiges sexuelles Verlangen realistischer einzuschätzen und einen für Sie beide befriedigenden Kompromiß zu erreichen.
Zuerst bitte ich Sie aufzuschreiben, wie oft Sie *im Idealfall* Sex möchten (das heißt, wenn Sie sich nicht dadurch beeinflussen lassen, wie oft Ihrer Meinung nach Ihr Partner Sex möchte) und wie oft Sie glauben, daß Ihr Partner *im Idealfall* möchte. Dann schreiben Sie auf, mit welcher Häufigkeit Sie *einverstanden* wären (das heißt, wie oft Sie Ihrem Partner zuliebe dazu bereit wären). Als nächstes schreiben Sie auf, mit welcher Häufigkeit Ihr Partner Ihrer Meinung nach einverstanden wäre. Bei dieser Übung werden Sie wahrschein-

lich feststellen, daß Ihre Erwartungen näher beieinander liegen, als Sie gedacht hätten, und daß ein für Sie beide annehmbarer Kompromiß weniger als befürchtet von Ihnen verlangt. Es folgt das Beispiel von Valerie und Todd:
1. Wie oft möchte Valerie Sex?
Valeries Antwort: einmal pro Woche.
Todds Antwort: einmal im Monat.
2. Mit welcher Häufigkeit wäre Valerie einverstanden?
Valeries Antwort: ein- oder zweimal pro Woche.
Todds Antwort: zweimal im Monat.
3. Wie oft möchte Todd Sex?
Valeries Antwort: jeden Tag.
Todds Antwort: drei- oder viermal pro Woche.
4. Mit welcher Häufigkeit wäre Todd einverstanden?
Valeries Antwort: dreimal pro Woche.
Todds Antwort: einmal pro Woche.

Das Paar brach in Lachen aus über die wechselseitigen Mißverständnisse und gelangte zu folgendem Kompromiß: Sie würden mindestens alle fünf Tage miteinander schlafen, damit Todd zufrieden war, aber nicht öfter, aus Rücksichtnahme auf Valerie (es sei denn, sie wollte). Die Partner sollten abwechselnd die Initiative ergreifen. Wenn Todd an der Reihe war, näherte er sich Valerie gewöhnlich gleich am ersten Tag; sie wartete oft die vollen fünf Tage ab. Sie kamen überein, daß, sollte einer von beiden die Vereinbarungen brechen, derjenige seine Einwände mit Hilfe einer Liste störender Gedanken überdenken, sie mit dem Partner diskutieren und einen anderen Termin festlegen sollte.
Als Valerie einmal eine längere Frist wollte, schrieb sie ihre negativen Gedanken auf: »Ich bin wütend. Als seine Mutter zu Besuch kam, überließ er sie ganz mir, obwohl ich einen überfälligen Bericht zu schreiben hatte. Er mißt meiner Zeit keinen Wert zu und erwartet, daß sich alles nach seinem Zeitplan richtet.«

Dann hielt sie selbst eine Gegenrede: »Du hast die ganze Woche deine Wut gehegt und gepflegt – warum verweigerst du jetzt den Sex? Du mußt Todd gleich zur Rede stellen, wenn du dich ärgerst, und ihm die Chance geben abzustellen, was dich stört. Gehe nicht in die Falle, Todd mit deinem Vater gleichzusetzen, der immer sich an die erste Stelle setzte, und selbst zu deiner Mutter zu werden, die nur wegen dir bei Papa geblieben ist und ihre Wut mit Kälte bemäntelte. Sage ihm, was dich ärgert, wie in der Therapie, und bitte ihn, deine Gefühle zu spiegeln. Mach dann dasselbe für ihn. Wenn du offen bist, wird er dich mehr unterstützen.«
Statt Todd wegzustoßen, hörte Valerie auf ihre besonnenere innere Stimme und erkannte ihr eigenes fehlangepaßtes Verhalten. Am fünften Tag ergriff sie die sexuelle Initiative, wie sie es versprochen hatte.

Annahme Nr. 12: »Wenn unsere Beziehung tragfähig genug und wir normal wären, bräuchten wir keine Phantasien oder sexuellen Hilfsmittel.«

Viele von Ihnen sind wahrscheinlich überzeugt, daß nur eines richtig ist, wenn Sie miteinander schlafen: Sie konzentrieren sich aufeinander und stimulieren sich ausschließlich gegenseitig. Normale Menschen, so nehmen Sie an, brauchen oder wollen kein sexuelles Spielzeug oder Phantasien, um sich zu erregen. Umgekehrt vermuten Sie, wenn Sie sexuelle Hilfsmittel – Vibratoren, Pornovideos und so weiter – brauchen, Ihre Partnerschaft sei in Gefahr oder Sie seien pervers, ordinär, treulos, verschroben oder krank.
In Wirklichkeit gibt es genauso viele verschiedene Möglichkeiten, sich in Stimmung zu bringen, wie Hähnchenrezepte – wahrscheinlich mehr. Problematisch an starren Vorschriften für sexuelles Verhalten ist, daß sie Ihnen einige der spielerischsten und sinnlichsten Aspekte des Liebesakts vorenthalten. Und zu einer Zeit, in der Ihre Partnerschaft so

belastet ist, sollten Sie spielerische Leichtigkeit und Sinnlichkeit nicht leichtfertig abtun.
Angeblich ist das wichtigste Sexualorgan das Gehirn, denn das, was in Ihrem Kopf vorgeht, beeinflußt nachhaltig Ihre körperlichen sexuellen Reaktionen. Wenn Sie bei der Liebe den Kopf voller schlüpfriger, sogar verbotener Gedanken haben, werden Sie leichter erregt, als wenn Sie denken: »Mein Partner stellt nie seinen Teller in die Geschirrspülmaschine.« Dabei werden Sie kaum außer sich geraten.
Sexuelle Phantasien sind ein natürliches Mittel, Sie von Ihrer Wut, Ihren Minderwertigkeitsgefühlen, Ihren Gedanken an die/den Geliebte/n – was auch immer Ihre Erregung in diesen komplizierten Zeiten stört – abzulenken. Sie können auch Ihre sexuelle Erregbarkeit erhöhen, indem sie die Organe stimulieren, die die Peniserektion oder die vaginale Lubrikation aktivieren.
»Aber sollte mir mein Partner nicht genügen?« fragen Sie. »Ist es nicht obszön, an jemand anderen zu denken, während ich mit meinem Partner schlafe?« Nein, würde ich sagen, es ist ein Unterschied, ob Sie an Sex mit jemandem denken oder ihn haben. Bekannte Sexualtherapeuten sagen sogar, daß sexuelle Phantasien die Freiheit eröffnen, jenseits der Realität sexuell zu experimentieren. Sexuelle Gedankenspiele mit anderen Menschen sind völlig normal. Wichtig für Sie und Ihren Partner ist nur, daß Sie sich auf Sex freuen, daß Sie Ihre Zeit im Bett befriedigend, angenehm, intim, schön machen – und wenn das Phantasien einschließt, auch gut.
Ich möchte Ihnen nur empfehlen, die/den Geliebte/n aus Ihren Phantasien auszunehmen. Als untreuer Partner haben Sie diese Phantasien bereits ausgelebt, daher sollten Sie sie besser nicht weiterpflegen. Wenn Sie der verletzte Partner sind, mögen Sie geistige Bilder von Ihrem Partner in leidenschaftlicher Umarmung mit der/m Geliebten durchaus in Wallung bringen, doch sie fördern auch Ihre Unsicherheit, selbst wenn Sie sie zuweilen höchst erotisch finden. Wenn Sie mer-

ken, daß Sie sich auf die/den Geliebte/n einstimmen/stellen, sollten Sie umschalten.

Dazu können Sie üben, andere, weniger bedrohliche Bilder auszuspinnen. In den Büchern *Die sexuellen Phantasien der Männer*[8] und *Die sexuellen Phantasien der Frauen*[9], beide von Nancy Friday, finden Sie freizügige und provozierende sexuelle Phantasien. Einige davon sprechen Sie vielleicht an.

Sie können die Erregung auch mit sexuellen Hilfsmitteln steigern. Einige von Ihnen schaudern sicher vor diesem Vorschlag zurück, weil sie ihm eine bestimmte Bedeutung zuschreiben. Wenn Sie solche Hilfsmittel genießen wollen, müssen Sie sie in einem neuen Licht sehen – so auch John, einer meiner Klienten.

Als seine Frau Judy und er sich bemühten, den Schaden durch seine Untreue zu reparieren, gestand sie, daß sie sich in den Monaten der Trennung einen Vibrator zugelegt hatte und ihn jetzt weiter benutzen wollte, um ihre Orgasmen beim Verkehr intensiver zu machen. Für John war ihr Ansinnen wie ein Schlag ins Gesicht. »Sie versucht mir meine Affäre heimzuzahlen«, sagte er. »Es ist, als ob sie sagen würde: ›Ich kann dich genauso leicht ersetzen, wie du mich ersetzt hast‹.«

Judy erklärte, daß sie sehr gerne mit ihm schlafe, aber durch vaginale Stimulation allein nicht zum Höhepunkt kommen könne, und sie bat ihn, sie zu streicheln und zu halten, während sie den Vibrator benutzte. John weigerte sich zunächst, doch mit der Zeit, nach weiteren Gesprächen und als er der Sache eine neue Bedeutung geben konnte, akzeptierte er es schließlich. Manchmal erregte es ihn sogar, ihre Lust zu sehen.

Eine verletzte Partnerin namens Marge kam mit ihrem Mann zu einer ähnlichen Vereinbarung. Da sie sah, daß er sich anstrengte, ihrer Ehe neues Leben einzuhauchen, bemühte sie sich, seinen Wunsch nach visueller Stimulation nicht erniedrigend zu finden. Als er sie bat, den schwarzen Spitzenbody anzuziehen, den er ihr geschenkt hatte, und sich mit ihm einen Sexfilm anzusehen, stimmte sie zu. Doch am nächsten Tag fühlte sie sich ordinär. »Er braucht diese Sachen, um in Fahrt zu kommen«, berichtete sie. »Sie haben nichts mit mir zu tun. Wenn er mich lieben würde und ihm mein Körper gefiele, wäre ich ihm genug.«

Mit etwas Hilfe erkannte Marge, wie subjektiv ihre Annahmen waren, und ging dagegen an. »Er hat mir dieses dumme, kleine Ding vor der Affäre gekauft«, sagte sie zu sich selbst. »Er hat mich schon immer gern in Reizwäsche gesehen. Und er mochte schon immer Pornos. Er ist deswegen nicht schlecht, und es ist nicht so, daß er mich deswegen unattraktiver findet oder mich weniger liebt. Warum also etwas herauslesen, das nicht drinsteckt?«

Was letztlich für Marge und ihren Mann am meisten Intimität schuf, war nicht irgendein bestimmtes sexuelles Hilfsmittel, sondern ihre Bereitschaft, die ganz speziellen sexuellen Vorlieben des anderen vorurteilslos zu betrachten.

Vorschläge

1. Nehmen Sie sich Zeit für eine oder zwei provozierende sexuelle Phantasien, die Sie beim Sex ohne Unbehagen herbeizitieren können. Sie können sie zuerst bei der Masturbation oder unter der Dusche verwenden.

Wenn Sie beim Verkehr eine Phantasie einsetzen, versuchen Sie, zwischen dieser Phantasie und Ihren realen Empfindungen hin- und herzuspringen. Verlieren Sie sich nicht ganz in Ihre Traumwelt, aber stürzen Sie sich voll hinein, wenn störende Gedanken über Ihren Partner oder die/den Geliebte/n auftauchen.

Viel Spaß damit, und lassen Sie Ihrer Phantasie freien Lauf. Denken Sie sich Szenen aus, die Sie erregen. Erregend ist meist etwas Verbotenes oder Neuartiges; das können auch Szenen sein, die Sie im wirklichen Leben abstoßend oder beängstigend fänden. Denken Sie daran, daß Ihr Partner nichts von alledem weiß. Eine außereheliche Phantasie ist keine außereheliche Affäre.

2. Nehmen Sie Ihren Partner in einen Sexshop mit oder gehen Sie allein. Einige der Waren dort stoßen Sie vielleicht ab, über andere müssen Sie wahrscheinlich lachen. Sprechen Sie darüber, welche Sie gerne ausprobieren würden. Sprechen Sie über Ihre Empfindungen.

Annahme Nr. 13: »Das Thema eines Tests auf Aids oder Geschlechtskrankheiten ist zu brisant, um es anzusprechen.«

Bei der Erneuerung Ihrer körperlichen Beziehung stoßen Sie beide unweigerlich auf ein sexuelles Problem, das am meisten mit Angst besetzt sein dürfte – der Angst vor sexuell übertragbaren Krankheiten wie Aids.

Sie mögen als untreuer Partner zwar schwören, daß Sie Vorsichtsmaßnahmen getroffen hätten, doch Ihr Partner braucht wahrscheinlich mehr Beweise als Ihre Worte und weigert sich vielleicht, mit Ihnen zu schlafen, bis Sie beide sich einem Test unterzogen haben. Wenn Sie sich dieser Forderung verschließen, sind Sie auf dem falschen Weg und müssen sich unbedingt fragen, warum Sie sie so abwehren. Vielleicht macht Sie dieses Ansinnen wütend, weil Sie einen Kontroll- oder Bestrafungsversuch darin sehen, doch ganz gleich wie aggressiv die Absichten Ihres Partners sein mögen, Sie haben kein moralisches Recht, einen anderen Menschen der Gefahr einer schweren oder sogar tödlichen Erkrankung auszusetzen. Wenn Sie sich folgendes vor Augen halten, können Sie sich sicher überwinden: »Aids [oder eine andere sexuell übertragbare Krankheit] ist real, verbreitet und lebensbedrohlich. Es ist nicht zu entschuldigen, das Leben eines anderen Menschen zu gefährden. Wenn ich mich testen lasse, beweise ich, daß ich die Gefühle meines Partners achte

und mich für unsere Partnerschaft einsetze. Es ist mir unbenommen, die Forderung meines Partners als Zwang zu betrachten. Ich kann aber auch einsehen, wie mitleiderregend selbstlos und abhängig mein Partner sein müßte, wenn er bereit wäre, mit mir zu schlafen, *ohne* über meinen Gesundheitszustand Bescheid zu wissen. Warum sollte mein Partner mir im übrigen glauben, daß ich sicheren Sex hatte, wo ich doch schon [so oft] gelogen habe?«
Als verletzter Partner haben Sie ganz gewiß das Recht, Ihren Partner zu bitten, sich testen zu lassen; das ist sehr verantwortungsbewußt. Doch versuchen Sie nicht, dies als Grund dafür zu nehmen, Intimkontakt zu vermeiden oder Ihre Wut und Ihren Schmerz zu vermitteln. Wenn Sie Angst um Ihre Gesundheit haben, dann erheben Sie die Stimme. Geben Sie Ihrem Partner eine Chance, Ihre Ängste zu beschwichtigen und sich Ihr Vertrauen zurückzuverdienen.

Vorschlag
Lassen Sie sich testen – beide. Sagen Sie Ihrem Partner von sich aus, wann Ihr Termin ist und was herausgekommen ist. Zwingen Sie Ihren Partner nicht, es Ihnen aus der Nase zu ziehen.

Annahme Nr. 14: »Ich schäme mich meines Körpers und meiner Sexualität und werde das nie überwinden.«

Häufig versperrt Scham den Weg zu größerer Intimität – Sie schämen sich Ihres Körpers und seiner sexuellen »Leistungen«. Wenn Sie diese Gefühle in sich verschließen, hindern Sie sich daran, Ihren natürlichen Neigungen nachzugehen und im Bett ganz Sie selbst zu sein und die Lust zu genießen. Wenn Sie einander näherkommen wollen, müssen Sie herausfinden, weswegen Sie sich schämen, und dann darüber zu reden wagen. Wenn Sie Ihre heimlichsten, dunkelsten, schamerfülltesten Vorstellungen von Ihrer Sexualität preisgeben, machen Sie sich sehr verletzlich, doch Ihr Partner erhält eine Chance, Ihren Überzeugungen zu widersprechen und Sie so zu akzeptieren, wie Sie sind. Scham muß an den Tag, wenn Sie sie vertreiben wollen.

Vorschlag

Es folgt eine Liste von Vorstellungen, wegen denen sich viele Partner schämen oder die ihnen peinlich sind. Bitte diskutieren Sie darüber und fügen Sie Ihre eigenen hinzu:

- »Mein Körper ist häßlich.«
- »Meine Brüste sind zu klein/groß.«
- »Mein Penis ist zu klein/groß.«
- »Mein Penis wird nicht hart genug.«
- »Mein Penis hat eine komische Form.«
- »Meine Brustwarzen sind nach innen gezogen.«
- »Ich kann beim Verkehr nicht zum Orgasmus kommen.«
- »Ich bin eher trampelhaft als sinnlich im Bett.«
- »Meine Bedürfnisse sind zu abartig.«
- »Ich mache zuviel Lärm.«
- »Ich bin zu still, wenn wir miteinander schlafen. Ich habe Schwierigkeiten, mich gehenzulassen.«
- »Mein Schamhaar ist häßlich.«
- »Ich bin zu dick/dünn.«
- »Mein Hinterteil ist zu flach/weich/dick.«
- »Ich komme zu schnell.«
- »Ich brauche ewig, um zu kommen.«
- »Ich kann dich nicht zum Höhepunkt bringen.«
- »Meine Vagina ist zu weit/klein.«
- »Ich hatte noch nie einen Orgasmus.«
- »Ich werde nicht feucht genug/zu feucht.«
- »Meine Vagina riecht schlecht.«
- »Ich weiß nicht, wie ich es dir recht machen kann.«
- »Ich kann dir nicht sagen, wie du es mir recht machen kannst.«

- »Ich habe Angst, mich gehenzulassen/die Kontrolle zu verlieren.«
- »Ich fühle mich ordinär, wenn ich oralen Sex machen soll.«
- »Ich habe Angst, ich muß würgen, wenn ich deinen Penis in den Mund nehme.«
- »Ich habe Angst, du kommst in meinem Mund.«
- »Ich denke daran, mit jemandem vom selben Geschlecht zu schlafen.«
- »Ich fühle mich nicht dazu berechtigt, die sexuelle Initiative zu ergreifen.«
- »Ich sehe gern Pornofilme.«
- »Ich möchte, daß wir ab und zu einen Vibrator benutzen.«
- »Ich masturbiere, wenn du nicht da bist.«

Machen Sie sich bei dem Gespräch bewußt, daß Ihr Partner Ihnen zutiefst persönliche Information anvertraut. Behandeln Sie sie mit allerhöchster Einfühlsamkeit. Wenn Ihnen das, was Ihr Partner glaubt, falsch vorkommt, müssen Sie das jetzt sagen. Als eine meiner Klientinnen ihrem Mann sagte, wie sehr sie die schwarzen Haare um ihre Brustwarzen verabscheute – sie gaben ihr das Gefühl, unweiblich zu sein –, scherzte er: »Das einzige Haar, über das ich mir je Sorgen gemacht habe, ist der Wald, der mir aus Nase und Ohren sprießt. Ich werde mich nicht über deine Unvollkommenheiten mokieren, wenn du dich nicht über meine mokierst.«

Wenn Sie Ihre Scham gestehen und Ihr Partner Ihnen hilft, sie zu mildern oder zu überwinden, räumen Sie der Intimität ein großes Hindernis aus dem Weg.

Angst vor Intimität, Angst vor Veränderung

Nun haben Sie Ihre Annahmen hinsichtlich sexuellem Verlangen, Erregung und Orgasmus revidiert, die/den Geliebte/n aus Ihrem Schlafzimmer geworfen, realistische Erwartungen hinsichtlich Leidenschaft und Phantasien entwikkelt und sich Ihre persönlichen Probleme mit Intimität eingestanden – *und Sie haben immer noch Angst, über die Affäre hinwegzukommen und Ihren Partner wieder zu lieben.*

Angst, wieder in eine beschädigte Partnerschaft zu investieren, Angst, sich Ihrem Partner und seiner Liebe wieder zu öffnen, Angst sogar vor der Hoffnung – all das kommt häufig vor bei Partnern, die nach einer Affäre wieder intime Bindungen herstellen möchten.

Genauso entmutigend ist die Furcht vor Veränderung. Wenn Sie merken, wie alt und tiefverwurzelt und wie grundlegend für Ihr Selbstgefühl Ihre fehlangepaßten Muster sind, sagen Sie vielleicht: »Ich bin, wie ich bin. Es ist zu spät, ein anderer Mensch zu werden.«

»Man tritt über den Bordstein und läuft über die Straße, ohne zu wissen, wie es auf der anderen Seite ist«, sagte eine verletzte Partnerin. »Wenn ich liebevoller, sexueller werde, offener über meine Bedürfnisse rede, werde ich meinen Mann anders erleben und mich selbst auch. Ich werde ein anderer Mensch werden. Ich fühlte mich immer ignoriert, enttäuscht, zu kurz gekommen. Wenn ich das aufgebe, wer werde ich dann sein?«

Es ist natürlich, das Vertraute und Eingeübte zu wiederholen, mag es noch so fehlangepaßt sein. Aber Sie sind vielleicht zu mehr Intimität fähig, als Sie glauben.

Wenn Sie einander näherkommen wollen, sollten Sie als erstes herausfinden, wie Sie Ihren Partner auf Abstand gehalten haben, wie Sie seine Versuche, Sie kennenzulernen, unterlaufen haben, und die Verantwortung dafür übernehmen. Sie können bis in die Zeit vor der Affäre, vor Ihrer ersten Begegnung zurückgehen und nach fehlangepaßten Beziehungsmustern von Kindheit an suchen. Und Sie können bewußt einen neuen, liebevolleren Umgang miteinander trainieren.

Versuchen Sie, Ihren Ängsten zu begegnen. Ihnen steht ein kleiner Raum zur Verfügung, in dem Sie sich selbst und Ihre Partnerschaft neu gestalten können. Verpassen Sie es nicht, indem Sie blindlings an eingefahrenen, in der Kindheit erlernten Vertrautheitsmustern festhalten. Vergeuden Sie nicht Ihre Energie damit, Ihre Partnerschaft auf Eis zu halten. Fragen Sie sich: »Auf was warte ich eigentlich? Wann werde ich denn bereitwilliger sein, wieder zu lieben? Wie viele Chancen bleiben uns noch, unser gemeinsames Leben zu erneuern?«

Sie müssen viele korrigierende Erfahrungen machen, bis Sie sich emotional sicher fühlen und Ihrem Partner wieder vertrauen können. Doch ich ermutige Sie, das Siegel zu brechen, das Sie beide auseinanderhält, und neu anzufangen.

Kapitel 9
Verzeihen lernen

Verzeihen ist wie Liebe sowohl ein Begriff als auch ein Gefühl. Wenn Ihre einschlägigen Überzeugungen übertrieben oder unrealistisch sind, vergeben Sie nie oder zu rasch. In diesem Kapitel betrachten wir die häufigsten dieser Überzeugungen, damit Sie in Ihrem eigenen Interesse eine durchdachtere Entscheidung fällen können, ob Sie Ihrem Partner verzeihen können oder wollen. Denken Sie daran, daß ich nicht nur von der Untreue spreche, sondern auch von den vielen weniger offensichtlichen Gelegenheiten im Verlauf ihrer Partnerschaft, bei denen Ihr Partner Sie enttäuscht und Sie sich getäuscht haben.

Überzeugungen, die Sie am Verzeihen hindern

Zu den übertriebensten Vorstellungen über das Verzeihen gehören die folgenden:

1. »Verzeihen erfolgt immer ganz und gar und ein für allemal.«
2. »Wenn man verzeiht, werden die negativen Gefühle dem Partner gegenüber durch positive ersetzt.«
3. »Wenn man verzeiht, gibt man zu, daß die negativen Gefühle gegenüber dem Partner falsch oder unberechtigt waren.«
4. »Wenn man verzeiht, will man nichts dafür haben.«
5. »Wenn man verzeiht, vergißt man die Verletzung.«

Diese Vorstellungen führen wahrscheinlich dazu, daß Ihnen eine Vergebung alles andere als erreichbar erscheint. Sie denken: »Wenn Verzeihen das bedeutet, dann vergiß es. Nur ein Heiliger könnte so bedingungslos, so entsagungsvoll, so nach dem Alles-oder-nichts-Prinzip handeln.«

Ich definiere Verzeihen jedoch nicht als reinen, selbstlosen Akt, sondern als Teil eines langsamen, schrittweisen Prozesses, der dann einsetzt, wenn Sie bei der Enthüllung der Affäre Ihren Schmerz zeigen und der sich weiterentwickelt, wenn Sie Erfahrungen machen, die Vertrauen und Intimität wiederherstellen. Verzeihen ist ein freiwilliges Angebot, das man sich Schritt für Schritt, Tag für Tag verdienen muß.

Annahme Nr. 1: »Verzeihen erfolgt immer ganz und gar und ein für allemal.«

Ich denke an die Zeit, als mein Sohn in den Kindergarten kam. Er schlenderte umher, wühlte in den Puzzles herum, wandte sich dann zu mir und verkündete: »Ich kann nicht gehen. Es ist zu schwer.« Natürlich war es das – wenn er alles an diesem Tag hätte meistern müssen.

Wenn Sie Ihrem Partner verzeihen sollen, fühlen Sie sich vielleicht auch überfordert. »Ich würde mein ganzes Leben dazu brauchen«, behaupten Sie. »Vielleicht sogar länger.« Und ich sage: »Richtig. Genau. Der Prozeß des Verzeihens vollzieht sich ganz langsam und setzt sich durch Ihre gesamte Partnerschaft fort. Es gibt kein Ende, keinen Zeitpunkt, zu dem Sie das Gerüst um Ihr Leben abbauen und sagen können: ›Jetzt können wir einen Schlußstrich ziehen und alles vergessen.‹« Frei nach Kafka sage ich, daß der entscheidende Moment in der menschlichen Entwicklung kontinuierlich ist.

Im Augenblick können Sie Ihrem Partner vielleicht zehn Prozent dessen, was er getan hat, verzeihen und wenn Sie Ihre Partnerschaft wieder ins Gleis bringen, vielleicht weitere 70 Prozent, doch nie mehr. Das ist in Ordnung so. »Eine endgültige Auflösung des Traumas ist ebensowenig möglich wie eine vollständige Genesung«, meint Judith Lewis Herman, Dozentin für klinische Psychiatrie an der Harvard Medical School, in ihrem Buch *Die Narben der Gewalt.*[1] Sie sind nicht unbedingt ein guter Mensch, wenn Sie ganz und gar verzeihen; Sie sind nicht unbedingt schlecht, wenn Sie es nicht können. Sie sind nur fähig zu geben, was Sie geben können und was Ihr Partner verdient.

Annahme Nr. 2: »Wenn man verzeiht, werden die negativen Gefühle dem Partner gegenüber durch positive ersetzt.«

Manche von Ihnen wollen vielleicht nicht verzeihen, weil Sie glauben, dann müßte Ihre Bitterkeit schwinden und Liebe und Mitgefühl an deren Stelle treten.

Das ist meiner Ansicht nach eine romantische Vorstellung, denn in all den Jahren meiner Praxis bin ich keinem Menschen begegnet, der zu solch einer emotionalen Kehrtwendung fähig gewesen wäre. Psychische Verletzungen heilen oder verschwinden im wirklichen Leben nie ganz; es treten auch keine positiven Empfindungen an ihre Stelle. Ob Sie nun der verletzte oder der untreue Partner sind, die Erinnerung an den Kummer, den Ihr Partner Ihnen bereitet hat, wird Sie noch nach Jahren zusammenzucken lassen. Einen völligen Neuanfang zu erwarten, als ob nichts geschehen wäre, heißt direkt auf die Enttäuschung zuzusteuern.

Als verletzter Partner empfinden Sie wohl kaum Mitgefühl angesichts der Konflikte Ihres Partners wegen der Affäre. Die Trauer Ihres Partners um die/den Geliebte/n verstehen Sie vielleicht nie, wollen sie auch nicht verstehen. Das ist normal. Wenn Sie verzeihen, haben Sie beim Gedanken an den Betrug Ihres Partners keine warmen, kuscheligen Gefühle, sondern Sie sind vermutlich emotional nur nicht mehr so empfindlich deswegen und nicht mehr so erfüllt von Bitterkeit und Wut. Ihre Feindseligkeit rückt aus dem Mittelpunkt Ihrer Partnerschaft heraus und läßt allmählich Raum für andere, positivere Gefühle. Sie stellen die Affäre in den Rahmen Ihres gemeinsamen Lebens und betrachten Sie als das, was sie ist – ein Teil dessen, was Sie beide ausmacht, aber eben nicht alles. Und Sie erkennen, daß Ihr Partner mehr ist als ein Betrüger und Sie mehr sind als ein Opfer.[2]

Als untreuer Partner verzeihen auch Sie Ihrem Partner vielleicht nie ganz, daß er Ihren Erwartungen nicht entsprochen hat. Auch das ist normal. Verzeihen läßt die gleichzeitige Betrachtung widerstreitender Gefühle zu, vereinbart Haß mit Liebe. Wenn Sie verzeihen, ersetzen nicht positive Gefühle die negativen, sondern beide bestehen nebeneinander. Ihr Unmut bleibt, erhält jedoch ein Gegengewicht in der Erkenntnis, daß Ihr Partner doch nicht so unvollkommen war und Ihr/e Geliebte/r doch nicht so vollkommen – und Sie selbst auch nicht so unschuldig.

Annahme Nr. 3: »Wenn man verzeiht, gibt man zu, daß die negativen Gefühle gegenüber dem Partner falsch oder unberechtigt waren.«

Ein anderer Grund für Ihren Widerstand gegen das Verzeihen ist, daß es in Ihren Augen bedeutet, das Verhalten Ihres Partners zu vergessen, zu entschuldigen oder zu bagatellisieren. Sie glauben damit leugnen zu müssen, daß Ihnen Unrecht geschehen ist, daß Ihnen Schaden zugefügt wurde, daß Sie das Recht haben, wütend oder verletzt zu sein. Verzeihen scheint zu heißen: »Was mein Partner mir angetan hat, war nicht so schlimm oder so wichtig.«

Verzeihen bedeutet jedoch nicht, daß Sie das Verschulden Ihres Partners leugnen, nur, daß Sie Ihren Partner vor Vergeltung bewahren. Die Wunde ist nicht verheilt, das Verhalten bleibt verurteilenswert, aber Sie beschließen aus freien Stükken, Ihren Partner nicht zu bestrafen, selbst wenn er es verdient haben mag. Sie können verzeihen und trotzdem zu Ihrer Erkenntnis stehen, daß Ihr Partner zu weit gegangen ist. Dies ist sogar eine Voraussetzung für das Verzeihen: Wenn Sie sich nicht selbst zugestehen, daß Ihnen Unrecht geschehen ist, haben Sie gar nichts zu verzeihen.

Annahme Nr. 4: »Wenn man verzeiht, will man nichts dafür haben.«

Einige von Ihnen weigern sich vielleicht zu verzeihen, weil Sie darin eine Art Absolution oder Begnadigung ohne Gegenleistung sehen. »Warum sollte ich meinen Partner von jeder Wiedergutmachungsverpflichtung entbinden?« fragen Sie sich. »Warum sollte ich sagen ›Schwamm drüber‹?« Wenn Sie Verzeihen mit Selbstverleugnung in Verbindung bringen, setzen Sie es wahrscheinlich mit Machtverlust und passiver Unterwerfung gleich; damit teilen Sie Nietzsches Überzeugung, daß Verzeihen etwas für Schwächlinge sei – für diejenigen, die unfähig sind, ihr Recht auf eine gerechte Lösung durchzusetzen. Verzeihen muß Sie jedoch weder schwach machen noch Ihren Partner von jeder Verantwortung lossprechen. *Wenn Ihr Ziel die Versöhnung ist, setzt Verzeihen Wiedergutmachung voraus.* Sollte Ihr Partner verstorben oder nicht körperlich anwesend sein, können Sie beschließen, ihn einseitig »loszusprechen«, damit Sie Ihren Schmerz und dessen Bewältigung selbst in die Hand nehmen können. Wenn Sie jedoch die Partnerschaft wiederaufbauen wollen, müssen Sie das gemeinsam tun. Zum Verzeihen gehören zwei; Sie können niemandem verzeihen, wenn der sich weigert, den Schmerz, den er Ihnen zugefügt hat, einzusehen und wiedergutzumachen – mit Sicherheit können Sie keine lebendige, intime Beziehung zu ihm haben. Judith Lewis Herman betont: »Wahre Vergebung kann erst gewährt werden, nachdem der Schuldige darum gebeten und sich durch

das Eingeständnis seiner Tat, durch Reue und Wiedergutmachung ihrer würdig erwiesen hat.«[4]
Ein Partner, der physisch und psychisch mit Ihnen verbunden sein will, muß sich Ihr Verzeihen durch konkrete, genau umrissene Verhaltensweisen verdienen. Unverdiente Verzeihung bestärkt wie unerwiderte Liebe die Annahme, daß es allein Ihre Aufgabe sei, die Beziehung aufrechtzuerhalten, daß Ihr Partner die Bürde der Neubelebung nicht mittragen muß. Wenn Sie auch nur einen Funken Selbstachtung haben, werden Sie diese Vorstellung sicher verfehlt finden. Würden Sie einem Partner verzeihen, der nicht eingesteht, daß er Sie verletzt hat, oder sein Verhalten sogar als berechtigt rationalisiert, würden Sie endlos Salz in die Wunde streuen.

Annahme Nr. 5: »Wenn man verzeiht, vergißt man die Verletzung.«

Sie wollen Ihrem Partner vielleicht nicht verzeihen, weil Sie befürchten, damit die Erinnerung an Ihre Beziehungsprobleme zu begraben. Wenn Sie die Erinnerung wachhalten, so glauben Sie, wird sich das Geschehene nicht wiederholen. Außerdem zeigt es Ihrem Partner, daß sich Ihr Schmerz nicht so einfach abtun läßt.
In Wahrheit jedoch werden Sie als verletzter Partner niemals vergessen, daß Sie betrogen worden sind, ob Sie nun verzeihen oder nicht. Noch Jahre später werden Sie sich genau an den Augenblick der Wahrheit und all die schmutzigen Details der Affäre erinnern. Als untreuer Partner möchten Sie wahrscheinlich, daß Ihr Partner vergibt und vergißt, damit Sie schließlich zu einer friedlichen Versöhnung gelangen, doch Sie können den Prozeß nicht beschleunigen. *Wenn Sie sich nicht mit dem Schaden befassen, den Sie angerichtet haben, tut es wahrscheinlich Ihr Partner.*
Wenn Sie vergeben, vergessen Sie nicht, daß Ihnen Unrecht geschehen ist, aber Sie erlauben sich, nicht mehr dabei zu

verweilen. Ihre schmerzlichen Erinnerungen bleiben wahrscheinlich lebendig, doch sie werden in eine Ecke geschoben. Sie sehen den Schaden weiterhin, doch nur als Teil eines Bildes, zu dem auch die guten Zeiten gehören – die Sie daran erinnern, weshalb Sie beschlossen haben, zusammen zu bleiben. Die Vergangenheit tut vielleicht noch weh, aber Sie können auch daraus lernen, es besser zu machen.

Kurzum, Vergeben erfordert *bewußtes Vergessen,* was die Jungsche Analytikerin Clarissa Pinkola Estés so beschreibt: »Diese Art des Vergessens ist ein bewußter Willensakt, bei dem der Lichtstrahl der Aufmerksamkeit gezielt vom »entzündlichen« Material abgelenkt wird, ... um den Mechanismus, der uns zum Wiederkäuen giftiger Gedanken, Bilder und Emotionen zwingt, bewußt abzuschalten. Man blickt nicht mehr zurück, schwelgt nicht mehr in Gefühlsinhalten, die mit den alten Erinnerungen verbunden sind, sondern fegt die interne Psycho-Landschaft ein ums andere Mal leer, damit neue, frische Dinge erfahren werden können.«[5]

Überzeugungen, die Sie zu leicht zum Verzeihen bringen

Unverdiente Verzeihung ist Pseudo-Verzeihung. Sie gewähren sie, nicht weil Ihr Partner sie verdient, sondern weil Sie sich dazu genötigt fühlen, genötigt durch andere oder durch romantische oder moralische Annahmen darüber, was Verzeihen bedeutet. Verzeihen Sie zu überstürzt oder verfrüht, begraben Sie den Schmerz lebendig und rauben sich und Ihrem Partner die Chance, Ihre Lektion aus der Affäre zu lernen und wechselseitig Ihre Wunden zu heilen.

Es folgen drei verbreitete Überzeugungen, die Sie dazu bringen, zu schnell oder zu leicht zu verzeihen, bevor das Unrecht anerkannt und wiedergutgemacht ist:

1. »Verzeihen ist immer gut für dich.«
2. »Verzeihen zeigt, daß du ein guter Mensch bist.«
3. »Verzeihen beseitigt den Konflikt und bringt die Partnerschaft voran.«

Annahme Nr. 1: »Verzeihen ist immer gut für dich.«

Gemeinhin nimmt man an, daß Verzeihen nicht nur ein Geschenk an den Partner, sondern auch ein Geschenk an sich selbst sei und daß es den Verzeihenden mit Wohlgefühl und psychischer und körperlicher Gesundheit erfülle.

Wenn Ihr Partner Sie verletzt oder enttäuscht hat, erwarten Sie nun vielleicht, daß Verzeihen Ihnen darüber hinweghilft. Sie versuchen, Ihren Partner aus der Umklammerung Ihrer Bitterkeit oder Enttäuschung zu entlassen und die Energie, die Sie in diese zerstörerischen Gefühle gesteckt haben, wieder für sich zu nutzen. Verzeihen, so hoffen Sie, befreit Sie von der Opferrolle und gibt Ihnen Ihr Leben wieder in die Hand.

Die Vorstellung, daß Verzeihen prinzipiell gut für Sie sei, ist in der Öffentlichkeit und in der Fachwelt gleichermaßen beliebt, einer wissenschaftlichen Prüfung hielt sie jedoch nicht stand. Sie erwies sich in manchen Fällen sogar als anti-therapeutisch, da sie das Selbstwertgefühl der verzeihenden Person verringerte.

Eine zu große Bereitschaft zum Verzeihen kann darauf hindeuten, daß Sie zuwenig *Selbstachtung* haben. Wenn Sie sich zum Fußabstreifer für andere machen, dann ist das nicht Liebe und auch nicht Freundschaft, sondern, wie Karen Horney es nennt, »krankhafte Abhängigkeit«[6]. Meine eigenen klinischen Erfahrungen bestätigen, daß unverdiente Verzeihung kein Heilmittel für Intimitätswunden ist, sondern daß es sie nur unter einem Schleier von Lächeln und Nettigkeit verbirgt, wo sie vor sich hinfaulen.

Annahme Nr. 2: »Verzeihen zeigt, daß du ein guter Mensch bist.«

Ihre Familie oder religiöse Erziehung hat Ihnen vielleicht beigebracht, daß Verzeihen ein Erlösungsakt ist – eine Form der Selbstaufopferung guter Menschen für ihre Feinde. Durch Vergeben beweisen Sie Ihr Mitleid und Ihre Unschuld und schaffen ein Bild von sich selbst als Märtyrer oder Heiliger.

Vergeben ist als solches jedoch nicht bewundernswert – es sei denn natürlich, Sie glauben, es sei bewundernswert, sich selbst zum Schweigen zu bringen und sich zu verleugnen. Was Sie als Großherzigkeit betrachten, dient Ihnen vielleicht in Wirklichkeit nur dazu, sich Ihre moralische Überlegenheit über Ihren Partner zu bestätigen und Ihnen die Auseinandersetzung mit Ihrem eigenen Beitrag zu der Affäre zu ersparen. Hinter dem, was Sie als Selbstaufopferung sehen, steht vielleicht die Absicht, Macht über Ihren Partner auszuüben, indem Sie ihm eine Dankesschuld aufbürden, die er nie zurückzahlen kann.

Annahme Nr. 3: »Verzeihen beseitigt den Konflikt und bringt die Partnerschaft voran.«

Einige von Ihnen sind vielleicht so begierig auf eine Versöhnung, daß Sie alles dafür tun, sogar verzeihen. Wenn Sie eine sehr abhängige Persönlichkeit haben oder bei Eltern aufwuchsen, die alkoholkrank waren oder Sie mißhandelten, haben Sie wahrscheinlich gelernt, Konflikte zu glätten, indem Sie Ihren eigenen Schmerz oder Ihre Wut verleugneten oder verdrängten. Sie haben gelernt, die Beziehung aufrechtzuerhalten, indem Sie Ihren Kummer begruben. Sie verzeihen rasch, weil Sie Ihre Wut nicht erkennen oder ausdrücken können und weil Sie Angst haben, Streit zu beginnen, sich Ihren Partner zu entfremden und allein zu leben.

Problematisch an diesem Verzeihen aus Nützlichkeitserwägungen – Verzeihen ohne eine Veränderung der Einstellungen oder Gefühle gegenüber dem Missetäter – ist, daß es mit der Zeit die Depression und Trauer verschlimmert und die unterschwellige Aggression gegen den Partner verschärft. Wer so rasch vergibt, zeigt meist eine falsche oder gönnerhafte Freundlichkeit, wobei ab und an unvermittelt Sarkasmus oder offene Feindseligkeit durchbricht. Das Ergebnis ist eine Partnerschaft, die beherrscht wird von Groll, kleinlichem Zank, Erstarrung, oberflächlicher Ruhe und Selbstverleugnung – eine Partnerschaft, der sowohl Lebendigkeit als auch Echtheit abgeht.

Eine Klientin namens Pat lieferte ein Paradebeispiel für Verzeihen aus Nützlichkeitserwägungen. Sie zog einen Strich unter die Affäre ihres Mannes, lange bevor die beiden ihre Bedeutung untersucht und wirklich damit abgeschlossen hatten. »Ich weiß, daß Henry mich immer geliebt hat«, erklärte sie mir. »Ich brauche es nicht, daß er mich um Verzeihung bittet.« Doch noch acht Jahre später stolperten beide immer wieder über Vertrauens- und Intimitätsprobleme, obwohl Henry nie wieder fremdging.

Wie ich schon sagte, löst »lieb und nett sein« keine Probleme. Wenn Sie den Weg zu echtem Verzeihen beschreiten wollen, können Sie das Geschehene nicht vom Tisch wischen. Es ist für Sie unabdingbar, daß Ihr Partner Ihren Schmerz versteht, Reue empfindet, sich entschuldigt und aktive Bereitschaft zum Wiederaufbau der Partnerschaft an den Tag legt. Um über die Affäre hinwegzukommen, müssen Sie vergeben, doch Ihr Partner muß zuerst Balsam auf Ihre Wunden streichen.

Sich selbst verzeihen

Sie sollten nicht nur daran denken, Ihrem Partner den Betrug nachzusehen, sondern auch sich selbst den Schaden, den Sie Ihrem Partner, Ihrer Familie und sich selbst zugefügt haben.

Als verletzter Partner haben Sie sich vielleicht folgendes zu verzeihen:

- Sie waren zu naiv, haben zu blind vertraut, haben Ihren Verdacht, daß Ihr Partner untreu sein könnte, ignoriert.
- Sie haben sich wegen des Betrugs Ihres Partners zu heftig Vorwürfe gemacht.
- Sie haben das unakzeptable Verhalten Ihres Partners geduldet oder entschuldigt, um die Partnerschaft aufrechtzuerhalten.
- Sie hatten so unzureichende Vorstellungen von sich selbst und von Liebe, daß Sie sich nicht zu Besserem berechtigt fühlten.
- Sie haben sich durch unfaire Vergleiche zwischen sich und der/m Geliebten selbst verletzt und gedemütigt.
- Sie wollten Ihren Partner so verzweifelt zurückgewinnen, daß Sie sich selbst erniedrigt haben – vor der/m Geliebten, Ihrer Familie, Ihren Freunden.
- Sie haben Ihr Selbstgefühl verloren; Sie haben das aus den Augen verloren, was Sie an sich selbst schätzen.
- Sie haben Ihre Kinder benutzt, indem Sie Unterstützung und Liebe von ihnen forderten und verlangten, daß sie gegen den anderen Elternteil Partei ergriffen.
- Die Affäre brachte sie so durcheinander, daß Sie nicht mehr auf Ihre Kinder eingingen.
- Sie haben sich selbst unnötig isoliert; Sie waren so sehr bemüht, die Gefühle Ihrer Kinder und Ihrer Eltern zu schonen, daß Sie sich Ihre Unterstützung selbst vorenthielten.

- Sie haben zur Unzufriedenheit Ihres Partners beigetragen (indem Sie beispielsweise seine Klagen nicht ernst nahmen, indem Sie völlig in Ihrem Beruf oder den Kindern aufgingen, indem Sie zu kritisch, abwesend oder bedürftig waren).

Als untreuer Partner haben Sie sich vielleicht folgendes zu verzeihen:

- Sie fühlten sich so bedürftig, glaubten ein Recht auf die Befriedigung Ihrer Bedürfnisse zu haben, daß Sie Ihrem Partner Unrecht getan haben.
- Sie haben Ihren Partner – den Menschen, den Sie lieben, die Mutter/den Vater Ihrer Kinder – einer lebensbedrohlichen Krankheit ausgesetzt.
- Sie haben Ihrem Partner die Schuld für Ihre Unzufriedenheit gegeben, ohne zu erkennen, daß Ihre eigenen Fehlwahrnehmungen, Ihr Fehlverhalten und Ihre unrealistischen Erwartungen Ihre Partnerschaft gefährdeten.
- Sie haben Einstellungen entwickelt, die Ihren Betrug rechtfertigten und die Bedeutung Ihrer Handlungen bagatellisierten.
- Sie haben Ihren Partner nicht in konstruktiver Form mit Ihren wichtigsten Bedürfnissen konfrontiert; Sie haben sich so verhalten, daß Ihr Partner diese gar nicht befriedigen konnte.
- Sie hatten unrealistische Vorstellungen über reife Liebe, die Sie unfähig machten, Enttäuschungen in Ihrer Partnerschaft zu ertragen.
- Sie hatten so unzureichende Vorstellungen von sich selbst und von Liebe, daß Sie keine Intimität schaffen und aufrechterhalten oder in einer verbindlichen Partnerschaft zufrieden sein konnten.
- Sie haben bei Ihren Kindern, in Ihrer Familie, bei Ihren Freunden Chaos angerichtet.

Unabhängig davon, wie Ihr Partner zu Ihrer ehelichen Unzufriedenheit beigetragen haben mag, sind Sie als untreuer Partner für Ihren Betrug allein verantwortlich und müssen sich selbst verzeihen, daß Sie mit diesem Vertrauensbruch Schaden angerichtet haben. Unter Umständen müssen Sie sich auch verzeihen, daß Sie Ihren Kindern Leid zugefügt haben. Sie können sich diese Aufgabe erleichtern, wenn Sie ihnen durch Ihr eigenes Beispiel zeigen, daß auch zwei Menschen, die sich lieben, Fehler machen, Verantwortung dafür übernehmen und ihr gemeinsames Leben wieder neugestalten. Vielleicht fällt Ihnen und Ihrem Partner das Verzeihen leichter, wenn Sie sich selbst als fehlbare, menschliche Wesen akzeptieren, die aus einem Leben, das sie weder gänzlich verstehen noch steuern können, das Beste machen müssen. Die Selbstvergebung entbindet Sie nicht von der Verantwortung für Ihre Worte oder Taten, doch Sie befreit Sie von Selbstverachtung und dem alle Hoffnung zerstörenden Gefühl der Schlechtigkeit. Wenn Sie sich selbst verzeihen können, können Sie sich und Ihre Handlungsweise mit mehr Mitgefühl betrachten und Ihre guten Seiten wiederentdecken.

Wechselseitig bindende Versprechen

Versprechungen bedeuten als solche wenig, doch wenn Sie sie mit bestimmten wichtigen Verhaltensweisen koppeln, bekräftigen Sie Ihrem Partner gegenüber, daß Sie sich wirklich ändern wollen. Auch Sie selbst können sich daran festhalten. Ich empfehle Ihnen daher, das folgende Übereinkommen abzuschließen oder selbst eines zu erstellen:

__________ [Name Ihres Partners],
wir haben eine tiefgreifende Krise überstanden, die beinahe unsere Partnerschaft zerstört hätte. Ich bin froh über die

Chance, mit Dir gemeinsam auf der Grundlage eines besseren Verständnisses für uns selbst und unsere Bedürfnisse etwas Neues, Stärkeres aufbauen zu dürfen. Ich weiß, daß Treue allein keine erfolgreiche Partnerschaft gewährleistet.
Ich weiß jetzt, wie oft ich die Schuld für meine Unzufriedenheit bei Dir gesehen habe. Ich habe meinen eigenen Beitrag zu meinem Unglück nicht in mir selbst gesucht. Ich habe nicht gemerkt, daß meine persönlichen Probleme mich dazu gebracht haben, Dich falsch wahrzunehmen und zu behandeln, daß ich es Dir unmöglich gemacht habe, mich kennenzulernen oder mir zu geben, was ich brauchte. Ich habe Dich mir genau in der Zeit entfremdet, als ich Dich lieben wollte und wollte, daß Du mich liebst.
[Zusatz für den untreuen Partner:]
Ich weiß jetzt, daß meine Annahmen über Treue und Liebe mich zu der Vorstellung gebracht haben, ich sei zur Untreue berechtigt. Ich habe meine Vergangenheit durchleuchtet und weiß jetzt, woher diese Annahmen kommen und inwiefern sie mir genützt haben. Ich erwarte nicht mehr, daß Du meinen idealisierten Phantasien über romantische Liebe entsprichst. Ich weiß jetzt, warum ich fremdgegangen bin, und das bewahrt mich davor, es wieder zu tun. Ich binde mich ganz an Dich, und durch mein Verhalten, nicht nur durch Worte allein, werde ich Dir das immer wieder beweisen.
Versuchungen gibt es immer, aber ich verspreche:

- mich vorzusehen und die volle Verantwortung dafür zu tragen, Dir in Zukunft treu zu bleiben.
- mein Wort zu halten, daß ich mit der/m Geliebten Schluß gemacht habe; Dir mit Wort und Tat zu beweisen, daß diese Person keine Bedrohung für uns ist.
- meine Probleme im Rahmen unseres gemeinsamen Lebens zu lösen.
- Dich nie wieder zu betrügen; es unnötig zu machen, daß Du die Rolle des Detektivs spielen mußt; Dir zu beweisen, daß Du mir getrost wieder vertrauen kannst.

[Zusatz für den verletzten Partner:]

- Ich erkenne Deine Versuche an, Vertrauen und Intimität neu zu schaffen, und ich verspreche, Dir zu helfen, indem ich mich Dir öffne, Dir verzeihe, wenn Du es verdienst, und mit Dir daran arbeite, unser Zusammenleben neu zu beleben.
- Ich werde mich bemühen, mich nicht durch Wut oder das Zurückhalten von Zuneigung stark zu machen, sondern durch die direkte Kommunikation mit Dir.
- Ich werde weiter untersuchen, inwiefern ich zu der Affäre beigetragen habe, und die Verantwortung dafür sowie für die Beziehungsprobleme, die schon davor bestanden, übernehmen. Ich weiß, daß ich nicht nur ein unschuldiges Opfer bin.

  [Beide:]

  Ich habe geglaubt, ich wüßte, daß eine gute, liebevolle Partnerschaft auch Kosten und Opfer erfordert, daß ich mich manchmal zu kurz gekommen und frustriert fühlen würde, doch jetzt weiß ich, daß ich im Grunde nicht wußte, was Lieben bedeutet und erfordert.
- Meine Bindung an Dich beruht nicht auf momentanen Empfindungen, sondern auf dem umfassenden Bewußtsein alles dessen, was Du in diese Partnerschaft einbringst, und dessen, was ich brauche.
- Zwar mag es Zeiten geben, wo wir einander weh tun, vielleicht sogar hassen, doch ich werde unsere Partnerschaft nicht tagtäglich bewerten. Ich bin langfristig mit Dir zusammen.
- Ich bemühe mich, gelegentliche Enttäuschung oder Unzufriedenheit im richtigen Verhältnis zu sehen und das zu akzeptieren, was ich an Dir für unvollkommen halte. Du genügst mir.
- Ich versuche, geduldig zu sein. Ich erwarte nicht, daß wir uns spontan oder leicht von der Affäre erholen.
- Ich will gemeinsam mit Dir an einer gemeinsamen Zu-

kunftsperspektive arbeiten, die getragen ist von Optimismus und Freude.

- Es tut mir sehr leid, daß ich Dich verletzt habe.
- Ich liebe Dich und freue mich, wieder mit Dir zusammenzuleben.

__________ [Ihr Name]

Was vor Ihnen liegt: Hoffnung und Erneuerung

Manchmal muß man etwas auseinandernehmen, um es stärker, dauerhafter wieder aufzubauen. Vielleicht hatten Sie den heilsamen Bruch und das Trauma der Untreue nötig, um aus einer verbrauchten Beziehung auszubrechen und neu anzufangen.

Eine Krise, sagt der Entwicklungspsychologe Erik Erikson, kann ein Wendepunkt sein; sie kann Ihr positives Veränderungspotential erhöhen.[7] Manchmal muß der Verlust von etwas drohen, damit Sie dessen Wert erkennen. Manchmal müssen Sie am Abgrund entlangspazieren, um zu erkennen, daß Sie nicht springen wollen. Vielleicht erkennen Sie erst, wenn Sie sich gezwungen fühlen zu gehen, daß Sie da, wo Sie sind, glücklich sind und bleiben wollen.

Sie würden Ihrem ärgsten Feind die Erfahrung der Untreue nicht wünschen, doch wenn sie Mängel in Ihrer Partnerschaft aufdeckt und Sie als Person und Partner bereichert, kann sie sich im nachhinein auch gelohnt haben.

Manchmal muß man etwas verpatzen, um herauszufinden, wie man es richtig macht. Wir gehen unsere Partnerschaften blindlings, oftmals mühelos ein, mitgerissen von Leidenschaft und einer idealisierten Wahrnehmung des Partners, oftmals voller Selbstüberschätzung. Die meisten von uns sind völlig unvorbereitet darauf, daß wir manchmal einen sehr langem Atem brauchen. Wir glauben vielleicht zu wissen, was nötig ist, doch wie naiv sind wir! Die Affäre bringt uns schmerzhaft auf den Boden der Tatsachen. Glücklicherweise fordert sie uns auch auf, es noch mal zu versuchen.

Natürlich verlaufen die Rückkehr in eine alte, abgenutzte Partnerschaft und die Mühsal der Schadensbeseitigung nicht glanzvoll. Doch nach einer solchen gemeinsamen Geschichte – in der Sie mit all dem, was an Ihnen beiden unschön ist, gerungen haben – fühlen Sie sich vielleicht tiefer verbunden als je zuvor und haben eine abgeklärtere, klarere Zukunftsperspektive für Ihre Partnerschaft. Ihre Bindung an Ihren Partner beruht jetzt wahrscheinlich auf einer solideren Grundlage als zu dem Zeitpunkt, als Sie sich Liebe und Treue geschworen haben. Viele dürften Sie sogar um die Bewußtheit und Offenheit beneiden, mit der Sie jetzt Ihre intime Verbindung bewahren und fördern.

Jetzt ist die Zeit des Wiederaufbaus, des Aufbruchs zu einer lebenslangen Erneuerung, der Hoffnung auf eine gemeinsame Zukunft. Jetzt ist die Zeit, Ihre Energie auf etwas Neues zu richten, auf etwas Besseres, als Sie zuvor hatten. Zehren Sie ruhig von Erinnerungen an harmonische und glückliche gemeinsame Zeiten, und träumen Sie von besseren, die Ihnen Kraft geben. Wenn nicht jetzt, wann dann?

Epilog
Das Geheimnis lüften: Die Wahrheit und die Folgen

Dieses Kapitel soll Ihnen als untreuem Partner eine Entscheidungshilfe geben, ob Sie Ihre Affäre preisgeben oder nicht. Der Großteil dieses Buches geht davon aus, daß Ihr Partner die Wahrheit kennt und daß Sie beide versuchen, gemeinsam darüber hinwegzukommen. Doch was ist, wenn die Affäre noch im verborgenen blüht? Sollen Sie sie für sich behalten? Muß Ihr Partner überhaupt Bescheid wissen? Wenn Sie Ihre Partnerschaft stärken wollen, macht es dann Sinn, die Affäre zu gestehen?

Es gibt einige zwingende Gründe, die Affäre für sich zu behalten. Sie möchten vielleicht sowohl Ihre/n Geliebte/n als auch Ihren Partner behalten und wissen, daß Sie sich zwischen beiden entscheiden müßten, wenn die Geschichte herauskommt. Sie sind vielleicht konfliktscheu und wollen die emotionale Lawine vermeiden, die Sie mit einem Geständnis lostreten. Sie glauben vielleicht, Sie seien nicht stark und engagiert genug, um die heftigen Anklagen Ihres Partners oder schlimmer noch, sein Weinen auszuhalten.

Es gibt einige gleich starke Gründe, die Affäre zu gestehen. Wenn Sie einer unglücklichen Ehe entkommen wollen, wird die Wahrheit vielleicht zu Ihrem Ausreisevisum. Wenn Sie Ihren Partner verletzen wollen, weil er Sie ignoriert oder mißhandelt hat, können Sie die Enthüllung als Rachewerkzeug benutzen. Wenn Ihre Partnerschaft auf der Kippe oder einfach stillsteht, können Sie reden, um sie aus ihrer Lethargie zu reißen.

Was auch immer Sie tun wollen, tun Sie es bewußt; erkunden

Sie Ihre Motive, und bedenken Sie die langfristigen Folgen. Wenn das Geheimnis erst gelüftet ist, können Sie nicht mehr zurück, und Sie beide werden den Rest Ihres Lebens mit den Auswirkungen leben müssen. Wenn Sie beschließen, nichts zu sagen, müssen Sie mit den Folgen Ihres Schweigens leben.

Die meisten von Ihnen, nehme ich an, möchten die Sache mit Ihrem Partner durchstehen oder zumindest herausfinden, ob eine Versöhnung möglich ist. Der Rest dieses Abschnitts hilft Ihnen, Alternativen zu ergründen, die Vor- und Nachteile für jeden Partner abwägen und eine Entscheidung zu fällen, die Sie beide akzeptieren können.

Halten Sie sich vor Augen, daß es, obwohl Sie zur Erneuerung Ihrer Partnerschaft entschlossen sein mögen, keine richtige Wahl gibt: *Es ist nicht immer besser, die Affäre zu enthüllen als sie zu verschweigen.* Sie können beschließen, sie zu gestehen, um wieder mehr Nähe zu schaffen, und Sie können beschließen, sie *nicht* zu gestehen, um wieder mehr Nähe zu schaffen.

Viele Therapeuten und Autoren sind beim Thema Untreue rasch bei der Hand mit Meinungen, welche Wahl die bessere sei, doch es gibt keine wissenschaftlichen Untersuchungen über Nutzen oder Schaden der Wahrheit. Achtung: Wir sprechen nur darüber, ob Sie die Affäre zugeben, nicht darüber, ob Sie sie beenden. Das ist Thema von Kapitel 3 und 4.

Nachteile des Gestehens

Aus meiner klinischen Erfahrung mit Paaren ergeben sich vier Situationen, in denen es für Sie ungünstig ist, Ihre Affäre zu gestehen:

1. Sie glauben, daß die Enthüllung den Lebensmut Ihres Partners unwiederbringlich zunichte machen würde.

2. Sie glauben, daß die Enthüllung die Affäre in den Mittelpunkt rückt und Sie daran hindert, die zugrundeliegenden Probleme zu untersuchen.
3. Ihr Partner ist körperbehindert und kann Ihnen kein Sexualpartner sein, und Sie beschließen zusammenzubleiben, um einem Menschen, an dem Ihnen liegt, medizinische und emotionale Unterstützung zu geben.
4. Sie glauben, daß Ihr Partner Ihnen körperlichen Schaden zufügen wird.

Die beiden letzten Situationen würden den Rahmen dieses Buches sprengen. Betrachten wir also, inwiefern die beiden ersten, die häufiger vorkommen, für Sie gelten.

Nachteil Nr. 1: Sie glauben, daß die Enthüllung den Lebensmut Ihres Partners unwiederbringlich zunichte machen würde.

Sie wollen die Wahrheit verschweigen, da Sie Ihren Partner für so labil oder verletzlich halten, daß er nicht konstruktiv damit umgehen kann. Besonders vorsichtig sind Sie vielleicht bei einem Partner, der schon früher Treuebrüche oder Verluste erlitten hat oder der die Mitteilung als Strafe für sein Versagen oder als Beweis seiner Wertlosigkeit nimmt. Es ist unmöglich, mit Sicherheit vorauszusagen, wie Ihr Partner jetzt oder später reagieren wird, doch wenn Sie aufgrund Ihrer Kenntnis seines Charakters oder seiner Lebensgeschichte fürchten, daß Ihr Geheimnis sein Selbstgefühl zerstören würde, ist es wahrscheinlich klüger, es für sich zu behalten.
Tim erzählte seiner Frau Tina von seiner früheren Geliebten, um reinen Tisch zu machen, doch sein Geständnis richtete mehr Schaden an, als es nützte. Hätte er ihre Kindheitserfahrungen berücksichtigt, hätte er ihre Reaktion vorausahnen können.

Tina war als Halbwüchsige von ihrem Stiefvater sexuell mißbraucht worden. Ein früherer Verlobter hatte sie betrogen. Die Enthüllung ihres Mannes war eine weitere Katastrophe für sie und bestärkte ihre Überzeugung, daß Männer grausam und gemein seien. »Ich werde nie wieder einem Mann vertrauen oder mit ihm intim werden«, sagte sie zu ihm. Die beiden nächsten Jahre bemühte sich Tim, sie zurückzugewinnen. Es gelang dem Paar zusammenzubleiben, doch Tina war nur noch von dem Gedanken beherrscht, daß die Welt ungerecht und sie selbst grundsätzlich nicht liebenswert sei. Heute sind die beiden weiter voneinander entfernt als an dem Tag von Tims Geständnis.

Jeremy, ein 43jähriger Werbefachmann, bedachte die Verletzlichkeit seiner Frau Anne besser und ging taktvoller vor. Annes Mutter hatte ihr vermittelt, sie sei zu reizlos, um einen Mann zu kriegen, und bald haßte sie ihren Körper. »Nach 17 Jahren Ehe«, sagte sie, »schrecke ich immer noch jedesmal zurück, wenn ich mich ausziehe und im Spiegel meinen Hängebusen und meine dicken Beine sehe.«

Ihr Mann Jeremy war all die Jahre überzeugt gewesen, daß er eine sexuelle Niete sei und sein Penis zu klein, um ihr zu genügen – warum sonst zeigte sie im Bett so wenig Entgegenkommen? Er hatte mit einer seiner Kundinnen geschlafen, vor allem, um sich zu beweisen, daß er ein guter Liebhaber sein konnte, und das war ihm auch gelungen. Bewaffnet mit dieser berichtigenden Rückmeldung kam er zu dem Schluß, daß seine sexuellen Probleme mit Anne eher in ihrer Unsicherheit wurzelten als in ihrem Aussehen oder seiner Penisgröße. Da er jetzt weniger besorgt um seine Männlichkeit war, bemühte er sich, sie zu überzeugen, daß sie körperlich attraktiv für ihn war, und half ihr, ihre Schüchternheit zu überwinden. Er behielt jedoch seinen Seitensprung für sich, weil er wußte, daß die Wahrheit ihr Selbstvertrauen untergraben würde. Heute, vier Jahre danach, glaubt er immer noch, daß seine Entscheidung richtig war.

Auch für Sie kann Schweigen richtig sein. Wenn Sie Grund zu der Annahme haben, daß Ihre Enthüllung die Partnerschaft genauso schädigen würde wie die Affäre selbst. Wenn Sie fürchten, daß die Mitteilung Ihrem Partner eine unheilbare Wunde schlägt und zur Trennung führt, wenn Sie den Schaden begrenzen und Ihre Partnerschaft intakt halten wollen, kann es sinnvoll sein, das Geheimnis zu bewahren.

Nachteil Nr. 2: Sie glauben, daß die Enthüllung die Affäre in den Mittelpunkt rückt und Sie daran hindert, die zugrundeliegenden Probleme zu untersuchen.

Vielleicht wollen Sie die Affäre verbergen, damit Sie und Ihr Partner nicht immerzu in ihren scheußlichen Einzelheiten herumstochern, statt an Ihrer Partnerschaft zu arbeiten. Wenn die Affäre herausgekommen ist, besteht immer die Gefahr, daß Ihr Partner in Verbitterung und Groll versinkt und verhindert, daß Sie herausfinden, was in Ihrer Partnerschaft Raum für eine dritte Person geschaffen hat. Um das Wichtige im Blick zu behalten – nämlich Sie beide –, müssen Sie Ihr Geheimnis vielleicht für sich behalten.

Mehrere bekannte Therapeuten und Forscher teilen die Ansicht, daß die Wahrheit mehr schaden als nutzen kann. Sie kann eine Partnerschaft dauerhaft verändern, ja sogar zerstören. Das Paar hat bessere Chancen, wenn der untreue Partner zuerst seine eigene Ambivalenz und Unzufriedenheit durcharbeitet, am besten in einer Einzel- oder Paartherapie. Der Therapeut sollte seinen Klienten keinesfalls dazu drängen, sein Geheimnis preiszugeben. Gestützt wird diese Position durch statistische Befunde: Wenn Männer vom Geheimnis ihrer Frau erfahren, steigt die Wahrscheinlichkeit, daß sich die Ehe verschlechtert und in Scheidung endet.[1] In einer Befragung aus dem Jahr 1988 gaben fast 40 Prozent der Frauen und 30 Prozent der Männer an, daß ihr Geständnis ihre Ehe irreparabel geschädigt hatte.

Vorteile des Gestehens

Es kann gleichermaßen zwingende Gründe geben, die Affäre zuzugeben. Die vier häufigsten sind:

1. Es ist besser, die Wahrheit zu sagen, bevor Ihr Partner zufällig darauf stößt.
2. Wenn Sie beichten, können Ihre Chancen, daß Sie künftig treu bleiben, steigen.
3. Wenn Sie beichten, rüttelt das vielleicht Ihren Partner auf, und er merkt, daß er sich dem, was Sie stört, stellen muß, bevor es zu spät ist.
4. Wenn Sie beichten, bestätigt dies, daß Ihre Partnerschaft Vorrang hat.

Vorteil Nr. 1: Es ist besser, die Wahrheit zu sagen, bevor Ihr Partner zufällig darauf stößt.

Wenn Sie die Affäre beenden und sie gestehen, kann Ihnen Ihre Ehrlichkeit einen Funken Vertrauen einbringen – jedenfalls mehr, als wenn Sie bei einer Lüge ertappt werden. Für einen Partner, der sich mit einer doppelten Täuschung – der Affäre und ihrer Verheimlichung – herumschlagen muß, wird es doppelt so schwierig, darüber hinwegzukommen. Wie Frank Pittman in *Angenommen, mein Partner geht fremd*... betont, kann Lügen »ein größerer Verrat an der Beziehung sein als der Seitensprung«[2]; das Problem ist nicht nur, bei wem Sie liegen, sondern auch, bei wem Sie lügen.

Gail und Chris sind ein beispielhafter Fall. Chris ging übermäßig oft mit seiner Assistentin Sandy auf lange Geschäftsreisen; er war kaum noch zu Hause. Gail stellte ihn deswegen mehr als einmal zur Rede, doch er stritt eisern jede Verfehlung ab und zog sie damit auf, daß sie »derartigen Unsinn« zusammenspinne. Sie versuchte ihrerseits, ihm durch eine Lüge eine Falle zu stellen: daß sie nämlich einen

Detektiv beauftragt habe, der ihn in Sandys Wohnung habe gehen sehen. Er gab das zu, behauptete aber, sie nur zu einem Geschäftsessen abgeholt zu haben. Erst als Gail Chris' Mutter dazu brachte, ihn seine Treue auf die Bibel (er war ein frommer Katholik) schwören zu lassen, gestand er die Wahrheit.
Gail war wütend über die Affäre, doch am meisten ärgerte sie, daß Chris sie so belogen und an der Nase herumgeführt hatte. Sie liebte ihn immer noch und wollte die Familie zusammenhalten, doch sie war zu gekränkt, um sich ihm wieder zuzuwenden. Ihr Stolz gebot ihr, ihn zu verlassen, und das tat sie dann auch.
Über eine Affäre hinwegzukommen ist schon schwer genug, doch wenn Sie die Entdeckung dem Zufall überlassen – einer verdächtigen Rechnung, einem belauschten Telefonat oder einem anderen unwiderlegbaren Beweis (eine meiner Klientinnen kam hinter die Affäre ihres Mannes, weil sie sich eine Gonorrhoe zuzog) –, errichten Sie damit möglicherweise eine Mauer des Mißtrauens, die sich nie mehr abtragen läßt. Selbst wenn Sie beide zusammenbleiben wollen, müssen Sie sich darauf gefaßt machen, daß Ihr Partner eine Suchet-so-werdet-ihr-finden-Mentalität entwickelt und ständig nach Zeichen von Untreue Ausschau hält. Ihre doppelte Täuschung hat Ihren Partner gelehrt, hinter jedem Ihrer Worte und Versprechungen nach Lügen zu suchen. Ihr Treueschwur trifft wahrscheinlich eher dann auf offene Ohren, wenn Sie aus freien Stücken gestehen, als wenn Sie in eine Falle gehen, die Ihnen Ihr Partner aus Mißtrauen gestellt hat.

Vorteil Nr. 2: Wenn Sie beichten, können Ihre Chancen, daß Sie künftig treu bleiben, steigen.

Wenn Sie die Wahrheit sagen, setzen Sie sich mit größerer Wahrscheinlichkeit mit deren Bedeutung auseinander und vermeiden eine Wiederholung. Ohne diese beherzte Selbsterforschung nehmen Sie die Affäre vielleicht zu sehr auf die leichte Schulter und geben sich der Illusion hin, alles sei wieder in Ordnung. Ein Geständnis macht Ihren Partner außerdem wachsam und erschwert Ihnen einen erneuten Betrug. Wenn Sie die Affäre preisgeben, sollten Sie alle Details schildern – nicht die sexuellen, sondern die Ihrer Verfahrensweise: die Vorwände, die Lügen, die Kniffe, mit denen Sie Ihr Rendezvous möglich gemacht haben. Das soll eine Art Versicherung gegen einen Rückfall in diese Methoden sein. Wenn Sie Ihre Kriegslisten verraten, halten Sie sich selbst in Schach und zeigen Ihrem Partner, daß es Ihnen ernst ist mit Ihrer Ehrlichkeit und Ihrem Bemühen um ihn.

Vorteil Nr. 3: Wenn Sie beichten, rüttelt das vielleicht Ihren Partner auf, und er merkt, daß er sich dem, was Sie stört, stellen muß, bevor es zu spät ist.

Wenn Sie Ihr Geheimnis preisgeben, kann das für Ihren Partner ein Warnzeichen sein, daß Sie unglücklich sind, und ihm die Chance geben, auf Ihre Klagen einzugehen.
Tom, ein 39jähriger Lehrer, gestand seiner Frau seine Affäre nie, auch nicht, als sie eine Paartherapie aufnahmen. Sie wußte, daß er Probleme hatte – sie hatten seit mehr als vier Monaten nicht mehr miteinander geschlafen –, doch sie ging selbstverständlich davon aus, daß er immer für sie und ihr Baby da sein würde, und nahm seine Klagen nie ernst. Erst als er ihr mitteilte, daß er sich mit einer anderen Frau traf, merkte sie, wie wütend, wie mißachtet er sich gefühlt hatte und wie gefährdet ihre Ehe war. »Ich weiß nicht, wie oft er mir erzählt hat, es ginge ihm schlecht«, räumte sie ein, als er sie verlassen hatte, »doch irgendwie habe ich es nie registriert, bis es zu spät war.« Hätte er ihr gesagt, daß er sich für eine andere Frau interessiere, hätte er sie vielleicht rechtzeitig aufrütteln können.
Manchmal ist ein Geständnis nötig, damit Ihr Partner Ihren

Hilfeschrei hört. Die Enthüllung Ihres Geheimnisses mag weh tun, doch sie kann auch ein Akt der Freundlichkeit sein, den Ihr Partner dann schätzen wird, wenn die Alternative ist, Sie zu verlieren oder sich an der Seite eines Menschen, der nur halb da ist, durchs Leben treiben zu lassen.

Vorteil Nr. 4: Wenn Sie beichten, bestätigt dies, daß Ihre Partnerschaft Vorrang hat.

Wenn nur Sie und Ihr/e Geliebte/r die Wahrheit wissen, schaffen Sie eine Verschwörung des Schweigens zwischen sich, selbst wenn die Affäre zu Ende ist. Indem Sie Ihren Partner einweihen, rücken Sie näher mit ihm zusammen und geben Ihrer Partnerschaft den Vorrang, den sie verdient. Wissen ist Macht, dadurch, daß Sie Ihr Geständnis preisgeben, geben Sie Ihrem Partner beides. Ihr Geständnis sagt im Grunde nichts anderes als: »Ich habe nicht das Recht, wichtige Information über unsere Partnerschaft, an der dir, wie ich weiß, viel gelegen ist, in der Hand zu behalten. Ich habe nicht das Recht zu entscheiden, was für dich das beste ist. Du solltest entscheiden können, ob du bei mir bleibst, wenn du alles weißt, was ich weiß, und gleichen Zugang zur Wahrheit hast.« Wenn Sie Ihr Geheimnis preisgeben, stellen Sie einen Gleichstand zwischen Ihnen beiden her und schaffen so wieder die Möglichkeit einer glaubwürdigen Bindung.

In Barbara Kingsolvers Roman *Siebengestirn* schläft Jax mit der Vermieterin seiner Freundin Taylor und kämpft mit dem Problem, ob er es ihr sagen soll. Als ihn Gundi fragt: »Mußt du ihr die ganze Geschichte erzählen? ... Was sie nicht weiß, macht sie nicht heiß«, erwidert Jax: »Dann weiß ich etwas, was sie nicht weiß. Da, ich habe ein Rotkehlchenei in der Hand ... Gebe ich es ihr oder nicht? ... Vielleicht kocht sie es, vielleicht wirft sie damit nach mir, wer weiß? ... Also behalte ich es in der Hand, genau da. Und jeden Tag, wenn ich mit Taylor rede und wenn ich mit Taylor im Bett bin, ist es in meiner Hand, und ich denke, wenn ich es auch nur eine Minute vergesse, drehen wir uns darauf um, und dann, auwei, haben wir den Kladderadatsch. Bis das passiert, halte ich es und spüre, daß seine Schale so dünn ist wie Zahnschmelz. Ich kann wählen, was Taylor weiß und was nicht. Ich habe Macht. Ich bin der nervöse, aber mächtige Typ, der Bescheid weiß, und sie ist die Dumme... Und wenn sie die Dumme ist,... wie kann ich dann die Erde zu ihren Füßen küssen?... Ich bin ein böser Junge gewesen, aber böse Jungs können getrost alles gestehen und um Bestrafung bitten.«[3]

Jax' Geheimnis schuf eine deutliche Distanz zwischen ihm und seiner Freundin. Meine Klientin Jane errichtete eine ähnliche Barriere, indem sie ihre Affäre vor ihrem Mann Larry geheimhielt. Als er in geschäftliche Schwierigkeiten geriet, begann er zu trinken und zog sich in sich selbst zurück. Sie hatte wegen ihres Kindes eine anspruchsvolle Stelle aufgegeben und fühlte sich isoliert, überfordert und unattraktiv. Als sich ihr Gynäkologe um sie bemühte, war sie geschmeichelt.

Jane behielt ihr Geheimnis für sich und ließ ihren Mann in dem Glauben, er sei die einzige Enttäuschung für die Familie. Doch schließlich erkannte sie, wie unfair sie war. »Wir liefen beide vor den Belastungen in unserem Leben davon«, sagte sie, »stand mir also etwa dieses Pharisäertum zu? Ich bat ihn, sich zu setzen, und erzählte ihm von meiner Affäre. Zuerst dachte ich, er würde aufstehen und gehen, doch er saß einfach da und starrte Löcher in die Luft. Dann begann er zu weinen. Keiner von uns hatte eine Ahnung gehabt, womit sich der andere herumschlug und wie einsam wir uns beide fühlten. Als wir merkten, daß wir beide Kummer hatten, mußten wir uns weniger schämen und konnten einander um Hilfe bitten, statt Zuflucht bei anderen Dingen wie Alkohol und einem Liebhaber zu suchen.«

Wenn Sie wie Jane Ihr Geheimnis enthüllen, geben Sie Ihrem Partner die Möglichkeit, Sie kennenzulernen. Sich selbst geben Sie die Chance zu spüren, daß Ihr Partner Sie akzeptiert. Ohne das fühlen Sie sich Ihrem Partner vielleicht niemals so nahe wie Ihre/m Geliebten.

Die beste Entscheidung für Sie

Es gibt Fachleute, die in der Preisgabe des Geheimnisses den unumgänglichen ersten Schritt auf dem Weg zur Wiederherstellung des Vertrauens sehen. »Jeder Versuch, den anderen irrezuführen, ist ein Machtspiel, das sich letztlich negativ auf die Beziehung auswirkt«, meint beispielsweise Frank Pittman in *Angenommen, mein Partner geht fremd*... »Menschen, die belogen werden, neigen zu Abhängigkeit, Verletzlichkeit und Überreaktionen... Unaufrichtigkeit steht zu Intimität und Nähe in Widerspruch, und sie kann einer Ehe schwerlich guttun. Unehrlichkeit schafft Distanz.«[4]

Meiner Ansicht nach sind keine zwei Situationen gleich, und was für das eine Paar gut ist, kann für ein anderes schlecht sein. Selbst wenn Sie entschlossen sind, die Partnerschaft wieder aufzubauen, gibt es keine eindeutige, feststehende Vorgehensweise.

Für einige Paare kann die Wahrheit nachteilige, sogar zerstörerische Folgen haben. Bei anderen ist sie eine entscheidende Voraussetzung zur Reparatur der Beziehung. Mit der Wahrheit über die Affäre verhält es sich ähnlich wie mit der über Krebs – manche Menschen erholen sich besser, wenn sie die Wahrheit wissen, bei anderen verschlechtert sich der Zustand. Sie und Ihr Partner sind nicht »eins« – das ist bei keinem Paar so –; bei der Suche nach der besten Strategie hilft Ihnen daher vielleicht die Frage: »Am besten für wen?« Was für Sie gut sein kann, könnte sich als katastrophal für Ihren Partner und Ihre Partnerschaft erweisen und umgekehrt.

Wenn Sie zu beichten beschließen, dann denken Sie daran, daß die Reaktion Ihres Partners davon beeinflußt ist, wie er Ihre Motive interpretiert. Wenn er wahrnimmt, daß Sie respektieren, daß er dasselbe Recht auf Information hat wie Sie, wird er wohl positiver reagieren. Wenn es dagegen so wirkt, als wollten Sie nur eine Absolution erreichen, wird Ihr Partner nicht so aufgeschlossen oder vergebungsbereit sein. Natürlich können Ihre Absichten auch fehlinterpretiert werden; Sie sollten sie daher deutlich offenlegen.

Manche von Ihnen wollen Seitensprünge für eine Nacht oder lange zurückliegende Affären vielleicht lieber verschweigen, weil Sie glauben, sie stellten keine Bedrohung für Ihre Partnerschaft mehr dar. Andere sehen das vielleicht genau gegenteilig: Wenn die Affäre wirklich so harmlos, so tief in der Vergangenheit vergraben ist, warum sie dann *nicht* enthüllen? Durch Geheimhaltung erhält sie vielleicht ein Gewicht, das ihr gar nicht zusteht.

Sollten Sie die Affäre gestehen, aber nicht mit dem fertigwerden, was sie über Sie und Ihren Partner aussagt, dann wird Ihre Partnerschaft langfristig wohl nicht halten – oder sie wird lediglich noch halten. Zur Wiederherstellung von Intimität braucht es mehr als ein Untreuegeständnis. Wenn Sie weder die Affäre preisgeben noch ihre Folgen verarbeiten, lassen Sie sich vielleicht durch die scheinbare Konfliktlosigkeit einlullen und denken, alles sei wieder in Ordnung. Doch in Wahrheit hat sich nichts geändert.

Viele untreue Partner beschließen, ihr Geheimnis zu bewahren, aber die Probleme in ihrer Partnerschaft anzugehen. Diese Lösung ist erwägenswert; Sie können Ihren Partner durchaus damit konfrontieren, daß Sie unglücklich sind, ohne die Affäre preiszugeben oder Ihrem Partner zuzumuten, das Vertrauen zu Ihnen erst wieder mühsam lernen und Ihnen verzeihen zu müssen.

Wie auch immer Sie sich entscheiden, die Vorstellung, daß eine Lösung immer besser sei als die andere, ist meiner Meinung nach eine Illusion. Wenn Sie *X* tun, folgt nicht immer *Y*; das Menschenherz folgt anderen Gesetzen. Es bleibt Ihnen nur der Versuch, eine durchdachte und umsichtige Entscheidung zu treffen, die sowohl Ihre Motive als auch den möglichen Einfluß Ihres Verhaltens auf Ihren Partner berücksichtigt. Wenn Sie darauf hoffen, wieder zu einer intimen Bindung zu gelangen, ist letztlich nicht entscheidend, ob Sie Ihre Affäre enthüllen oder verbergen, sondern daß Sie mit Hilfe dessen, was Sie daraus lernen, Ihrer Partnerschaft neue Stärke geben.

Anmerkungen

Einleitung
Kann ein Paar einen Treuebruch überleben?

1 Die ermittelten Häufigkeiten von Untreue schwanken von drei Prozent bei Frauen in Großbritannien bis 70 Prozent bei Männern und Frauen in den Vereinigten Staaten.
2 1992 befragte das Nationale Zentrum für Meinungsforschung der Universität Chicago USAweit 3432 Männer und Frauen im Alter von 18 bis 59 Jahren: »Hatten Sie während Ihrer Ehe jemals mit einem anderen Menschen als Ihrem Ehepartner sexuellen Kontakt?« Die Zahl der Männer, die die Frage bejahten, reichte von 7,1 Prozent (18–29 Jahre) bis 37 Prozent (50–59 Jahre). Dagegen gaben nur zwölf Prozent der Frauen in dieser Altersgruppe außereheliche Verhältnisse zu. Aus den Ergebnissen wurde ein Durchschnitt gebildet, in den die jüngsten, weniger lange verheirateten und die älteren, länger verheirateten Personen gleichermaßen eingingen. Die Forscher zogen keine Schlüsse; sie gaben in einem Diagramm einfach an, daß etwa 25 Prozent der verheirateten Männer und 15 Prozent der verheirateten Frauen mindestens eine außereheliche Affäre zugegeben hatten. Diese Statistik, die in den Medien am häufigsten zitiert wird, stellt die Daten verzerrt dar. Die Zahlenangabe von 37 Prozent dürfte für Männer eher zutreffen, da sie der Zahl derjenigen entspricht, die *im Laufe ihres Lebens* untreu waren. Bei Frauen sind wohl 20 Prozent zutreffender. Daß Frauen über 50 eine niedrigere Häufigkeit aufwiesen, könnte darauf zurückzuführen sein, daß die sexuelle Revolution an ihnen vorbeiging. Etwa 20 Prozent der vorgesehenen Befragungsteilnehmer lehnten ein Interview ab oder konnten nicht ermittelt werden. Dies läßt die Frage offen, wie viele von ihnen nicht bereit waren, ihre Affären zuzugeben. Hätten ihre Antworten ermittelt werden können, wäre die Häufigkeit von Untreue vielleicht höher gewesen.
3 Einer Erhebung des U.S. Census Bureau im März 1993 zufolge gab es in den Vereinigten Staaten 54 199 000 Ehepaare.
4 In der in Anmerkung 1 erwähnten britischen Studie gaben über 40 Prozent der Teilnehmer eine Beziehung zu, die sie als »ehebrecherisch« betrachteten, selbst wenn Geschlechtsverkehr keine Rolle spielte.
5 Siehe dazu Carnes (1991).
6 In einer neueren Umfrage beurteilte eine Zufallsstichprobe praktizieren-

der Paartherapeuten (alle Mitglieder der American Psychological Association oder der Association for Marriage and Family Therapy) außereheliche Affären als das drittschwierigste Therapieproblem und das zweitschlimmste Problem, mit dem Paare konfrontiert sind. Sie berichteten zudem, daß fast 30 Prozent der von ihnen behandelten Paare mit diesem Problem zu kämpfen hatten.

7 Herman (1993), S. 219. Das genaue Zitat lautet: Der Traumatisierte »ist nun nicht länger in der Sprachlosigkeit des Traumas gefangen, sondern entdeckt, daß seine Erfahrung sich in Worte fassen läßt; ihm wird klar, daß er nicht alleine ist, daß andere Menschen Ähnliches durchgemacht haben; er erkennt, daß er nicht verrückt ist, sondern daß die Symptome normale menschliche Reaktionen auf eine Extremsituation sind; und schließlich begreift er auch, daß er nicht dazu verdammt ist, diesen Zustand für immer und ewig zu ertragen, sondern damit rechnen kann, seine Probleme ebenso zu überwinden wie andere vor ihm.«

Kapitel 1
Die Reaktion des verletzten Partners: Begraben unter einer Lawine von Verlustängsten

1 Wenn der verletzte Partner die Untreue seines Partners entdeckt, zeigt er oft psychische und körperliche Symptome, die man früher als posttraumatische Belastungsstörung diagnostizierte. Diese Diagnose wird heute jedoch nur noch bei Personen gestellt, die eine lebensbedrohliche Situation erleben.
2 Abram Kardiner zitiert in Herman (1993), S. 55.
3 Franck (1993), S. 92 (Übersetzung korrigiert).
4 Jack (1993), S. 48.
5 Dies., S. 135–158.
6 Faludi (1995), S. 39–45.
7 Der Sozialwissenschaftler Greg Duncan und der Ökonom Saul Hoffman berichteten 1985, daß Scheidung und Trennung für Frauen größere ökonomische Belastungen bedeuten als für Männer. Siehe dazu Kapitel 4.
8 Faludi (1995), S. 58.
9 Siehe dazu Jack (1993).

Kapitel 2
Die Reaktion des untreuen Partners: Verloren in einem Labyrinth von Entscheidungen

1 Beattie (1995), Einleitung.
2 Person (1992), S. 359.
3 Bezeichnend ist, daß in einer einschlägigen Studie 56 Prozent der Männer, die außerehelichen Sex zugaben, ihre Ehe als glücklich bezeichneten, dagegen nur 34 Prozent der Frauen.

4 In einer Studie behaupteten von den Studienteilnehmern, die *keine* außereheliche Affäre hatten, 21 Prozent der Ehefrauen und 53 Prozent der Ehemänner, daß Affären gerechtfertigt seien. Von den Teilnehmern, die Affären gehabt *hatten*, glaubten 90 Prozent der Ehefrauen und -männer, daß außerehelicher Geschlechtsverkehr unter bestimmten Bedingungen gerechtfertigt sei.
5 Jack (1993), S. 114.

Kapitel 3
Vorstellungen von Liebe

1 Zeichnung von Bruce Eric Kaplan, © 1993 The New Yorker Magazine, Inc.
2 Comer (1995), Kapitel 17.
3 Person (1992), S. 109.
4 Winterson (1993), S. 17–18.
5 Fisher (1993).
6 Estés (1993), S. 146.

Kapitel 4
Zweifeln und Ängsten gegenüberstehen

1 Die untersuchten Männer und Frauen wurden in den Jahren 1970 bis 1985 und in einem Alter unter 50 Jahren geschieden. Bei einer vergleichbaren Population, die nach dem Alter von 50 Jahren geschieden wurde, fand sich eine Abnahme des Lebensstandards der Frauen um 38,9 Prozent und der Männer um 14 Prozent. (Es werden zehnmal mehr Menschen unter 50 als über 50 geschieden.)
2 Fünf Jahre nach der Scheidung übertraf das Durchschnittseinkommen der Frauen das vor der Scheidung, weil mehr als die Hälfte von ihnen wieder heirateten; bei Frauen, die unverheiratet blieben, lag jedoch das Familieneinkommen fünf Jahre nach der Scheidung um 29 Prozent unter demjenigen vor der Scheidung. Doch Constance Ahrons (1995) meint, daß Frauen zwar einen dramatischen Einkommensverlust erleiden, aber oft die neugewonnene Kontrolle über ihr Leben genießen, da ihre Finanzen nicht mehr vom Verhalten oder Wohlwollen ihres Partners abhängen.
3 Faludi (1995), S. 32–50.
4 Je älter eine Frau zum Zeitpunkt ihrer Scheidung ist, desto geringer ist die Wahrscheinlichkeit, daß sie erneut heiratet. Von den Frauen, die unter 25 geschieden werden, heiraten fast 90 Prozent wieder; bei den Frauen zwischen 30 und 40 sind es 60 Prozent; von denen über 40 heiraten weniger als 33 Prozent ein zweites Mal.
5 Zahlen aus den Familienstands- und Sterblichkeitstabellen für die Vereinigten Staaten.

6 Die Forscher fügen jedoch hinzu, daß die Unterschiede zwischen geschiedenen und intakten Familien nicht so deutlich und durchgängig sind wie oft behauptet.
7 Ahrons (1995).
8 Ebd.
9 Franck (1993), S. 58.

Kapitel 5
Aus der Affäre lernen

1 Hendrix (1992).
2 Wenn Sie herausfinden wollen, inwiefern Sie und Ihr Partner so interagieren, daß Ihre »niedrigsten Instinkte« durchbrechen, kann Ihnen Maggie Scarfs Buch *Autonomie und Nähe: Grundkonflikte in der Partnerschaft* (1988) helfen.
3 Scarf (1988), S. 243, 231.

Kapitel 6
Das Vertrauen wiederherstellen

1 Pittman (1991).
2 Person (1992).

Kapitel 7
Über das Geschehene reden

1 Eine eingehendere Diskussion der unterschiedlichen Kommunikationsweisen von Männern und Frauen bei Konflikten bieten *Männer sind anders, Frauen auch* (Gray, 1992) und *Du kannst mich einfach nicht verstehen* (Tannen 1991).
2 Jack (1993), S. 60.
3 Eine einfühlsame Diskussion des Problems, wie Sie mit Freunden und Familie über die Untreue sprechen können, finden Sie in *Angenommen, mein Partner geht fremd...* (Pittman 1991).

Kapitel 8
Sexuelle Intimität wiederherstellen

1 Barbach (1991).
2 Dies. (1988).
3 Williams (1988), S. 171.

4 Ebd., S. 172.
5 Masters und Johnson (1973).
6 Kinsey, Pomeroy, Martin und Gebhard (1954) diskutieren die anatomischen Gründe, weshalb viele Frauen keinen vaginalen Orgasmus haben. Der »vaginale Orgasmus« scheint nach allem, was man weiß, ein Mythos zu sein.
7 Williams (1988), S. 15.
8 Friday (1991).
9 Dies. (1990).

Kapitel 9
Verzeihen lernen

1 Herman (1992), S. 303.
2 Simon und Simon (1991).
3 Nietzsche (1953).
4 Herman (1992), S. 269.
5 Estés (1993), S. 398.
6 Horney (1985[3]), S. 267–285.
7 Erikson (1979).

Epilog
Das Geheimnis lüften: Die Wahrheit und die Folgen

1 Man fand heraus, daß die nichtmonogame Frau, ob lesbisch oder heterosexuell, die Partnerschaft eher beendet als der nichtmonogame Mann, teilweise weil sie sich in eine andere Person verliebt und diese nicht in einer Zweitbeziehung neben ihrer Partnerschaft sehen kann. Andere Erklärungen sind, daß a) der männliche verletzte Partner weniger vergebungsbereit ist als der weibliche verletzte Partner und daher die Partnerin seltener zurücknimmt, b) der männliche verletzte Partner ökonomisch und emotional weniger abhängig ist (oder sich fühlt) als der weibliche verletzte Partner und daher die Partnerschaft eher beendet. Nach einer anderen Studie billigten 30 Prozent der befragten Frauen und 20 Prozent der Männer die Vorstellung, daß eine außereheliche Beziehung unabhängig von den Gründen nicht berechtigt ist.
2 Pittman (1991), S. 68.
3 Kingsolver (1994), S. 215–216.
4 Pittman (1991), S. 76, 80.

Literatur

Ahrons, Constance: Die gute Scheidung. Die Familie erhalten, wenn die Ehe zerbricht. München (Droemer Knaur) 1995

Barbach, Lonnie Garfield: Für einander: Das gemeinsame Erleben der Liebe. Stuttgart/München (Deutscher Bücherbund) 1988

Dies.: For Yourself. Die Erfüllung weiblicher Sexualität. Frankfurt a. M./Berlin (Ullstein) 1991

Beattie, Melody: Ja zum Leben. Aus tiefstem Schmerz zu neuer Lebenskraft. München (Heyne) 1995.

Beck, Aaron T.: Liebe ist nie genug. Mißverständnisse überwinden, Konflikte lösen, Beziehungsprobleme entschärfen. Köln (Kiepenheuer & Witsch) 1992

Beck, Aaron T./Rush, A. John/Sham, Brian, R./Emery, Gary: Die kognitive Therapie der Depression. Weinheim (Psychologie Verlagsunion) ^{2}1986

Carnes, Patrick: Zerstörerische Lust. Sex als Sucht. München (Heyne) 1991

Comer, Ronald: Klinische Psychologie. Heidelberg (Spektrum Akademischer Verlag) 1995

Erikson, Erik: Kindheit und Gesellschaft. Stuttgart (Klett) 1979

Estés, Clarissa Pinkola: Die Wolfsfrau. Die Kraft der weiblichen Urinstinkte. München (Heyne) 1993

Faludi, Susan: Backlash. Die Männer schlagen zurück. Reinbek (Rowohlt) 1995

Fisher, Helen E.: Anatomie der Liebe. Warum sich Paare finden, sich binden und auseinandergehen. München (Droemer Knaur) 1993

Franck, Dan: Die Geometrie der unwägbaren Beziehungen. München (Droemer Knaur) 1993

Friday, Nancy: Die sexuellen Phantasien der Frauen. Reinbek (Rowohlt) 1990

Dies.: Die sexuellen Phantasien der Männer. Reinbek (Rowohlt) 1991

Gray, John: Männer sind anders, Frauen auch. München (Goldmann) 1992

Hendrix, Harville: Soviel Liebe, wie du brauchst. Düsseldorf (Econ) 1992

Herman, Judith Lewis: Die Narben der Gewalt. Traumatische Erfahrungen verstehen und überwinden. München (Kindler) 1993

Horney, Karen: Neurose und menschliches Wachstum. Frankfurt a. M. (Fischer) ^{3}1985

Jack, Dana Cowley: Immer hab' ich mich dir angepaßt. Wenn Frauen ihr Selbst zum Schweigen bringen. München (Heyne) 1993
Kingsolver, Barbara: Siebengestirn. München (Piper) 1994
Kinsey, Alfred/Pomeroy Wardell B./Martin, Clyde E./Gebhard Paul H.: Das sexuelle Verhalten der Frau. Berlin/Frankfurt a. M. 1954
Kushner, Harold S.: Wenn guten Menschen Böses widerfährt. Gütersloh (Mohn) 1986
Lerner, Harriet Goldhor: Zärtliches Tempo. Wie Frauen ihre Beziehungen verändern, ohne sie zu zerstören. Zürich (Kreuz) 1990 sowie als Taschenbuchausgabe Frankfurt a. M. (Fischer) 1992
Dies.: Was Frauen verschweigen. Warum wir täuschen, heucheln, lügen müssen. Zürich (Kreuz) 1993 sowie als Taschenbuchausgabe Frankfurt a. M. (Fischer) 1996
Masters, William H./Johnson, Virginia E.: Impotenz und Anorgasmie. Frankfurt a. M. (Goverts) 1973
Nietzsche, Friedrich Wilhelm: Jenseits von Gut und Böse. Zur Genealogie der Moral. Stuttgart (Kröner) 1953
Person, Ethel Spector: Lust auf Liebe. Die Wiederentdeckung des romantischen Gefühls. Reinbek (Rowohlt) 1992
Pittman, Frank: Angenommen, mein Partner geht fremd... Stuttgart (Kreuz) 1991
Scarf, Maggie: Autonomie und Nähe. Grundkonflikte in der Partnerschaft. München (Heyne) 1988
Simon, Sidney B./Simon, Suzanne: Verstehen – verzeihen – versöhnen. Berlin/München/Wien (Scherz) 1991
Tannen, Deborah: Du kannst mich einfach nicht verstehen. Warum Männer und Frauen aneinander vorbeireden. Hamburg (Kabel) 1991
Viorst, Judith: Mut zur Trennung. Hamburg (Hoffmann und Campe) 1988
Williams, Warwick: Rekindling Desire. Bringing Your Sexual Relationship Back to Life. Oakland (New Harbinger Publications) 1988
Winterson, Jeanette: Verlangen. Frankfurt a. M. (Fischer) 1993

Die Frau in der Gesellschaft

Eine Buchreihe
Herausgegeben von Ingeborg Mues

Rosie Jackson
Mütter, die ihre Kinder verlassen – alles Rabenmütter?
Band 13474

Judith Jannberg
Ich bin ich
Band 3735

Mechtild Jansen
Frauen haben die Wahl
Band 14155

Marie Lammers
Lebenswege in Ost- und Westdeutschland
Frauen aus einer Stettiner Schulklasse erzählen
Band 13065

Maja Langsdorff
Kleiner Eingriff – großes Trauma?
Schwangerschaftskonflikte, Abtreibung und die seelischen Folgen
Band 12839

Katja Leyrer
Mythos Kleinfamilie
Dichtung und Wahrheit über das Leben mit Kindern
Band 13530

Marlene Lohner
Plötzlich allein
Frauen nach dem Tod des Partners
Band 13838

I. Mues (Hg.)
Was Frauen bewegt
und was sie bewegen
Band 13946

Kristel Neidhart
Er ist jünger – na und?
Protokolle
Band 4741

K. Oguntoye/ M. Opitz/ D. Schultz (Hg.)
Farbe bekennen
Afro-deutsche Frauen auf den Spuren ihrer Geschichte
Band 11023

Fischer Taschenbuch Verlag

fi 404 / 19 b

Die Frau in der Gesellschaft

Eine Buchreihe
Herausgegeben von Ingeborg Mues

Claudia Pinl
Vom kleinen zum großen Unterschied
»Geschlechterdifferenz« und konservative Wende im Feminismus
Band 12320

Lydia Potts (Hg.)
Aufbruch und Abenteuer
Frauen – Reisen um die Welt ab 1785
Band 12317

Birgit Sasse
Ganz normale Mütter
Lesbische Frauen und ihre Kinder
Band 12417

Christa Rohde-Dachser
Expedition in den dunklen Kontinent
Band 12845

K. Rohnstock (Hg.)
Stiefschwestern
Was Ost-Frauen und West-Frauen voneinander denken
Band 12221

Eva Schindele
Pfusch an der Frau
Krankmachende Normen – Überflüssige Operationen – Lukrative Geschäfte
Band 12679

Claudia Schoppmann
Zeit der Maskierung
Lebensgeschichten lesbischer Frauen im »Dritten Reich«
Band 13573

Ursel Sieber/ Sabine Stamer
Rabenmütter?
Von Frauen, die ihr Kind weggeben
Band 12415

Dorit Zinn
Mein Sohn liebt Männer
Band 11260

Fischer Taschenbuch Verlag

fi 404 / 1 c